이란 도시 젊은이,
그들만의 세상 만들기

서울대학교 아시아연구소총서
모노그래프시리즈 7

이란 도시 젊은이, 그들만의 세상 만들기

국가의 감정 통제와 개인들의 자아 구성

초판 1쇄 발행 2017년 3월 20일
초판 2쇄 발행 2018년 9월 20일

지은이 구기연
펴낸이 성낙인
펴낸곳 서울대학교출판문화원

출판등록 제15-3호

주소 08826 서울 관악구 관악로 1
대표전화 02-880-5252 | 팩스 02-888-4148
홍보마케팅팀(주문 상담) 02-889-4424, 02-880-7995
이메일 snubook@snu.ac.kr
홈페이지 www.snupress.com

ISBN 978-89-521-1869-1 94300
978-89-521-1413-6 (세트)

이 연구는 서울대학교 아시아연구소 신진학자저술지원사업연구비에 의해 수행되었음.

서울대학교 아시아연구소총서
모노그래프시리즈 7

이란 도시 젊은이, 그들만의 세상 만들기

국가의 감정 통제와 개인들의 자아 구성

구기연 지음

서울대학교출판문화원

Making Their Own Public

Emotion and Self among the Urban Iranian Youth

Gi Yeon Koo

Seoul National University Press

머리말

> "내가 장담하건데, 10년 뒤에 이란에 여자 대통령이 탄생할 거예요. 두고 보세요. 이란은 이대로 머물러 있지 않아요. 이란 여성들이요? 나는 그 녹색의 거리에서 한 무리의 사자를 보았습니다. 그들은 다름 아닌 이 땅의 여성들입니다. 이 사회는 반드시 변할 겁니다."

2009년 10월, 올드팝(old pop)이 잔잔히 흐르는 이란 테헤란 북부의 어느 아늑한 커피숍에서 지난 뜨거웠던 테헤란의 여름을 회상하는 한 지식인의 목소리에는 담담하지만 강한 믿음이 담겨 있었다. 2009년 테헤란의 거리는 성난 사자들의 포효로 가득 찼다. 초록색 히잡을 쓰고, 초록색 끈을 팔목에 묶고 변화와 자유를 목 놓아 외쳤던 이란의 여성들과 젊은이들을 생생히 기억한다. "알라후 아크바르(신은 위대하다)!"를 외쳤던 젊은이들의 절규에 가까웠던 외침. 그들은 새장에 갇힌 힘없는 작은 새가 아니라, 근엄하게 울부짖는 사자들이었다. 1979년 이란 이슬람 혁명이 일어난 지, 정확히 30년 만인 2009년 이란의 젊은이들은 다시금 거리로, 거리로 쏟아져 나왔다. 사람들은 대통령 선거 결과에 불복하고 부정 선거를 규탄하며 거리로 나왔지만, 그들이 분노한 것은 단지 부정 선거에 대한 의심뿐만이 아니었다. 자신들의 꿈과 희망이 철저히 짓밟힌 것에 대한 분노였다.

2010년부터 이어진 아랍의 봄이라 불리는 일련의 민주화 시위는 중동과 북아프리카 전역을 뜨겁게 달구었다. 민주화에 대한 뜨거운 열망과 집권세력에 대한 저항 그리고 무고한 희생의 중심에는 바로 중동의 젊은이들이 있다. 이란 역시 전체 인구의 60%가 30세 이하 젊은이들로 구성된 젊은 이란이다. 이란의 인구학 계보를 다시금 그려 내고 있는 젊은 세대는 1979년 이슬람 혁명 이후 이란-이라크전 종결과 전통적인 이슬람 사상에 따른 출산 장려 정책, 그리고 낮아진 결혼연령 등의 결과인 이른바 베이비붐 세대이다. 이란의 젊은 세대는 태어나는 순간부터 시아 무슬림의 운명을 갖고 태어나며, 교육과 사회화를 통해 끊임없이 무슬림 키즈로 키워진다. 하지만 요즘 아이들은 현 정부가 가장 경계하고, 사회 체제를 뒤흔들 수 있는 세대로 인식되며, 스스로 '불타버린 세대'라 부른다. 전 지구화 현상의 가장 큰 수혜자인 젊은 세대는 새로운 문화 현상을 끊임없이 구성해 가고 있으며, 사회 전반적인 변화를 적극적으로 요구하고 있다. 이 책은 바로 제3세대라 불리는 오늘의 이란 젊은이들이 이란사회의 전통적 감정 구조와 이슬람 정권의 감정 통제 속에서 어떻게 자신들의 자아를 구성해 가는가 하는 물음의 답이다. 특히 저자는 개혁적인 성향의, 도시 중·상류층 젊은이들의 삶을 통해 이란 젊은 세대의 국가에서의 위치, 전통적인 가치와의 관계, 그들이 직면하고 있는 사회적 현실과 심리적인 사안 그리고 공사 영역에서의 상이한 자아 재현을 중점적으로 살펴보았다.

이슬람 공화국의 이데올로기적 방향성은 이란 젊은이들의 감정 연출과 그들의 정체성 문제에도 직접적인 영향을 끼쳤다. 1979년 이후 이란은 '문화적 혁명'이라고 표현될 만큼 사회 전반적인 사상적 수술을 감행해야 했고, 이 과정에서 젊은이들을 비롯한 이란사회의 시민들은 공공 영역에서 신실한 무슬림의 모습을 이행해야만 했다. 국가는 다양한 방식으로 젊은이들의 감정을 통제하고, 각종 이슬람 의례를 통해 슬픔의 연행을 강조한다. 젊은 세대는 공공 영역에서 엄격한 이슬람 규범에 따라야 하고, 사적 공간마저 이슬람의 이름으로 늘 통제의 주 대상자가 된다. 하지만 아이러니하게도 다른 어떤 세대보다도 이슬람과는 멀어진 세대로 여겨진다. 이란의 젊은 세대는 엄격한 사회 통제 이외에도 아직도 뿌리 깊게 자리 잡은 전통사회 구조 속에서도 갈등을 겪고 있다. 동시에 시민사회의 주축이 되고 있으며, 뉴미디어와 인터넷을 통해 대인적인 공공 영역을 창조해 내고 있다. 이런 젊은이들은 국가의 통제와 억압이라는 위험한 상황에 맞서 카멜레온처럼 자신의 색을 변화시킬 수밖에 없다. 사회의 이러한 압력과 감시는 더욱더 사람들을 무대 뒤로 숨게 하고, 사람들의 욕구는 정부와 사회가 억누를수록 더욱 커져, 자아를 드러내고 싶은 개인들을 불법적이면서도 사적 영역인 곳으로 숨게 만들었다. 이란 젊은이들은 전통과 전 지구화, 이슬람과 서구 대중 문화의 대립 구도 속에서 늘 부딪히며 갈등을 느낀다. 무엇보다도 이슬람 공화국의 출현으로 강제된 이슬람 규율은 이란 사람들에게 자신의 자아를 전면에 드러낼 수 없고, 연기해야만 하는 현실을 가져왔다.

이슬람 혁명 30주년이 되던 2009년 대선을 앞두고, 이런 젊은이들은 드디어 자신의 정치 성향과 지지후보를 공개적으로 밝히며, 초록색 끈을 손목에 묶고 이란의 변화를 요구하기 시작했다. 하지만 이후 실망스러운 대선 결과를 마주한 젊은이들은 거리로 나오기 시작했고, 그들은 처음으로 두꺼운 가면을 벗어던지고 자신의 목소리를 드높였다. 하지만 녹색운동에 참가한 젊은이들은 정권에 의해 국가의 안전과 안위를 뒤흔드는 내부의 적으로 간주되었고, 변화와 개혁에 대한 그들의 갈망은 강력한 국가체제 속에서 그 색을 잃어 가거나 감추기도 했다. 하지만 녹색운동은 이슬람 혁명 30주년 만의 대대적인 반정부, 민주화 시위였다는 점에서 역사의 전환점으로 평가되고 있으며, 아직까지도 녹색운동은 미완의 혁명으로 여겨진다. 2009년 이란의 민주화를 위해 목숨을 바쳤던 녹색운동의 상징인 수많은 젊은이들에게 영원한 평안과 안식의 인사를 전한다.

이 책은 저자의 박사논문을 바탕으로 하고 있으며 수정, 보완한 글이다. 박사논문이 책으로 나오기 전까지 이란사회도 많은 변화를 겪어 왔다. 이란 국민의 변혁과 개혁에 대한 갈망으로 2015년 7월, 13년 만에 이란 핵 협상이 극적으로 타결되었고, 2016년 1월 16일에는 경제제재가 전면적으로 해제되었다. 그동안 이란 국민은 핵 문제로 경제적, 국제적 고립 상태에 있었고, 그로 인해 안팎의 사회 문제 속에서 고통을 겪었다. 하지만 개혁적인 로하니 정부의 등장과 핵 협상 타결을 눈앞에 두고 이란 변혁의 바람에 온 세계가 주목하고 있다. 이 책의 주 배경이 되는 2009년 이후 이란사회는 국제사회에서 극적인 변화를 겪었지만, 여기서 다루어지는 이란사회의 감정의 정치학과 젊은 세대의 갈등과 변화에 대한 희망은 여전히 진행 중이다. 이란시장 개방에 대한 국제적인 관심과 기대는 한껏 높아졌지만, 이란 국내의 변화는 더디게 진행되고 있고 점진적인 개혁으로 가기에는 아직 이란 내 정치적, 종교적 노선들이 복잡하게 얽혀 있다.

저자는 이 책에서 익명으로 등장한 수많은 면담자, 아니 소중한 인연이 되어 준 이란 친구들에게 이 모든 감사를 돌릴 수밖에 없다. 그들은 비록 책 속에서 익명으로 존재하지만, 나의 머리와 가슴 속에서 반짝이는 한 명, 한 명으로 오롯이 각인되어 있다. 현지조사 기간 내내 같이 웃고 울었던 이란의 모든 친구와 그의 가족들에게 무한한 고마운 마음을 전한다. 그들은 단순한 면담자가 아닌 나의 동생, 언니, 오빠, 그리고 부모님이 되어 주었다. 그들이 없었더라면 1년간의 현지조사는 시련과 고통만이 가득했을 것이다. 이란 친구들은 자신들의 파티와 결혼식 등의 각종 의례에 나를 불러 주었고, 소소한 일상에 초대해 주었다. 수많은 나날 동안 자신의 고민과 사랑 그리고 추억과 미래에 대해 진솔하게 이야기해 주었고, 이란사회에 대한 궁금증에 답해 주고 끊임없는 수다를 들어 주었다. 그들과 함께했던 수많은 날들의 기억은 절대 잊혀지지 않을 것이다. 그들 중 일부는 이제 조국을 떠나 미국이나 유럽에서 살고 있으며, 다수는 이란에서 자신의 꿈을 향해 달려 나가고 있다. 하지만 그들의 '진정한 나를 찾기 위한 여정'은 아직도 끝나지 않은 것으로 보인다. 만약 이란의 봄이 오고, 그들이 그토록 바라던 사회의 변혁이 이루어진다면 그것은 모두 그들의 눈물, 그리고 잃지 않았던 희망 덕분일 것이다.

또한 많은 분의 격려와 응원이 있었기에 이 책이 출간될 수 있었다. 학부 시절 이란학의 길을 넓혀 주신 김정위, 김영연, 유달승 교수님께 감사의 인사를 전한다. 박사학위 논문 작성과 심사 과정에서 꼼꼼한 지도와 격려를 해 주신 정향진, 강윤희 교수님, 문은영 선생님께 진심으로 감사드린다. 서울대학교 인류학과 교수님들의 가르침에도 깊은 감사를 드린다. 석사, 박사 논문 심사에 이어 박사 후 과정 지도교수이시며, 중동학 연구의 나침반 역할을 해 주신 이희수 교수님께 깊은 인사의 말씀을 드리고 싶다. 석사, 박사 과정 지도교수이신 오명석 교수님이 몸소 보여 주신 학자가 지녀야 할 자세는 늘 깊은 귀감이 되었으며, 세심한 지도와 따뜻한 격려에 말로 다 할 수 없는 고마움을 전한다. 늘 학문적인 고민과 관심들을 함께 나누는 여러 선후배 연구자들께 감사드리고, 특히 언제나 좋은 벗이 되어 준 서울대학교 비교문화연구소 연구원들과 출간의 기쁨을 함께하고 싶다.

이 부족한 신진학자의 논문이 책으로 출판될 수 있었던 것은 서울대학교 아시아연구소의 '신진학자저술지원사업'이라는 희망적인 지원으로 가능하였다. 또한 아시아연구소총서 모노그래프시리즈로 출판할 수 있는 영광을 주신 서울대학교 아시아연구소 소장님 이하 여러 분들에게 감사의 인사를 전한다. 또한 인내심을 갖고 출간되기 전까지 많은 도움을 주신 서울대학교출판문화원에도 감사드린다.

이 책에 사용된 사진 중에는 저작권을 확인하지 못한 사진들이 몇

장 포함되어 있다. 일부 사진들은 연구자의 신변보호를 이유로 촬영하지 못한 것을 인터넷에서 복사하여 사용했고, 일부 녹색운동 관련된 사진은 거리나 일정 장소에서 급작스럽게 촬영된 사진이라 사용허락을 받지 못하였다. 저작권이 해결되지 못했음에도 불구하고 이 사진들이 가지는 희소성과 가치들을 고려하여 저자가 사용했으므로, 모든 책임은 저자에게 있음을 밝힌다.

마지막으로 언제나 큰 지원과 사랑을 아끼지 않으시는 양가 부모님과 가족에게 깊은 감사의 인사를 보낸다. 일생의 든든한 후원자이자 언제나 따뜻한 품을 내어 주시는 어머니와 아버지의 끝없는 가르침과 사랑은 이 하나의 문장으로 표현하기에 너무나 부족하다. 그리고 늘 묵묵히 힘이 되어 주는 좋은 친구, 나의 동반자 이좌영 씨와 아들 지후에게 무한한 고마움을 전한다.

2017년 4월

구기연

차례

제3장 불타버린 세대: 혁명 이후 세대의 자아

제4장 그들만의 세상 구축하기: 초국가적인 장(場)과의 조우

제5장 자아 찾기를 위한 여정: 녹색운동을 중심으로

제1장

들어가며:
이란 제3세대란 누구인가?

현대사회를 살아가는 사람들에게 자아는 어떤 의미인가? 학교에서의 나의 모습과, 직장에서의 나의 모습, 또한 허물없는 친구나 가족 사이에서 나의 모습은 어떠한가? 인간 삶의 다양한 장에서 '나'의 모습은 장마다 다른 모습으로 연출되고 있지는 않은가? 마커스와 피셔(G. Marcus and M. Fisher)는 『인류학과 문화비평(*Anthropology as Cultural Critique*)』에서 다른 문화를 정확하게 서술하기 위해서는 '인간의 능력과 행동, 자아에 대한 생각, 감정의 표현 등의 기초가 되는 사람됨'에 초점을 맞추는 것이 가장 효과적이라고 보았다. 또한 자아, 감정이라는 주제에 천착하는 것이 사람과 사회적 관계의 속성에 대한 그 지역의 생각과 감정에 뿌리 깊게 자리 잡은 문화적 차이를 이해할 수 있는 왕도라고 제시한 바 있다(마커스·피셔 2005: 78). 그들이 느끼는 감정과 나의 감정은 어떻게 다르고 같은가, 그들이 느끼는 감정을 어떻게 이해할 수 있는가라는 질문들은 타문화의 자아와 감정에 대한 연구를 시작할 때 흔히 겪는 연구자의 심리적 갈등이다. 자아와 감정에 대한 연구들은 인류학자 자신이 결코 '그들'이 될 수 없는 딜레마적인 상황을 던져 줌으로써, 오랜 논쟁을 야기시켰다. 인류학에서 문화와 자아, 문화와 감정, 혹은 문화와 사람됨의 관계에 대한 연구는 진정 우리가 그들의 관점을 잘 이해하고 있는가에 대한 반성에서 출발하였다. 또한 자아에 대한 연구는 문화심리를 연구하는 데 출발점 역할을 하면서 감정과 정체성, 나아가 문화 자체에 대한 연구로 확장되기도 한다.

이 책에서 살펴보고자 하는 것은 스스로 '불타버린 세대(Nasle-Sukte)'라고 규정하는 이란 도시 중·상류층 젊은이들이 전통적인 감정 구조와 이슬람 정권의 감정 통제 속에서 어떻게 자신들의 자아를 구성해 가는가이다. 이란사회는 한국의 지리적, 학술적 환경에서는 낯선 존재이다. 더욱이 시아 종주국의 위엄과 제한된 정보 속에서 이란사회는 언제나 강경하게 그려졌다. 한국에서 이란을 비롯한 이슬람 사회에 대한 국가나 문화권에 대한 연구가 아닌 개인들에 대한 연구를 접하기는 쉽지 않다. 이러한 배경에서 이 책은 이란의 젊은이, 특히 세속적인 성향이 있는 도시 젊은이들의 꿈과 이상, 그리고 갈등에 대한 연구라는 점에서 의의를 지닌다. 이란 젊은이들의 모습은 때로는 금요 예배 속에서 "미국에 죽음을!"을 외치는 보수적인 무슬림의 모습으로, 때로는 미국의 드라마나 유럽의 축구경기에 열광하는 서구화된 모습으로 그려지기도 한다. 1979년 이란 이슬람 혁명이 당시 왕정에 반대하는 젊은 세대의 힘으로 성공했다면, 지금의 젊은 세대 역시 과거를 소환한 듯 현 신정 정치의 가장 강력한 비판자이자 사회 개혁에 대한 가장 큰 지지층이다. 이와 같은 점에서 이란 도시의 젊은 세대에 대한 고찰은 이 사회의 뜨거운 갈등의 장이 되는 개혁과 보수층의 대립 그리고 국가 이데올로기의 시민에 대한 보이는, 보이지 않는 통제를 가장 효과적으로 살펴볼 수 있게 한다.

이 책에서는 이란 젊은이들의 국가에서의 위치, 그들이 직면하고 있는 사회적 현실과 심리적인 문제들을 통해 변화된 미래를 꿈꾸는 도시 젊은이의 모습을 재구성하고자 한다. 또한 현대 젊은이들의 사적, 공적 공간에서 연출되는 자아에 주목하면서 사적, 공적 공간의 경계가 어떻게 나누어지고 강화되는지 살펴보고자 한다. 특히 사적, 공적 공간이 이분법적으로 구분되는 것이 아니라 역사적, 사회적 흐름에 따라 유동적으로 변화되고 다양하게 전유되는 과정을 추적함으로써 이란 젊은이들의 다양한 층위의 자아가 어떻게 공사 영역에서 재현되는지 기술하고자 한다. 이슬람 체제를 기반으로 한 이데올로기적 규제와 일상적인 연행의 모습으로 재현되는 종교 공동체의 건설은 사적 공간과 복장, 신체 그리고 심리적 자아로까지 그 영향력을 확대하고 있다. 하지만 혁명 이후 세대는 끊임없이 자신을 찾기 위한 노력을 멈추지 않고 있으며, 다양한 현장에서 사회적 역할에 맞는 자아의 모습을 드러내고 있다. 그들의 자아는 이데올로기에 대해 순응과 저항의 방식을 전략적으로 택하고 있다. 다음의 세 가지 문제의식에 주목하면서, 현대 이란사회의 감정 통제 방식과 도시 젊은이들의 자아가 형성되는 과정을 살펴보고자 한다.

첫째, 도시 젊은이들이 공적인 모습을 연출해야 하는 이슬람 도덕 공동체의 구조가 무엇인지 살펴본다. 또한 이상적인 무슬림 시민을 만들기 위한 제도적, 담론적 배경이 무엇인지를 분석해 본다. 특히 몸과 감정으로까지 체화되는 국가 이데올로기의 흐름을 살펴보고, 이슬람 정부의 개인에 대한 통제 방식을 고찰한다.

둘째, 도시 젊은이들의 자아와 감정이 어떻게 표출되고 감추어지는지를 살펴본다. 새로운 공적 영역으로 전유되는 사적 공간에서 계급적 특성과 함께 표출되는 그들만의 세상에 주목하되, 특히 가족과의 관계를 통해 젊은이들의 문화가 어떤 세대 차이를 보이는지 파악한다. 이를 통해 젊은이들의 감정이 전통적인 사회 심리 모델과 어떤 유기적인 관계를 지니는지 고찰한다. 또한 혁명 이후 젊은이들만의 대중 문화가 형성되는 배경—소비주의, 개혁주의에 대한 열망, 뉴미디어의 등장, 금지된 대중 문화, 치열한 정치 이념적 갈등—을 중점적으로 추적해 본다.

마지막으로, 2009년 이란 녹색운동(The Green Movement)[1]의 전개 양

상과 이 역사적 흐름 속에서의 젊은이들의 역할을 살펴보고 분석한다. 지금까지 공적인 장에서 자신들의 진정한 자아를 드러내지 못했던 젊은이들이 온라인, 오프라인에서 자신을 재현하는 방식들을 추적하고, 민주화 시위를 통해 극명하게 드러난 현대 이란사회의 갈등양상을 고찰한다. 또한 이슬람이 국가와 개혁적인 젊은이들을 통해 각기 다른 방향으로 정치적인 의미와 정체성을 어떻게 만들어 내는지 알아보고, 녹색운동의 의미를 이란 젊은이들의 미래와 함께 고민해 본다.

현재 이란은 개혁과 보수 간 이념 갈등의 골이 깊게 패어 있다. 변화의 움직임에도, 여전히 이란의 보수층은 자신들의 권위와 권력을 굳건히 지키기 위해 법적, 사회적 통제의 끈을 놓지 않고 있으며, 중·하층의 보수적인 무슬림들 역시 각종 보수적 집회, 모스크, 버저르(bāzār, 전통시장)에서 전통의 힘을 고수하고자 한다. 이 반대편에 있는 개혁 성향의 도시 중·상류층 젊은이들은 이슬람 정부에 대해 강한 불만을 품고 있고 사회적 변화를 꿈꾸고는 있지만, 현실적으로 그들 앞에는 높은 장애물이 놓여 있는 것이 사실이다. 개혁은 실로 느리고, 고통스러운 과정이 되고 있다(Yaghmaian 2002). 이란은 지금 전근대적인 통치체계와 현대적인 국가 체제, 사적 영역이 뒤섞여 전근대와 근대, 또한 전 지구적인 특성들이 혼재되어 있다. 이러한 사회적 배경 속에서 전 지구적인 흐름에 빠른 속도로 영입되고 있는 이란 도시 젊은이들의 일상은 혼란스러울 수밖에 없다.

이란에서 '제3세대'[2]로 일컬어지는 젊은이들의 문화가 형성될 수

1 녹색운동은 2009년 6월 이란 대선을 전후로 나타난 일련의 반정부, 민주화 시위를 의미한다.

2 제3세대라는 용어는 코스라비(Khosravi 2008)의 책에서 인용했다. 『뉴욕 타임스(*The New York Times*)』(2002. 6. 12.)에 실린 저널리스트 토마스 프리드만(Thomas Friedman)의 기사를 통해 젊은 세대를 뜻하는 '제3세대'라는 용어가 처음 쓰였는데, 이 기사가 이란 일간지에 번역되어 실리면서 이란사회

있는 이면에는 전 지구화 현상이 전제되었다. 전 지구화로 인한 뉴미디어의 영향과 새로운 소비문화의 도입은 그들의 문화지형도를 급격히 변화시켜 왔다. 현대에서 대중매체를 통한 매개된 경험은 자아 정체성과 사회 관계의 기본조직에 깊은 영향을 끼쳐 왔고, 그로 인해 자아 정체성은 더욱 성찰적으로 발전된다(기든스 2001: 42-43). 현대 이란사회에서도 도시 젊은이들은 전자 매체와 뉴미디어를 통해 변화하는 상황적 지리학[3]을 경험하게 되고, 이 결과 물리적으로 떨어져 있는 전 지구적 환경과의 끊임없는 소통이 가능하게 된 것이다. 도시 젊은이들은 인터넷과 블로그, SNS 등을 통해 공적 공간에서는 드러낼 수 없는 자신의 삶들을 그려 내고, 정치적인 이슈들을 토론하며, 동시에 이란인 디아스포라(diaspora)[4]와의 사회적 네트워크를 구축해 가고 있다(Alexanian 2006: 136). 또한 젊은 세대는 인터넷을 통해 새로운 디지털 문화를 형성해 가고 있다. 이란 사람들의 블로그는 국제 미디어에서 상당한 관심을 받고 있는데, 강하게 닫혀 있는 국가 이미지와는 달리 수많은 블로거들이 자신을 드러내며 활동하고 있기 때문이다. 이렇게 공사의 삶이 구분된 이란에서 소셜 네트워크와 웹 블로그는 바로 가면 없이 그들 자신을 드러낼 수 있는 공간이다.

또한 소비문화와 경제 개혁을 통한 수입재의 도입은 젊은이들의

에서도 통용되기 시작했고, 특히 젊은이들의 웹사이트나 잡지를 중심으로 쓰이고 있다.

3 조슈아 메이로위츠(Joshua Meyrowitz)는 매체, 특히 전자 매체가 사회 생활의 '상황적 지리학(situational geography)'을 변화시켰다고 하면서, "매체는 점점 더 우리를 다른 곳에서 일어나는 공연들의 직접적인 청중이 되게 하며, 물리적으로 함께 있지 않은 청중에게 우리가 접근할 수 있게 한다."고 주장했다(기든스 2001: 157에서 재인용).

4 디아스포라는 흩어진 사람들이라는 뜻으로 팔레스타인을 떠나 온 세계에 흩어져 살면서 유대교의 규범과 생활관습을 유지하는 유대인을 이르던 말이다.

문화에 지대한 영향을 끼치고 있다. 이와 같은 경제적, 사회적 환경 속에서 이란 젊은이들에게 원리주의적인 공적 공간과 전 지구화로 매개된 사적 공간 사이의 괴리는 클 수밖에 없다. 지지부진한 정부의 개혁정책에 실망한 젊은 세대는 종교로서의 이슬람을 외면하지는 않으나, 정치화되고 권력화된 이슬람에 강한 반감을 품고 있다. 또한 부유층, 상류층 자녀들을 중심으로 한 대규모의 해외 유출 현상은 현재 이란사회를 위협하는 하나의 원인으로 작용하고 있다(Basmenji 2005: 48). 돈과 능력만 있으면 외국으로 이주하려는 현상이 사회 전반적으로 자연스럽게 받아들여지고 있는데, 이 현상은 역으로 심각한 사회 문제를 방증하는 예라고도 할 수 있다.

그렇다면 우리는 왜 현대 이란사회에서 도시 중·상류층 젊은이들에 대해 주목해야 하는가? 현재 이란은 전체 인구의 약 60%가 30세 이하 젊은이들로 구성된 젊은 국가이다. 이란의 인구학 지형을 새롭게 그려 내고 있는 젊은이들은 이른바 베이비붐 세대(babyboom generation)로, 그 배경은 1979년 이슬람 혁명 이후 이란-이라크전(戰) 종결과 전통적 이슬람 사상에 따른 출산 장려정책, 낮아진 결혼연령 등이다. 이란에서 아이들은 태어나는 순간부터 시아 무슬림[5]의 운명을 갖고, 교육과 사회화를 통해 끊임없이 무슬림 키즈로 키워진다. 동시에 요즘 아이들은 어느 순간부터 현 체제를 뒤흔들 수 있는 세대로 인식됨으로써 국가가 가장 경계하는 대상이 되었다. 젊은 세대는 전 지구화 현상의 가장 큰 수

5 시아파는 이슬람의 양대 종파 중 하나이며, 수니파(약 90%)에 비해 수적으로 열세이다. 시아파 무슬림들은 이슬람 공동체의 종교적 정치적 지도권은 예언자 무함마드의 혈통만이 이어받을 수 있다고 믿는다. 시아파라는 명칭도 시아 알리(Shi'at Ali 알리의 당파[알리는 무함마드의 사촌이자, 무함마드 딸 파티마와 결혼하였다. 제4대 칼리프이자, 제1대 이맘이다.])라는 어휘에서 유래되었다(김정위 2001: 205-206). 이란 국민의 90% 이상이 시아 무슬림이다.

혜자로서 새로운 문화 현상을 끊임없이 만들어 가는 한편, 사회 전반적인 변화를 적극 요구하고 있기 때문이다. 1979년 이란 이슬람 혁명이 당시 왕정에 반대하는 젊은 세대를 중심으로 이루어졌듯이, 현 신정 정치의 가장 강력한 비판자이자 사회 개혁을 열망하는 가장 큰 지지층도 젊은 세대이다. 젊은 세대는 지배 이데올로기뿐 아니라 부모 세대의 문화적 규범에 대해서도 비판적인 시각을 가지고 있다(Alavi 2005: 31; Khosravi 2008: 8). 이슬람 혁명 이후 젊은이들은 공공교육의 최대 수혜자임에도 높은 실업률에 신음하고 있으며, 삶의 미세한 영역까지 들어오는 이데올로기적 규제에 의해 자존감마저 박탈당하고 있다. 이러한 현실에 대항하여 이들은 지극히 한정된 사적 공간에서만이라도 그들만의 문화를 구축해 가고 있다. 그들은 보수적인 종교주의자들이 권력을 쥐고 사회적 통제의 고삐를 늦추지 않는 현실에서 방황하고 갈등하면서도, 이전 세대와는 구별된 자아 정체성을 형성해 가고 있다.

이란에서의 자아들은 끊임없이 이데올로기와 경합하는 모습을 보인다. 이슬람 정부는 사회적 규제들로 끊임없이 자아를 속박하고, 자아의 내면까지 훈육하려는 움직임을 보인다. 이로써 이란은 다른 세계보다 공적 영역이 더 넓게 펴져 있게 되고, 동시에 자아는 더욱 비밀스럽고 사적 공간에서만 존재하게 되는 것이다. 이란사회는 혁명 이후 지금껏 강력한 규제와 통제가 이루어지는 닫힌 사회의 모습을 하고 있고, 그 안에서 사람들은 자신의 감정을 사적 공간에서 표출하면서 나름의 방식으로 통제된 감정들을 구성해 가고 있다. 특히 현지조사를 수행하던 2009년 당시 2005년과 2009년에 연이어 당선된 강경파 마무드 아마디네자드(Mahmoud Ahmadinejad) 대통령의 집권으로 이란사회의 정치 체제와 사회 구성원 사이의 긴장감이 더욱 높아져 있었다. 이후 2013년 개혁 성향의 하산 로하니(Hassan Rohani) 대통령이 선출되었지만, 불안정한 사회 분위기는 크게 나아지지 않았다. 결국 긴장들의 연속은 사회의 불안과 문제를 일으키고, 사람들의 감정에도 많은 변화를 불러일으키고 있다. 그동안 이란을 경제적, 국제적으로 고립되게 만들었던 핵 협상이 2016년 타결되었지만, 여전히 이란사회는 개혁과 변화에 대한 희망과 전통적인 보수주의의 줄다리기가 팽팽하게 이어지고 있다. 그러므로 이들의 감정적 변화와 정치 이데올로기에 대한 대항적 감정들 그리고 이데올로기에 저항하는 자아의 모습들은 이란사회의 이중적인 참모습을 알아가는 데 가장 선행되어야 할 연구일 것이다.

1. 인구학적인 측면에서 본 제3세대

이 책은 이란의 제3세대를 중심으로 살펴보려 하는데, 여기서 제3세대란 1979년 이슬람 혁명 이후에 태어난 젊은 세대를 지칭한다. 오늘날 이란 젊은이들은 이란 전체 인구의 약 3분의 2라는 높은 인구학적 비율을 차지하고 있다. 파흘라비(Pahlavi) 왕정시대를[6] 거쳐 이슬람 혁명 성공의 주역이었던, 혁명 당시의 20대 이상의 세대를 혁명 1세대라 부른다. 혁명 2세대는 1965년에서 1970년 사이에 태어났고, 혁명 전후와 이란-이라크전 당시 청소년기를 보낸 세대를 의미한다. '잃어버린 세대(The Lost Generation)'라고도 불리는(Friedman 2002) 그들은 1980년대 가장 많이 고국을 떠난 세대이기도 하다(Khosravi 2008: 5). 제3세대(Nasle-sevom, The Third Generation)는 1979년 이슬람 혁명 이후 태어난 세대로(Friedman 2002), 이슬람 혁명을 성공으로 이끌어 낸 제1세대의 자녀들이기도 하다.[7] 코스라비(2008: 122)에 따르면, 『뉴욕 타임스』 저널리스트인

6 레저 셔(Rezā Shāh)가 세운 왕조(1925~1979).

7 http://www.nytimes.com/2002/06/16/opinion/iran-s-third-wave.html?ref=

[표 1-1] 2006, 2011년 연령별 인구 분포도

연령 집단 (세)	2006년 통계 (명)	비율 (%)	2011년 통계 (명)	비율 (%)
0~9	10,973,035	16	11,890,343	15.8
10~14	6,708,594	10	5,671,435	7.5
15~19	8,726,761	12	6,607,043	8.8
20~24	9,011,422	13	8,414,497	11.2
25~29	7,224,952	10	8,672,654	11.5
30~34	5,553,531	8	6,971,924	9.2
합계(0~34)	48,198,295	약 69	48,227,896	약 64
35~39	4,921,124	7	5,571,018	7.4
40~49	7,611,919	10	8,937,230	12
50~59	4,643,401	7	6,207,527	8.1
60~64	1,464,452	2	1,862,907	2.5
65세 이상	3,656,591	5	4,296,769	6
합계	70,495,782	100	75,149,669	100

자료: 이란 통계청(Statistical Centre of Iran), http://amar.sci.org.ir/index_e.aspx 자료 재정리.

토마스 프리드만(Thomas Friedman)이 표현한 이 '제3세대'라는 용어는 Chelcher-agh, Golestan-e Iran, www.nasle3.com과 같은 젊은이들의 웹사이트를 통해 이란 국내에 자리매김하게 되었다. 제3세대들은 특히 이슬람 혁명, 이란-이라크전 후 베이비 부머(baby boomer) 세대로서의 특징을 가지고 있기도 하다. 이란의 35세 미만의 인구는 2006년 기준 대략 69%, 2011년 기준 약 64%(표 1-1)를 차지할 정도로 높은 인구학적 비율을 차지하고 있다. 젊은층의 높은 인구분포도는 이란사회의 문화 지형도를 바꾸는 데에도 큰 역할을 하고 있다.

젊은 인구 비율의 가파른 증가의 원인에는 이란-이라크전이라는 특수한 사회적 배경도 있었지만, 혁명 초기의 이슬람화 정책이 큰 역할

thomaslfriedman 참조.

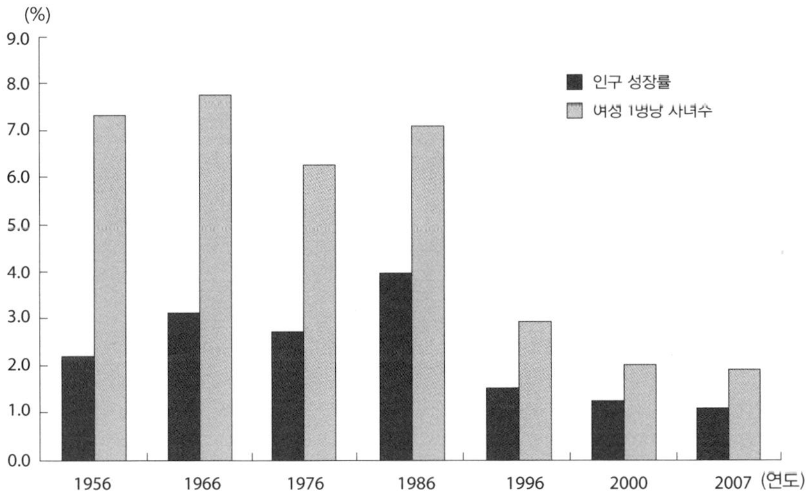

[그림 1-1] 평균 자녀수와 인구 성장률

자료: Simbar(2012).

을 했다. 이슬람화 정책은 이란의 가족계획 정책에 중요한 영향을 끼쳤고, 성적(性的)인 문제에 대한 사회적 병폐를 줄인다는 이유로 이슬람 정권은 초혼, 일부다처제, 임시혼(temporary marriage)[8]을 장려하면서 무슬림 가족이라는 특정의 모델을 강조했다(Hoodfar 2008: 80). 인구 증가의 또 다른 원인으로는 혁명 이후 서구식 가족계획에 대한 부정적인 태도를 꼽을 수 있다. 1960년대까지 국가 단위의 가족계획 정책은 마련되지 않았고, 1967년에 이르러서야 '국가 가족계획 프로그램(National Family Planning Program)'이 도입되어 공식적인 인구 정책과 산아 제한 프로그램이 진행되었다(Aghajanian and Merhyar 1999). 하지만 이슬람 혁명 직후 가족계획 프로그램은 가족법 폐지와 일련의 가족 정책과 함께 흐지부지되

8 이슬람법에 따른 결정, 칙령.

었고, 그 결과 1979년과 1988년 사이 전체 인구는 총 1,600만 명 정도 불어나 3.9%의 인구 증가율을 보였으며, 여성 1명당 자녀수는 평균 6.3명에서 1986년 기준 7.1명까지 늘어났다(Simbar 2012; Tober et al. 2006).

1988년 종전 후 폭발적인 인구 증가 문제에 직면하고 나서야, 정부는 인구 증가 억제책을 마련하게 되었다. 가족계획을 '허용(halal)'한다는 파트와(fatwa)를 내리고 새로운 가족계획 프로그램을 도입하였는데, 주요 내용은 출산 주기를 3~4년으로 늘리고, 조산과 노산을 막고, 자녀수를 3명으로 제한하는 것이다(Aghajanian 1995, 1999).[9] "너무 늦지 않게, 너무 이르지 않게, 너무 많지 않게(Nah kheili dir, Nah kheili zoud, Nah kheili ziyad)"라는 구호가 적힌 가족계획 관련 포스터들이 의료 기관에 등장했다(Tober et al. 2006). 이란사회의 출산율은 계속해서 떨어지고 있는 추세인데, 2006년 기준 1.9명이었던 여성 1명당 자녀수는 2011년 기준 1.3명으로 떨어졌다.[10] 지금까지 살펴본 이란 젊은이들의 인구학적인 위치는 결혼 연령, 출산율의 변화에만 영향을 끼치는 것이 아니라, 심각한 실업률과 경제적인 문제, 부족한 사회 인프라 문제를 양산하는 중요한 사회적 배경이 되고 있다. 하지만, 한편으로 젊은 인구의 높은 비율은 그들이 견고한 위계사회의 기저를 흔들 수 있는 두려운 대항 집단이 될 수 있다는 것을 의미하기도 한다.

9 1988년 이후 이란에서 가족 계획법은 계속 진행되어, 1980년대 여성 1명당 평균 6명 출산의 비율이 2007년에는 평균 자녀수 2명으로 줄어들었다.

10 John Weeks, "Weeks Population," http://weekspopulation.blogspot.com 참조.

2. 도시 공간의 계급적, 문화적 함의

저자가 중점적으로 인터뷰하고 참여 관찰한 조사 대상자들은 테헤란 북부나 북서부 지역에 거주하는 고학력 전문직의, 세속적이고 개방적인 성향의, 정치적으로는 반정부 성향의 중·상류층의 젊은이들이었다. 관찰 대상자 중·상류층 젊은이들의 부모들은 대부분 정치권력에서 높은 지위를 가지기보다는, 주로 경제적 문화자본을 갖춘 이들이었다. 조사 대상자들이 주로 상류층의, 개혁 성향을 띤 이들이었으므로, 상대적으로 친정부 성향을 가진 정치 권력층은 이 조사에서 많이 다루어지지 못했다. 한편 연구 대상자들이 거주하는 공간도 이 책에서 큰 의미가 있다. 그들이 주로 거주하고 있는 지역인 테헤란 북부나 북서부의 샤흐라케가릅(Shahrak-e gharb)과 같은 지역은 이란 속 '반체제적인 이웃(dissident neighborhood)'이라고 표현될 정도로 전형적인 코스모폴리탄 문화를 가진 현대적인 지역이다(Khosravi 2008). 테헤란의 북부와 북서부 지역은 단순한 지역적 경계가 아니라 특별한 문화적 공간으로서의 의미를 지니고 있다. 그러므로 이 책에서 연구자는 근대적이고 개혁 성향의 젊은 사람들에 대한 조사인 동시에, 이란 중·상류층의 계급 문화를 함께 그려 내기도 한다. 이들은 부모 세대와 공통적인 계급적 특성이 있었으며 동시에 자신들만의 세대적 특성을 공유하고 있었다. 이 도시 젊은이들은 "나슬레 세봄(제3세대)은 어떻게 보면, 이 나라와는 전혀 상관없는 존재라고 할 수 있어요. 이란과 다른 세상에서 살고 있는 것이지요."라는 한 젊은이의 진술에 부합되는 주인공들이었다.

테헤란의 북부와 남부 지역은 그 지리적 구분을 넘어, 경제적·계급적·문화적으로 극명한 차이를 지닌다. 세속 대 전통, 퍼서지(Pāssāzi) 대 전통시장, 개혁 대 진보라는 대조를 이루며 각기 다른 문화적 의미를 가지는 두 지역의 특성을 대지 가격과 인구 밀도를 통해 살펴보고자 한다.

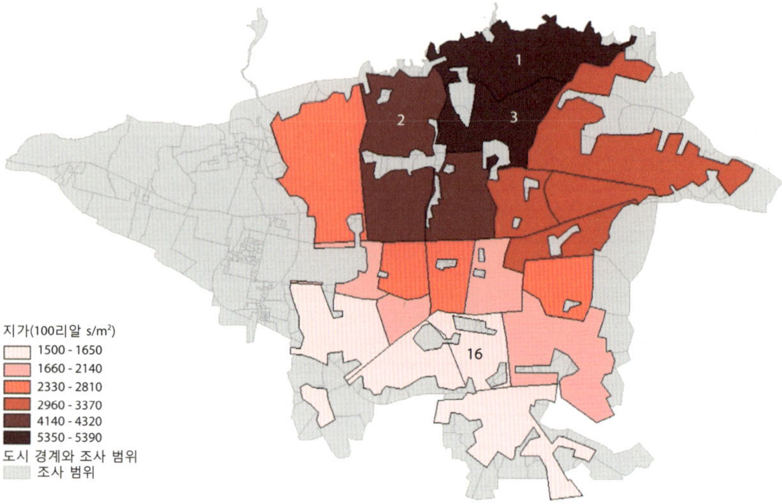

[그림 1-2] 2002년 테헤란의 지역별 지가 비교(연구자 지역번호 표시)
자료: Bertaud(2003).

테헤란 '위쪽 동네'[11]로 분류되는 북부 지역은 [그림 1-2]에 표시된 1, 2, 3지구이며, 테헤란에서 부동산 가격 및 건물, 주택 임대료가 가장 높다. 반면 아랫동네는 [그림 1-2]의 16지구로 대표되고 북쪽 지역과는 부동산 가격이 약 3배 이상 차이가 난다.

테헤란 북부는 다른 어떤 지역보다도 근대적이며, 북부의 테헤란 사람들은 이 지역이 프랑스의 샹젤리제 거리[12]에 비견될 수 있을

11 테헤란 북부 지역에 대해 북쪽을 나타내는 '쇼멀(shomāl)'이라는 말은 쓰지 않는다. 쇼멀은 주로 이란 북부의 카스피해 연안 지역을 나타내기 때문이다. 테헤란의 북부는 주로 '위쪽'을 뜻하는 '벌러(bālā)'라는 용어로 통용된다. 테헤란 남부 지역 역시 남쪽을 뜻하는 '주눕(jonoob)'이라는 용어보다는 '아래의, 밑의'라는 뜻의 '퍼인(pāeen)'을 쓴다.

12 이란 사람들은 테헤란의 아름다움에 대해 이야기할 때, '중동의 파리'라는 비유를 쓴다. 하지만 이 비유는 이슬람 혁명 전 테헤란을 뜻하며, 이러한 비유 뒤에는 "하지만 이제는 도시가 형편없어 망가졌다."라는 수사가 자연스럽게

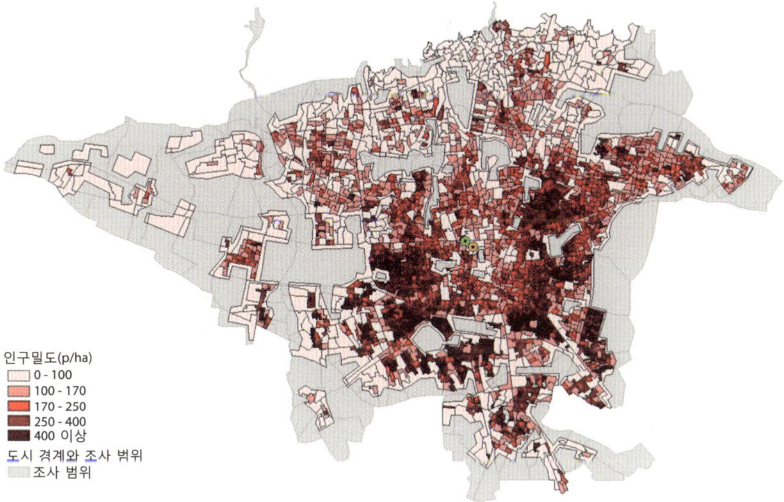

[그림 1-3] 1996년 센서스 테헤란 지역별 인구 밀도

자료: Bertaud(2003).

정도라고 자부심을 갖는다. 실제로 테헤란 북부는 [그림 1-2]에 명시된 바와 같이 다른 지역보다 인구 밀도가 상대적으로 낮다. 북부 지역은 알보르즈 산맥이 시작되는 고지대[13]에 있기 때문에 테헤란에서 가장 고도가 높으며, 규모가 큰 공원이 많아 상대적으로 공기가 쾌적하다. 반면 테헤란 남부 지역은 대기오염의 정도가 피부로 느껴질 정도로 심각하고, 거리의 경관도 자못 다르다. 테헤란 남부가 '올드 테헤란(old Tehran)'의 이미지를 갖고 있다면, 북부는 미국식으로 설계된 지역이었다(Khosravi 2008: 60). 테헤란 북부의 거리에는 고급 자동차들이 즐비하고, 고급 주택가와 현대식 상가들이 몰려 있다. 사아드 아바드(Sa'd-Abad)와 니여바런(Niyābarān)과 같은 예전 파흘라비 왕정시절 궁전

뒤따라온다.

13 북부와 남부의 고도는 300미터 이상 차이가 난다(Bertaud 2003: 10).

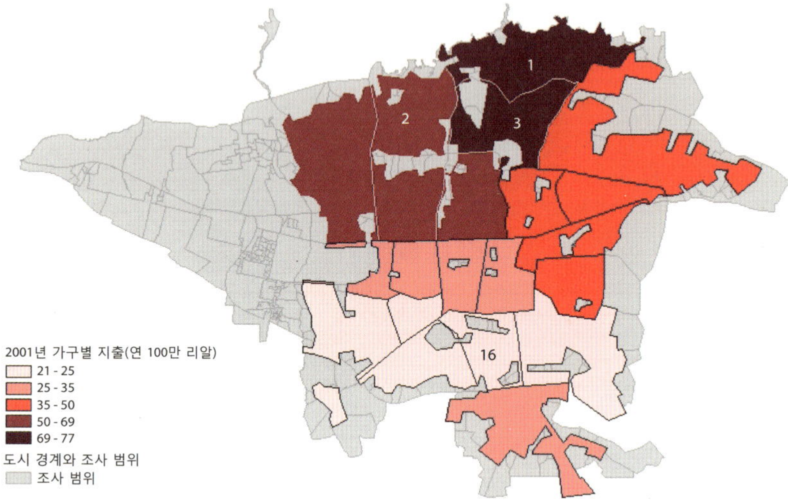

[그림 1-4] 2001년 테헤란 가구별 지출의 차이(연구자 지역번호 표시)

자료: Bertaud(2003).

이 아직도 아름다운 공원과 박물관으로 남아 있다. 북부 지역에는 특권 계층들과 상류층들이 주로 거주하며, 외국 대사관 및 외국 기업들의 사무실, 외국인 학교, 그리고 외국인 주재원들의 사택들도 이 지역에 밀집되어 있다.

또한 테헤란 북부 지역에는 유명한 상업지구 및 쇼핑센터, 호텔들이 밀집되어 있으며, 고급 음식점 및 국내 몇 안 되는 일본, 중국, 태국, 프랑스, 이탈리아 등의 외국 전문 음식점들이 위치해 있는 곳이기도 하다. 대형 전자 상가 및 세련되고 분위기 좋은 커피숍들 그리고 이란에서 쉽게 찾아볼 수 없는 해외 브랜드의 상점들이 테헤란 북부의 경관을 채운다. 또한 전 지구적인 청년 문화와 혼종(hybridity)의 대중 문화, 도시 상류층들의 소비문화를 직접 관찰할 수 있는 지역이기도 하다. 저자가 주로 조사한 지역과 인터뷰 대상자들의 거주 지역은 [그림 1-2], [그림 1-4]의 1, 2, 3지구였다. 1지구는 유명한 쇼핑상가와 부촌이 형성되어 있는 지역이고, 2지구는 샤흐라케가릅이라는 중·상류층의 주거 지역인 동시에 유명한 퍼서지 밀집 지역과 국제학교가 있으며, 3지구(바낙 광장 중심)는 실제 연구자의 거주지였으며, 주로 유명 어학원, 사무실 건물들, 쇼핑상가가 밀집된 지역이었다.

또한 테헤란이란 도시는 지역에 따라 상이한 계급적, 문화적 의미를 갖고 있다. [그림 1-4]에서 보이듯이, 테헤란 북부 지역 중 1, 3지구의 가계 지출이 가장 높고, 상대적으로 중산층이 많이 거주하는 2지역이 그다음을 차지하고 있다. 북부 지역의 평균 가구당 지출은 남부 지역에 비해 3배가 넘으며, 거주 공간의 평균 크기 역시 북부가 남부보다 4배 이상 크다(Bertaud 2003: 11).

코스라비에 의하면 북부 테헤란은 혁명 이전 파흘라비 왕정시대부터 서구적인 문화가 성행하였으며, 전통적으로 왕권 지지자들이 많았다. 반면 테헤란 남부 지역은 노동자 계급의 도시 빈민들이 주로 거주하고 있으며, 일자리를 구하기 위해 지방—특히 아제르바이잔[14] 지역—에서 이주한 이주민들이 다수를 이룬다(Khosravi 2008). 두 지역은 단순한 부동산 가격과 가구별 지출 차이를 넘어, 거주민들의 직업과 경제력에 따른 계급적인 차이도 보인다. [표 1-1]에서 알 수 있듯이 북부 지역에는 주로 전문직이나 매니저, 관리직 등의 사무직에 종사하는 시민들이 거주한다면, 남부 지역의 다수가 노동 계층에 속해 있음을 알 수 있다.

이와 같은 거주민들의 차이로 두 공간은 지리적인 경계[15]를 넘어,

14 이란 북서부 지방을 가리키는 명칭이며, 이 지역은 대부분 터키어를 쓰는 아제르바이잔민족들이 주로 거주한다. 테헤란의 슈퍼나 빵집은 대부분 아제르바이잔족이 운영한다고 해도 과언이 아니다. 대체로 지역색을 강하게 유지하고 있으며, 보다 전통적이고 보수적인 성향을 지닌다고 말해진다.

15 이 두 지역의 경계로 여겨지는 혁명거리의 의미도 중요하다. 바야트(Bayat)는 테헤란 북부와 남부의 경계가 테헤란의 정치적 지리학의 중심지인 '키여부네

[표 1-2] 테헤란 2지구, 16지구의 직업 분포도(%)

구분	2지구	16지구	테헤란
매니저, 관리자	11.1	1.6	4.8
전문직	27.5	7.3	13.8
기술자	9.5	4.9	6.2
성직 관련	10	9.2	8.7
상업	15	19	17
농업	0.6	0.5	0.7
노동	20.1	49.8	38
직업 미기재	6.2	7.6	10.8

자료: Khosravi(2008).

경제적, 계급적, 문화적인 수준을 나타내는 문화지형도로서 상반된 의미를 갖게 된다. 북부에 사는 테헤란 사람들은 벌러예 샤흐리(bālā-ye shahri 도시 위쪽 거주민)라 불리고, 테헤란 남쪽 지역에 사는 사람은 퍼인에 샤흐리(pāeen-e shahri 도시 아래쪽 거주민)로 불린다. '높은, 위의, 고급'이라는 뜻을 가진 페르시아어 벌러(bālā)는 상류층이나 고위층을 표현할 때도 쓰이는 형용사로서, 벌러예 샤흐리는 공간적인 의미와 함께, '높은 계층의 사람'이라는 중의적인 의미를 내포한다. 퍼인(pāeen)이라는 형용사는 벌러(bālā)의 반대말로 '하층, 밑, 아래'라는 뜻으로, 계층이나 어떤 등급이 낮은 것을 표현할 때에도 사용된다. 이 단어 역시 중의

엥겔럽(혁명 거리)'을 중심으로 나누어진다고 설명한다. 이 혁명 거리는 테헤란대학교 캠퍼스와 넓은 서점거리, 그리고 지방으로 이어지는 큰 버스 터미널로 이어진다. 테헤란 남쪽과 북쪽의 경계가 되는 이 지역은 1979년 혁명이 일어났던 첫 진원지이며, 2009년 6월 당시 수천 수백 명의 사람이 침묵의 시위를 벌였던 곳도 바로 이곳이다(Bayat 2010: 104). 이 지역이 정치, 지리학적으로 중요한 의미를 갖고 있는 이유는 바로 국립 테헤란대학교 캠퍼스가 위치하기 때문이다. 테헤란대학교는 이란의 국립대학교의 위상을 넘어 강력한 정치적인 의미를 가지는데, 그 이유는 바로 테헤란대학교 내에서 매주 집단예배인 금요 예배가 열리기 때문이다.

[표 1-3] 샤흐라케가릅과 자버디에 지역의 이미지

샤흐라케가릅	자버디에
부유한	가난한
사회경제적 엘리트	노동자 계급
모던한	전통적인
초국가적인	지방의
개인 중심	공동체 중심
자유로운 태도	도덕성
중심	주변
철없고(bidard), 서구적인	고통 받고(dard), 신실한

자료: Khosravi(2008).

적인 의미로 해석할 수 있다. 테헤란의 북부 거주민들과 남부 거주민들은 서로 서구 문화에 오염되고, '반(反)이슬람적인'[16] 대 '촌스럽고 가난하고 보수적인' 이들로 타자화한다. 또한 북부 사람들에게 남부 지역은 위험한 지역이며, 이 지역에 거주하는 다수의 지방 출신 동 계층의 이주민들을 '우리와는 다른 위험한 사람들'로 구분해 낸다. 이러한 지역의 구분은 이란 안에서 자기 자신을 정의 내리는 일상의 담론 중 하나로 쓰인다(Torab 2007: 182).[17] 코스라비(2008)는 '샤흐라케가릅'이라는 [그림 1-2]에 표시된 2지구를 중심으로 인류학적 조사를 수행한 바 있는데, 그는 샤흐라케가릅과 자버디에(Javādieh) 지역으로 대표되는 16지구를 비교하며, [표 1-3]과 같이 두 공간의 특성과 대표적인 이미지들

16 이란사회에서 반이슬람적이라는 공적인 담론은 실질적으로 그들이 이슬람적인가라는 사실과는 상관없이, 그들의 라이프 스타일이나 드레스 코드 그리고 정치적 성향으로 규정짓는 경우가 두드러진다. 그래서 이란사회에서의 이슬람적 그리고 반이슬람적이라는 의미는 좀 더 분석할 필요가 있다.

17 토랍(Torab 2007: 182)에서 재인용한 피셔와 아베디(Fischer and Abedi 1990)에 의하면 이러한 지역적 출신에 따른 정체성의 담론들은 미국에 있는 이란인 이주민들과 망명자들에게도 그대로 적용된다.

을 대조적으로 보여 준다.

두 지역은 단순한 경제적인 차이를 넘어 정치적인 성향에서도 두드러진 차이를 보인다. 테헤란 북부 사람들은 정치에도 개혁적인 성향을 가지고 있는 편이며, "북부에 사는 가구 중 적어도 자녀 한 명 이상은 외국에 있다."라는 말이 있을 정도로 자연스럽게 디아스포라 문화의 직접적인 영향을 받는다. 또한 이 지역에 사는 상류층 중 다수가 이중 국적자이며, 친척이나 자녀들을 통해 외국 거주권을 획득하려는 움직임 역시 특별하지 않은 행동으로 여겨진다.

테헤란 북부 거주민과 테헤란 남부 거주민은 소비문화에서도 뚜렷한 차이를 보이기도 한다. 여성의 경우 의복 스타일 성향들도 완전히 다르다. 예를 들어 검은색 차도르를 입은 여성들을 위쪽 동네에서는 찾아보기 어렵고, 남쪽으로 내려갈수록 보수적인 옷차림의 여성들을 많이 찾아볼 수 있다. 반면 북부의 상류층은 외국 문물을 접하거나 해외여행 경험이 있는 사람들이 많으므로 해외 명품브랜드에 대해 많이 알고 있으며, 좀 더 자유롭고 개방적으로 여겨지는 밝은 겉옷인 루사리를 선호하고 유행에도 민감하다. 고가의 화려한 스카프나 외국의 트렌치코트나 레인코트를 히잡(hijab)으로 활용하면서, 자신의 사회적 위치나 부를 의복을 통해 드러낸다. 이러한 경제력, 사회적 계층에 따른 의복 패턴의 구분은 결과적으로 차도르의 부정적인 이미지를 양산해 내고, 차도르는 낮은 계층과 빈민층을 상징하는 의복이라는 문화적 의미가 있기도 한다.

한편, 자버드(javād)는 아랍어 이름으로 테헤란 남부의 가난하고 전통적인 젊은이들을 비유적으로 일컫는 말로, 그들의 모던하지 않은 촌스러운 취향과 스타일을 비꼬는 표현이기도 하다. 예를 들어 부유하더라도 버저리(시장 상인) 스타일과 버저리 문화를 갖고 있다면 그는 '자버드'로 불린다(Khosravi 2008: 70). 테헤란 북쪽이나 샤흐라케가릅의 젊은

이들에게 자버드들은 촌스럽고,[18] 위험하며 뒤떨어진 사람들로 표현되고, 그들이 거주하는 테헤란 남쪽은 '가서는 안 되는, 위험하고 오염된 곳'으로 여겨진다. "이란 사람인 나도 혼자서는 절대 밑의 지역을 가지 않아. '그쪽'을 왜 갔어? 거기는 갈 곳이 못돼. 얼마나 위험한 곳인데! 그들은 낮은 계급의 사람들이야."라는 말들은 벌러샤흐리(bālā-shahri)들로부터 흔히 들을 수 있었던 테헤란 남부 지역에 대한 수사방식이다.

마지막으로 샤흐르케가릅의 아이들(bachehāye-shahraki)이나 벌러샤흐리가 사는 지역의 주거적 특색도 주목할 필요가 있다. 발레작, 자파르니에, 조르단, 엘라히에와 같은 테헤란 북부의 고급 주거 지역과 샤흐라케가릅의 서구식 아파트 단지 및 주택 단지들은 게이티드 커뮤니티(gated community)의 특성이 있다. 테헤란 북부와 북서부의 게이티드 커뮤니티는 빗장 지르기(gating)를 통해 자신들만의 공간 문법으로 장소의 의미를 더한다. 샤흐라케가릅 역시 많은 아파트, 그리고 고급 빌라들이 타운을 형성하고 있는데, 골목 입구마다 외부 자동차 출입을 통제하는 게이트가 설치되어 있고, 외부인의 자유로운 진입을 막는 경비들이 배치되어 있다. 이 지역에 거주하는 이란의 중·상류층 젊은이들은 이러한 게이티드 커뮤니티로부터 안전을 보장받는 동시에, 비슷한 이웃의 취향과 문화적 범죄를 눈감아 줌으로써 서로에게 보호막 역할을 한다. 이러한 게이티드 커뮤니티로서의 특성이 바로 이슬람 공화국의 도덕적 규범과 자못 먼 위치에 있는 중·상류 계급의 지역적, 계급적 특성이 어느 정도 보장되고, 그들만의 공적 공간이 형성되는 이유이기도 하다. 하지만, 한편으로 그들만의 공간의 형성 때문에 일부 북부 지역은 가장 단

18 유튜브에는 'javad dance'나 'javad party'라는 제목하에 세속적인 젊은이들이 일부러 촌스러운 복장에 우스꽝스러운 춤을 추고, 그들을 희화화시킨 영상들이 올라와 있다.

속이 빈번한 지역이 된다.[19] 이 책에서는 이와 같은 테헤란의 공간적 의미와 그 지역적 경계를 따라 나타나는 대조적인 문화적 의미를 중심으로 테헤란 북부 젊은이들의 특성을 살펴보고자 한다.

연구 대상자는 당시 만 16세 이상, 혁명 이후 세대인 만 31세(1979년 이후 출생자) 이하의 젊은이들을 주 대상으로 정했다. 인터뷰 및 관찰대상자는 총 79명으로 여성 47명, 남성 32명이었다. 그중 남자 9명과 여자 8명은 혁명 1, 2세대로 30대 후반에서 70대까지 다양한 연령대였으며, 테헤란이 아닌 지방 대도시 거주자가 여성 8명, 남성 7명이었다. 젊은 연구 대상자들은 미혼이 대부분이었지만, 이란의 결혼 연령이 비교적 낮은 경향이 있어서 약혼자가 있거나, 기혼자들 그리고 이혼 경험이 있는 대상 역시 포함되었다. 관찰 및 인터뷰 대상자는 대부분 정치적으로 보수적이지 않고 개혁적인 성향의, 종교적으로 보수적이지 않은 성향을 가진 이들을 대상으로 하였다. 이란에서 일반적으로 개인의 종교와 정치적 성향은 세속·개혁 대 종교·보수라는 이분법으로 나누어져 묘사된다. 하지만 종교적으로 전통적이거나 보수적인 성향이 있다고 해서 정치적으로 반드시 보수 성향을 띠는 것은 아니며, 정치적으로 개혁적이라고 해서 종교적인 신실함이 없다고 볼 수 없다. 그러므로 주 조사 대상자들은 대체로 정치적으로는 개혁적인 성향을 가지지만, 각 개인의 종교적인 가치관과 실천은 다양한 스펙트럼을 구성하고 있었다. 예를 들어 한 인터뷰 대상자 그룹은 가족, 친족 구성원 전체가 정치적으로는 개혁적이었지만, 종교적으로는 전통적인 가치관을 고수하여 모든 가족

19 예를 들어 '이란 자민'이라는 지역은 수많은 젊은이가 차를 끌고 마음에 드는 이성에게 연락처를 주고받아 종교경찰들이 단속에 나섰고, 아예 이란 자민 지역으로의 자동차 출입을 금지시킨 적도 있었다. 또한 유명하고 분위기 좋은 서구식 레스토랑이나 커피숍, 테헤란 북부의 유명 쇼핑몰들이 단골 단속 지역이 된다.

구성원이 기도와 라마단 의무를 지키는 편이었다. 한편, 한 인터뷰 대상자 집단은 대체로 남성들은 정치적, 종교적으로 개혁적이고 세속적인 편이었지만, 어머니를 비롯한 여형제들 대부분은 보수적인 히잡 의무를 지키고 종교 활동에 활발히 참가했다. 또한 인터뷰 대상자 중에는 이슬람 의례와 의무[20]에 무관심하며, 히잡 관행에 부정적인 의견을 가지는 젊은 여성들 집단도 있었다. 하지만 그들의 부모 세대, 특히 어머니들(50대 이상)은 대부분 기도 의무를 빠뜨리지 않았다. 즉, 종교적인 의무 수행에는 세대적 차이를 뚜렷이 관찰할 수 있었다.

앞서 살펴본 인터뷰 대상자의 거주 및 활동 지역에 대한 구분과 함께 계층적 구분도 주목할 부분이다. 테헤란 이외에도 지방 대도시인 쉬라즈와 이스파한의 상류층 대상자들과의 인터뷰도 병행되었다. 지방일수록 좀 더 전통적이고 보수적인 성향을 지니지만, 중·상류층이라는 계급적인 특성을 가지고 있었기 때문에 이들은 테헤란의 연구 대상자들과도 유사한 문화적 성향을 가지고 있었다. 이렇듯 인터뷰 대상들은 주로 세속적인 성향의 중·상류층 이상의 젊은이들이었기 때문에, 연구 집단과 상대적으로 반대편에 위치해 있다고 할 수 있는 '바시즈(Basij)'[21] 활동을 하는 젊은이들도 인터뷰하고 싶은 대상이었다. 하지만 연구 주제가 가지는 위험성으로 바시즈 활동을 하는 젊은이들과의 인터뷰는 현실적으로 어려웠다. 저자의 신변 보호 문제 때문에 안타깝게도 이 책에서는 바시지를 비롯하여 전통적이고 보수적인 진영 젊은이들의 목소

20 이슬람 5대 의무는 ① 신앙고백, ② 기도, ③ 단식, ④ 자카트: 구빈세 납부, ⑤ 성지순례이다.

21 바시즈는 1979년 아야톨라 호메이니(Ayatollah Khomeini)가 이란-이라크전 직전에 시민 지원병들을 모집하면서 창설된 민병대를 가리킨다. 바시즈는 이란 혁명수비대 육군의 산하조직으로, 주요 임무는 정치인과 공무원, 학생 등에 대한 사찰과 대중 소요 진압이다.

리를 많이 담아내지 못했다.

연구 대상자 중 일부는 터키어 방언(아제리족)을 쓰거나 특정한 종족 언어를 쓰는 대상자도 포함되었지만 대부분 대상자와는 페르시아어로 소통했고, 주 연구 대상자는 페르시아어를 쓰는 아리안족(페르시아족) 젊은이들이 대부분이었다. 이 외에도 그들의 가족, 형제자매, 친척들은 비록 이 연령대에 속해 있지는 않았지만, 연구 주제와 관련해 역사적, 문화적 큰 틀을 그려낼 수 있는 또 다른 인터뷰 대상자이기도 했다.

주 연구 대상자 그룹은 사적 연망을 통한 일련의 그룹들, 사설 여성 기숙사 내 젊은 여성들, 두 사설 영어 어학원의 수강 학생들로 크게 세 그룹으로 나누어진다. 조사 초기에 포커스 그룹 선정에 관련된 어려움이 많았는데, 연구 주제가 민감한 사인이었기 때문이다. 그리하여 주로 사적 연망을 통해 정보제공자 관계를 확장해 갔고, 각 그룹의 젊은이들과 같이 숙식하고, 여행하며, 운동 등의 취미 활동을 공유하였다. 또한 각종 사적 파티나 결혼식과 같은 의례, 비정기적인 사적 모임을 통해 라포를 형성하기 시작했다. 처음 주 인터뷰 대상자가 된 정보제공자들은 2002년 석사논문을 위한 현지조사 때 인연을 맺었던 3명의 여성이 중심이 되었다. 박사논문을 위한 현지조사를 시작하기 전, 그들과 다른 계층과 집단에 속해 있는 사람들을 살펴보려던 계획을 갖고 있었지만, 7년 가까이 이어온 그들과 공고해진 인간관계는 다시 한번 현지조사의 범위를 확장하는 데 가장 중요한 기반이 되었다. 인맥과 관계가 중요시되는 이란사회에서 이들을 중심으로 한 네트워크 확장은 큰 힘이 되었고, 어느 사회보다 의심과 불신이 깊은 이란사회에서 '그들의 모임(dowreh)'[22]에 쉽게 참여할 수 있다는 것은 무엇보다도 중요한 부분

22 도우레(dowreh)라는 개념은 소모임, 서클, 동아리 등으로 해석될 수 있는데, 이란의 정치 성향과 인간관계를 분석하는 글들에서 그 개념과 역할을 볼 수

이었다. 또한 이와 같은 관계는 감정을 좀 더 깊숙이 관찰함으로써, 심리적 자아에 관한 좀 더 깊숙한 이야기를 공유할 기회를 마련해 주었다. 특히 이란 여성의 경우 공적 영역에서 히잡과 같은 이슬람식 복장과 행동에 많은 제약이 있기 때문에, 가면을 벗은 사적 자아를 관찰하는 과정은 무엇보다 중요했다. 또한 솔직한 감정을 잘 드러낼 수 없는 이란사회에서 미혼 여성의 성적 호기심과 연애관, 성 생활과 같은 지극히 사적인 내면의 이야기를 듣기까지[23] 탄탄한 신뢰가 없었다면, '다들 숨어서 하지만 말로는 꺼내지 않는 진실'을 들을 기회가 없었을지도 모른다.

2009년 7월부터는 테헤란 북부의 중심가에 있는 사설 여자 기숙사 4인실로 거주지를 옮겨,[24] 좀 더 가까이에서 이란 젊은이들의 생활상과 심리 상태를 참여 관찰하는 데 주력하였다. 6개월가량 묵었던 사설 기숙사는 주로 지방 출신의 20대의 젊은 여자 대학생, 대학원생, 유학 준비생, 석사 시험 준비생, 직장인들이었기 때문에 다수의 젊은 여성들의 삶을 가까이에서 관찰하기에 좋은 기회를 주었다. 한 달 숙박비가 2009년 당시 250달러(4인실 기준)에서 550달러(1인실 기준)이므로, 주로 중산층 이상 가정의 여성들이 거주했다. 젊은 남성들에 대한 조사는 여성 정보제공자의 남자 친구나 약혼자, 형제들, 학교 친구들로 이루어졌고, 영어 학원에서 만난 남자 대학생들과 직장인, 유학 준비생들이 주 연구대상으로 포함되었다. 남성 연구대상자들도 여성들과 마찬가지

있다(Beeman 1986; Miller 1969).

23 사적 부분에 대한 경험을 인터뷰하면서, 미혼자에서 기혼자로 바뀐 연구자 신분의 변화 역시 많은 영향을 끼쳤다.

24 초기 5개월 동안은 테헤란 북부 부촌에 있는 한 사립대학교의 기혼자 기숙사 1인실에 머물렀다. 2009년 7월에 옮긴 사설기숙사는 여성들을 위한 장기 숙박시설이라고도 할 수 있다.

로 주로 대학생들과 대학원생, 유학 준비생 혹은 자영업이나 가족기업에 종사하는 젊은 사업가들이 대부분이었다. 연구 대상인 젊은이들 이외에도 이란사회의 보편적인 감정 모델과 총체적인 사회 구조를 파악하기 위해 부모 세대에 대한 조사도 병행되었다. 지금의 부모 세대는 혁명 전후의 극적인 이란 현대사를 경험한 세대이기 때문에, 오늘의 젊은 세대들에게 사적인 기억을 전달하는 중요한 매개체가 된다. 사적 기억은 공적 기억과 대립되어 젊은이들의 연출되는 자아 형성에 큰 역할을 하고 있다. 그러므로 중·장년의 부모 세대들과의 인터뷰는 사적 기억을 통한 민중사의 재구성에 큰 도움이 되었다.

또한 노루즈(noruz, 이란의 설날), 처허르샨베 수리(chāhārshanbe-suri),[25] 아슈라(Ahura)[26] 등의 전통 명절과 의례들을 참여 관찰하면서 과거와 현재를 아우르는 사회화된 감정들이 어떻게 형성되고 전해지는지에 대한 조사도 진행되었다. 이 일련의 조사는 전 지구화의 도래 이후 이란사회에서 전통과 현재 사이에 어떤 갈등이 벌어졌고, 그 원인과 결과가 무엇일까라는 기본적인 질문의 답을 구하는 과정이기도 하였다. 이 질문에 답하기 위해 가장 개인적인 영역으로까지 전해지는 국가 이데올로기의 흐름을 살펴보기 위한 연구도 진행되었다. 또한 상징성을 가지고 사람들의 감정과 정서에 호소하는 선전예술(propaganda art)에 대한 자료 수집도 병행되었다. 이란 젊은이들의 사적 영역을 구성하는 데 가장 큰 영향을 끼치는 위성 미디어에 대한 조사는 주로 수용자 연구 중심으로 이루

25 처허르샨베 수리는 고대 페르시아 종교인 조로아스터교에서 유래된 축제로, 새해(노루즈, 3월 22일 춘분)가 오기 전 마지막 화요일 밤에 열리는 축제이다. 불을 뛰어넘음으로써, 한 해의 액운을 막는 의례이다.

26 아슈라는 모하람달 10일을 의미하며, 선지자 모하마드의 손자이자 시아 3대 이맘이었던 후세인이 680년 지금의 이라크 카르발라(Karbala) 전투에서 순교한 것을 기리는 의식이다.

어졌다. 비록 강력한 검열과 제재 속에서 많은 제약을 받고 있지만, 텔레비전 방송보다는 좀 더 사람들의 삶을 가까이 현실적으로 조망해 볼 수 있는 영화 자료 수집도 함께 이루어졌다.

3. 인류학자 대 스파이

2009년 2월부터 테헤란에서 현지조사를 수행하던 중, 2009년 6월 제10대 대통령 선거 전후로 일어난 이란 내 역동적인 문화적, 정치적 상황으로 인해 많은 어려움을 겪었다. 이란사회는 역사적으로 늘 강력한 통제 체제하에 있었고, 외래의 침략을 많이 받았기 때문에 서로 쉽게 믿지 못하는 불신 사회의 성격이 강하다.[27] 이러한 불신의 역사는 이란 사람들 사이의 신용과 믿음을 없애 버리고 늘 불안하게 만드는 요인이 된다. 더욱이 2009년 정부의 탄압이 최고조에 이른 시기에, 민감한 주제로 인터뷰에 응하는 것은 쉽지 않았다. 녹음은커녕 메모하는 행동 자체도 인터뷰 대상자를 불안하게 하고, 인터뷰 진행이 불가능할 정도여서 새로운 조사 방향을 정해야만 했다.[28] 현지 노트 작성을 기억력에 의존할 수밖에 없었고, 무엇보다도 쉽게 마음을 열지 못하는 이란 사람들의 속마음을 듣기 위해서는 많은 시간이 필요했다.

그 와중에 2009년 10월 말에 경찰 조사를 받은 사건[29]은 저자를 공

27 이란사회의 불신에 대한 연구는 비만(Beeman 1982)의 연구를 참조하였다.

28 예를 들어 인터뷰 도중 정치적 메시지를 전했던 한 시인에 대한 이야기를 듣다가 그 시인의 이름 철자를 써달라고 저자가 부탁하자 한 정보제공자는 곤란한 표정을 지으며 나의 수첩에 자신의 필체를 남길 수 없다고 했다.

29 저자가 이란에서 활동하는 한국인 기독교 선교사로 의심받아, 그에 대해 추궁당하는 조사를 받게 된 것이다. 그해 8월에 이란에서 활동하던 한 한국인

포에 떨게 했고, 자료들을 자기 검열을 통해 위험해 보이는 것은 스스로 지워 버리고, 한글로 쓰는 현지 노트까지도 암호화해서 쓰는 지경에 이르렀다. 또한 이메일 역시 검열되는 현실에서, 현지자료를 어떻게 무사히 한국으로 가져올까 하는 고민으로 이어졌다.[30] 실제로 이란의 사정을 잘 아는 한국 사람들은 저자가 위험에 빠질 수 있다고 여러 번 경고했고, 가까운 정보제공자들은 나의 안전을 누구보다도 걱정하고, 한편으로는 저자 때문에 자신도 위험에 빠질 수 있다는 불안감을 동시에 느끼고 있었다. 예를 들어 미국 비자를 신청한 후 결과를 기다리고 있거나, 반정부 학생운동에 참여하는 이들의 불안감은 저자인 본인에게도 고스란히 전달되었다. 최대한 정보제공자들을 안심시키기 위해 노력했지만, 이와 같은 상황은 저자가 더 이상 조사를 진행할 수 없을 정도의 무기력증과 불안에 빠지게 했고, 한국으로 출국하는 그 순간까지 스스로의 안정성을 보장할 수 없을 정도로 숨 막히는 답답함을 경험했다. 또한 일부 정보제공자들은 더 이상 저자의 연락을 받지 않고 잠적해 버리기도 했다. 조사 초기부터 몇몇 이란인 지인들에게 "스파이 아니야?"라는 농담 섞인 말을 들으면서, 저자가 같이 웃을 수 없었던 것은 만약 정부 당국에 이러한 주제로 현지조사를 하고 있다는 것이 밝혀지면 스파이 활동이나 다를 바 없이 처리될 수 있었기 때문이다.[31] 이런

선교사가 추방된 사례가 있었는데, 나에게 "○○○ 아느냐?"부터 묻기 시작해 "모른다."라고 대답하자, "그 사람이 수감되어 있을 때, 당신 이름을 적었다."라며 심문하기 시작했다(그 사람은 정말 모르는 사람이었다). 그러면서 자신이 다시 전화할 테니, 현재 테헤란에서 선교사로 활동하는 한국인들의 이름과 연락처를 알아두라는 것이었다. 이후 특별한 일은 없었지만, 그때 연구자는 큰 정신적 충격에 빠지게 되었고, 2개월 동안은 적극적인 조사를 수행할 수 없을 정도였다.

30 실제로 6월 사태 이후 몇몇 외국인들이 이메일을 통해 대규모 시위와 관련된 사진들을 지인에게 보냈다가 구속된 사례가 있었다.

이유로 정치 사태가 발생한 2009년 6월 이후로는 신뢰할 수 있는 사람 이외에는 나의 조사 내용이나 목적을 제대로 말할 수 없는 상황에 놓여졌다. 그러므로 개혁파 이외에도 보수적이고 친정부적인 성향을 가진 젊은이들에 대한 비교 조사를 하고 싶었던 처음의 계획은 유보될 수밖에 없었다. 또한 2009년 12월에 있었던 모하람달 아슈라 행사에 대해서도 계속되는 유혈 사태로 인해 적극적으로 조사를 수행하기에 많은 어려움이 뒤따랐다.

하지만 30년 만에 발생한 이 대대적인 정치 사태는 지금껏 억눌리고 감춰지기만 했던 이란의 사회적 갈등을 정면에서 관찰할 수 있는 기회를 마련해 주었다. 특히 이 시기의 경험은 이란사회에서 이중적인 자아를 가질 수밖에 없는 과정들을 직접 체험할 수 있었다. 이 심리적인 경험은 이란사회의 억압적인 정치 구조하에서 때로는 답답할 정도로 소극적으로, 때로는 무기력으로 느껴졌던 이란 젊은이들을 감정적으로 이해할 수 있는 돌파구가 되었다. "거짓말을 할 수밖에 없다."라는 저자의 자기 고백을 들은 이란 정보제공자들은 "이제 이란 사람이 다 되었네! 왜 우리가 이렇게 우울하고 불안한지 이해하겠지?"라며 위로해 주었고, 한 여성은 녹색운동 직후 투옥되어 구타당했던 경험들을 비밀스럽게 공유하고, 당시 온몸에 멍이 든 사진들을 나에게 몰래 보여 주기도 했다.[32] 이렇게 서로 감정적 경험을 나누면서 젊은이들의 호응을 얻

31 이러한 정치적, 문화적 상황은 현대 이란을 연구한 여러 인류학자의 글에서도 찾을 수 있는데, 이란 젊은이들의 문화를 다룬 인류학자인 바르지(2006) 역시도 끊임없이 스파이로 의심받았던 경험을 토로하고 있으며, 코스라비(2008)도 이란사회의 폐쇄성으로 언제나 정보제공자의 안전을 우선시해야 하고, 연구방법에서 사적인 인터뷰나 참여관찰 등의 방식에 머무를 수밖에 없었던 조사의 한계점과 난점을 지적했다.

32 녹색운동 당시의 투옥 경험을 밝히지 못한 이유는 주위의 시선이나 자신에 대한 평판에 영향을 끼칠 수 있기 때문이다. 이란 사람들은 같은 소집단(dowreh)

을 수 있었고, 그들의 심리적 경험을 인터뷰로 이끌어 내는 기회가 되었다. 현지조사 초기에는 젊은이들의 연출되는 자아에 집중하기 위해 주로 연구 대상자들과의 교감을 넓히고 문화적 배경을 분석하는 데 치중했다면, 2009년 6월 이후에는 자연스럽게 정치적인 상황에 맞물린 이란 젊은이들의 역할과 전통과 현대, 국가와 개인과의 관계 등 문화적 갈등의 맥락 분석에 더욱 천착하게 되었다.

과 친척 안에서도 자신의 명예와 체면을 지키는 것이 중요하므로, 자신에 대해 내집단 안에서도 솔직하게 자신을 드러내지 못할 때가 많다.

제2장

국가의 감정 통제와 상징의 유포

> 언덕 아래를 내려다보는 동안 클로버의 눈에는 눈물이 고였다. 자기 생각을 제대로 표현할 수 있었다면 클로버는 여러 해 전 동물들이 인간을 뒤집어 엎기로 했을 때, 일이 이 지경이 되는 꼴을 보고 싶어서 그랬던 것은 아니라는 말을 했을 것이다. 늘 있었던 공포와 살육의 장면들은 늙은 메이저가 그들에게 반란을 사주했던 그날 밤, 그들이 꿈꾸고 기대했던 일이 아니었다. 그녀의 머릿속에 담긴 미래의 그림이 있었다면, 그것은 굶주림과 회초리에서 벗어난 동물들의 사회, 모든 동물이 평등하고 모두가 자기 능력에 따라 일하는 사회, 메이저의 연설이 있던 그날 밤 그녀가 오리새끼들을 보호해 주었듯이, 강자가 약자를 보호해 주는 그런 사회였다. 하지만 그 사회 대신 찾아온 것은, 아무도 자기 생각을 감히 꺼내 놓지 못하고 사나운 개들이 으르렁거리며 돌아다니고, 동물들이 무서운 죄를 자백한 다음 갈가리 찢겨 죽는 꼴을 보아야 하는 사회였다. 왜 그렇게 된 건지 그녀로선 알 수 없었다.
>
> -조지 오웰, 『동물 농장』 중에서-

『동물 농장』에서 혁명 초기에 농장의 동물들은 유토피아를 꿈꾸며 일곱 가지 계명을 만든다. 하지만 이 이상은 날이 갈수록 권력에 의해 변색되고, 권력을 잡은 돼지들은 이 계명들을 묵살한 채 동물들의 사생활을 빼앗고 자유의 공간을 없애 버린다. 결국 이 계명들의 실천 방식과 의미는 퇴색되고, 그들의 이상과 혁명 정신은 결국 독재 권력의 또 다른 이름으로 동물 농장을 지배한다. 1979년 거리로 쏟아진 이란 사람들이 기대하던 미래의 이슬람 국가란 유토피아와 같은 움마, 즉 이슬람 공동체였다. 권위적인 부계사회 중심의 이슬람권에서 처음으로 아래로부터의 혁명을 스스로 이룩한 이란사회에서 자유와 민주주의에 대한 갈망이 표출된 것이다. 하지만 유토피아를 꿈꿨던 이슬람 공화국의 도덕적 이상들은 사람들이 그토록 갈망했던 자유와 민주주의를 안겨 주기는커녕, 오히려 사람들을 옥죄는 수단으로 변모되었다. 높은 기대만큼이나 많이 실망한 이란 사람들은 혁명을 최대의 실수라 말하며 자조적인 서사들을 쏟아낸다. 이제 초기의 혁명적 이상은 의미 없는 기표로만 존재하고 있다. 그렇다면 이슬람 혁명 이후 국가는 이와 같은 이상적인 상징들과 도덕적 질서를 어떻게 재현하고 있는가? 이렇게 국가에 의해 유포되는 상징들과 선전들은 사람들의 감정을 어떻게 제한하고 통제하고 있는가?

이란 이슬람 혁명은 20세기 후반에 일어난 아래로부터의 민중혁명으로 1979년 2월 11일 이슬람 정신을 국가의 근본으로 하고, 자주성과 국민경제의 자립을 표방하는 새로운 이란을 탄생시켰다. 이란 이슬람 혁명이 성공하고 이란 이슬람 공화국이 세워졌지만, 사실상 이슬람 혁명을 성공으로 이끈 주역들을 살펴보면 단순히 이슬람주의자들뿐 아니라 사회주의자, 노동자계급, 공산주의자, 대학생, 지식인 등 다양한 목소리들이 반(反)왕정이라는 공통된 목표 아래 단결했음을 알 수 있다. 하지만 이러한 다양한 정치적 성향은 이슬람 공화국 수립 후 지금까지도 여전히 여러 갈래로 나뉘어 권력 투쟁을 벌이고 있다.

1. 공공 영역에서의 무슬림 시민 만들기: 이슬람 국가의 탄생

이 절에서는 이란사회의 공적 영역을 이루는 도덕적인 공간이 어떻게 만들어지며 국가 차원에서의 감정 통제 및 개인의 일상 통제가 어떻게 가능한지, 특히 이슬람 국가의 법적 당위성을 통해 살펴보고자 한다. 이슬람 세계에서 개인적인 도덕성과 행동은 외연적 영역(zaher)과 내면적 영역(bāten) 사이에서 평행선을 그리며 마주 보고 있다. 이슬람에서 공적 영역에서는 진실된 감정을 드러내서는 안 되고, 예의를 지켜야 하며 의례적인 부분이 강조된다(Fischer and Abedi 1989: 224). 공적 영역과 사적 영역의 분리는 혁명 이후 좀 더 심화되었지만, 기본적으로는 역사적으로 이어져 내려온 사회적 특징이라 할 수 있다.

예를 들어 파흘라비 왕정시대에도 국가는 안보 조직과 비밀경찰(SAVAK) 조직을 통해 직접, 간접적으로 사회 구성원들을 압박해 왔다. 아나벨 스레버니 모하마디와 모하마디(Annabelle Sreberny-Mohammadi and Mohammadi)는 "혁명 이전부터 이란에는 공적 영역이 존재하지 않았다."라고 진술한다. 그들에 의하면 왕정 때에도 이란사회는 강력한 독재 정치하에 있었기 때문에 자치적인 정당이나 독립적인 노동조합, 이익 집단이 존재할 수 없었다는 것이다. 이들의 진술 속에서 "공적 영역이 존재하지 않았다."라는 표현은 왕정에 대한 대항 담론을 형성할 수 있는 시민사회를 구성하는 하버마스식의 공론장이 없었다는 점을 시사한다.

아마디네자드 대통령 집권 이후 공적 신앙과 도덕적 가치의 기준은 주로 강압적인 통제로 만들어졌다. 예를 들어 2007년 봄에는 '공적 안전 프로그램(public safety program)'이라는 이름으로 100만 명의 시민을 거리에서 단속하였고, 4개월 동안 4만여 명의 사람들이 경찰과 바시지 대원들에게 체포되었다. 억류당한 이들 중 16세에서 25세 사이의 젊은

이들이 85%를 차지한(Bayat 2010: 121) 사례에서 볼 수 있듯이, 주로 젊은이들이 정권의 규제의 대상자가 되었다. 결국 이러한 긴장의 연속은 사회적 불안과 문제를 야기시키고, 사람들의 감정도 변화시키고 있다. 특히 세속적이고 개혁적인 성향을 지닌 사람들은 공적 공간과 사적 공간에서 이중적인 자아를 연출하며, 자신의 사적 감정을 공공 영역에서 쉽게 드러내지 않는다. 왜냐하면 세속적인 사람들이 자신의 모습을 드러내면 곧 위험한 상황으로 빠질 수 있기 때문이다. 미시적인 사회적 규제들은 끊임없이 자아를 속박하고 자아의 내면까지 훈육하려는 움직임을 보인다. 이란은 다른 어떤 세계보다 도덕적 규범이 작용되는 공공 영역이 넓게 퍼져 있으므로, 진실된 자아는 비밀스럽고 사적 공간에서만 존재하게 되는 것이다.

이슬람 혁명 이후 이란사회는 신실한 무슬림으로 간주되는 무슬림 시민 만들기가 우선적인 과제였고, 특히 공공 영역에서의 이슬람적 규제는 혁명 이후 이란의 모습을 극적으로 변모시킨 가장 큰 배경이 된다. 이슬람 정부는 교육과 국영 방송 등을 통해 끊임없이 이상적인 무슬림의 모습을 제시해 왔으며, 공적 공간은 금지라는 이름으로 이란 사람들의 행동과 신체에 제약을 가해 왔다. 이슬람 혁명의 공공 영역 정책은 사적 공간과 공적 공간이라는 영역을 만들어 내고 공적, 사적 영역을 더욱 이원화하였다. 공적인 공간과 사적인 공간의 간극은 여성 전용 공원이라는 '해괴한 장소'[1]를 만들어 내기도 하였다.

1 2009년 4월 16일 영어학원에서의 토론 중 한 여성의 표현을 인용한 것이다. 여성 전용 공원 둘레는 높은 담으로 둘러 있어, 공공 영역에서 언제나 히잡을 해야 하는 여성들이 자유롭게 옥외 운동을 할 수 있는 장소이다. 하지만 이 장소에 대해서 물어보는 저자에게 한 여성은 "남편이랑 아이와 함께 자유롭게 공원에서 운동도 하고, 산책도 하고 싶다. 그깟 야외 공원 한 번 가자고 그 먼 곳까지 가야 된다는 것이 너무 우습고 싫다."라고 대답했다. 옆의 다른 수강

2. 선전예술을 통한 설득의 장으로서의 공적 공간

국영 방송 속에서 '혁명(enggellāb)'이라는 단어는 3분마다 반복되고, 이란-이라크전의 암울하고 고통스러웠던 기억은 도시의 벽화와 포스터 속에서 늘 함께한다. 이슬람 혁명 이후 테헤란이란 도시는 하나의 거대한 추모 공간으로 느껴질 정도로, 거리는 정치적이고 종교적인 벽화들로 뒤덮여 있다. 이란의 회색빛 건물마다 처절하게 감정적인 구호들로 가득하고,[2] 이란-이라크전 순교자들의 모습은 벽화로 그려져 있다. 혁명을 일으키고, 8년간의 전쟁을 견디게 했던 감정적인 서사들은 28년이 지난 지금까지도 도시 곳곳에서 살아 움직인다. 황량한 콘크리트 건물 외벽은 이란-이라크전 당시 전사한 순교자들의 인물화로 가득하고, 터번을 쓴 강한 인상의 아야톨라 호메이니는 그 자체가 이슬람 공화국

생들이, "그래도 이란의 현실 안에서 그런 공간이 있다는 것은 나쁘지 않잖아요?"라고 반문하자, 그 여성은 "이 나라에서는 여성들만 보잘것없는 자유를 누리기 위해 불편함을 감수해야 한다."며 불만을 토로했다.

2 거리의 정치 구호들은 다음과 같다.
- 나는 매 순간 외칠 것이다. 나는 고통 속에서도 외칠 것이다.
  죽음 아니면 호메이니!
- 침묵하는 무슬림은 쿠란(qurān)에 반하는 반역죄를 저지르는 것이다.
- 자유를 향한 오직 한 길은 무장 투쟁이며, 번영을 향한 오직 한 길은 믿음, 지하드 그리고 순교이다.
- 만약 호메이니가 나에게 지하드에 참여하라고 명령한다면, 대포도, 총도 나를 막지 못할 것이다.
- 오 무슬림이여! 일어나라! 당신의 형제가 죽임을 당하고 있다.
- 오! 정의의 순교자여! 나는 당신을 따르겠습니다. 약속된 천국이 당신 앞에 있습니다.
  어머니가 당신을 잃습니다. 알라후 아크바르! 아버지가 애도합니다. 알라후 아크바르!
- 오 나의 순교한 형제여! 당신의 순교를 축하합니다.
- 오 나의 순교한 형제여! 우리는 당신의 길을 따르겠습니다.

이요, 이란이라는 국가를 상징한다. 혁명 이후 이란의 변화를 사람들은 한 편의 드라마와 같았다고 표현할 정도로, 이슬람 혁명은 이란의 정치 제도뿐 아니라 사회 전반적인 문화 혁명을 경험하게 했다. 이슬람주의와 세속주의, 이슬람과 이슬람 이전의 페르시아 문화, 반제국주의와 전지구화의 흐름 속에서 이란의 국가 정체성은 끊임없이 그 모습을 재정비해 가고 있다. 대부분의 선전(propaganda)은 이성적이기보다는 감정적이며, 설득이란 집단 정서를 만들어 내는 것이라고 표현한 히틀러의 말대로, 감정은 선전의 핵심적인 부분이다(오쇼네시 2004: 68). 이 절에서는 선전예술을 통해서 국가가 어떻게 사람들의 감정에 호소하고, 그것이 어떻게 사람들에게 정서적으로 받아들여지는 것인지 분석하고자 한다.

프랑스 혁명은 거리 이름의 역사에서 가장 화려한 한 페이지를 장식했으며, 혁명가들에게 거리 이름은 선전의 수단이요, 복수의 도구요, 처벌의 무기 구실을 했듯이(밀로 2010: 459), 이슬람 혁명 이후 수많은 거리와 광장들은 새로운 이름으로 단장하게 된다. 왕정의 길을 이슬람 공화국의 거리로 덧씌운 것이다. 레저 왕(Rezā Shāh) 거리는 엥겔럽(Engelāb 혁명) 거리로, 아이젠하워 거리는 어저디(Āzādi 자유) 거리로, 엘리자베스 2세 거리는 노동자 거리로, 케네디 거리는 일신교(tohid) 거리로 바뀌게 되었고, 팔흘라비 거리는 12대 이맘의 호칭에서 유래한 발리아스르(Valiasr, Baemenji 2005: 131), 로얄 테헤란 힐튼(Royal Tehran Hilton) 호텔은 에스테그럴(Estegrāl 독립) 호텔로 이름을 변경하게 되었다.[3] 또한 수많은 거리가 순교자(shahid)의 이름으로 바뀌었다. 거리의 이름은 한 사회의 집단 기억의 표현이요, 한편으로는 명성의 외적 표지라고 할 때 일반 시민

3 이 밖에도 구(舊) 처칠 거리는 아일랜드 공화국 군대(IRA) 테러리스트인 샌즈(Bobby Sands)의 이름을 따서 바비 샌즈(Babi Sands) 거리라 불린다. 이 길은 영국 대사관과 같은 거리로 이어진다.

은 전자의 의미로 거리를 기억하고, 국가는 후자의 의미로 혁명의 명성을 얻고자 한다(밀로 2010: 459). 혁명 이후 테헤란의 지명은 이데올로기와 정치적 구조의 급격한 흐름에 따라 큰 변화를 겪었으며, 그중 가장 많이 차용된 이름은 전쟁 영웅들의 이름이었다. 또한 많은 지명이 고유 페르시아어에서 아랍어로 바뀌게 되고, 파흘라비 왕정시대와 관련된 모든 지명들은 새로운 지명으로 탈바꿈하였다. 미국과 이집트, 팔레스타인 등 이슬람 혁명 이후 바뀌어진 국제 관계 역시 테헤란 지명에 고스란히 반영되게 된다(Azandehi 2009).[4] 다시 말해, 이슬람 정부는 서구-식민지 지배 유산의 명칭들을 변경함으로써 파흘라비 정부와의 단절을 꾀하게 된다. 국가는 새로운 이름으로 도시라는 공간을 거대한 선전 공간으로 재창조하고자 하지만, 이란 사람들은 여전히 도시의 일부 공간을 혁명 전 옛이름으로 부르면서 기억들을 되새긴다. 아프리카 거리보다는 아직도 조르단(Jordan)이라는 혁명 전 지역명이 통상적으로 쓰이고 있으며, 혁명을 상징하는 이름이나 순교자 이름을 딴 새로운 이름이 아닌 메이두네 다르반드(Meidoone Darband), 빌라 거리(Villa Street), 타크테 타부스(Takhte Tavoos), 기샤(Gishā),[5] 페레쉬테(Fereshte) 등의 30년 전 거리명과 지명을 고수한다. 이와 같은 미련들이 의도적인지는 확실하지 않지만 순교자 이름의 새 지명을 낯설어하고, 일부 사람들은 거부감을 느낀다.

혁명 이후 변화는 단지 거리의 이름만을 바꾸는 것이 아니라, 근본

4 아잔데히(Azandehi 2009)의 연구에 따르면, 테헤란의 변경된 거리명 440개 중 약 12.9%인 57개 거리의 이름이 이란·페르시아 이름에서 이슬람 용어·아랍어 이름으로 변경되었다. 1980년 이란-이라크전 발발 후 변경된 거리명 중 약 43.18%인 190여 개의 거리에 순교자의 이름이 사용되었다.

5 기샤(Gishā)의 새로운 이름은 쿠예 나스르(Kuye Nasr), 즉 '승리의 골목'으로, 빌라(Villa) 거리는 순교자인 네저톨라히(Nejatolahi) 교수의 이름을 땄다. 또한 유세프어버드(Yousefābād)의 새로운 이름은 아프가니스탄 이슬람 활동가인 사이드 자멀 아사더버디(Said Jamāl Asadābādi)로 바뀌었다(현지 인터뷰 참조).

적인 사람됨과 자아 정체성 개념 자체에도 영향을 끼쳤다. 혁명 당시 아야톨라 호메이니의 열정적인 단어들은 카세트테이프, 낙서, 구호 벽화, 포스터, 배너, 노래, 시, 선언들, 연설, 대중들에게 공유되는 역사적인 이미지들이 한데 뒤섞여 공적 감정들(public sentiments)을 고양시켰고, 집합적인 신화들과 상징들이 이슬람 혁명을 성공적으로 이끈 힘으로 작동했다. 아야톨라 호메이니의 연설 카세트는 정치적 메시지의 단어뿐 아니라 그것을 보내는 이(sender)의 목소리까지 전달하여, 수많은 이란 사람은 자신들의 거실에서 강력한 커뮤니케이션을 경험하게 되었다. 이슬람 혁명 당시 이 선전의 힘은 가히 폭발적이었고, 사람들을 거리로 쏟아져 나오게 했고 그들의 감성에 호소했다(Cull, Culbert, and Welch 2003; Sreberny-Mohammadi and Mohammadi 1994; Chelkowski and Dabashi 1999). 이와 같은 선전들은 집단적인 기억과 공동의 정체성들을 구성하여 하나의 '상상의 공동체'를 만들어 냈다. 혁명의 전조에서 비교적 단순한 미디어[6]—주로 밀수입된 카세트테이프들—들은 혁명의 기운을 하나로 모으는 데 일조했고 독재 체제 속에서 반왕정주의는 초절정에 이르게 된다. 아야톨라 호메이니가 이라크와 프랑스에서 망명 생활을 하고 있을 때, 지하신문들과 포스터와 전단지를 통해 그의 메시지는 전해졌고, 이와 같은 선전은 정부에 맞서는 힘이 되었다(Cull, Culbert and Welch 2003: 183). 혁명 이후에도 정권을 바꾸었던 선전 전략은 다시금 혁명 정부의 체제 유지의 가장 중요한 도구로 이용되었다. 그것은 엄격한 검열 제도로 사람들의 정보 접근을 제한하고, 포스터와 아야톨라 호메이니의 초상화를 사용하고, 종교적인 색채가 강한 구호를 외치는 집회들을 매체를 통해 연일 보여 주는 방식이었다.

6 아나벨 모하마디와 알리 모하마디는 이러한 비교적 단순한 미디어, 즉 전단지, 노래, 구호, 포스터, 복사된 테이프들을 '스몰 미디어(small media)'라 설명했다.

이와 같은 대중들의 믿음과 의례들은 우표, 은행 지폐, 껌 포장지로 바뀌었고, 이슬람 혁명을 기점으로 이란의 대도시들, 특히 수도인 테헤란은 설득의 장(場)으로 새롭게 변모하게 된 것이다. 다소 섬뜩하기까지 한 이 벽화들 속 그림들은 이미지이지만, 끊임없이 시민에게 말을 건네고 있으며, 시민은 그림들을 통해 그 안의 메시지를 읽게 되는 것이다. 벽화 속 이란-이라크전 순교자들은 전쟁이 끝난 지금도 여전히 피 흘리고 있으며, 벽화 속 이맘 후세인(Imam Hussein)과 그의 죽음을 슬퍼하는 이맘 저데(Imam Zādeh), 즉 선지자 모하마드의 후손들의 슬픔은 여전히 유효하다. 이란의 벽화는 주로 아야톨라 호메이니(Ayatollah Khomeini), 아야톨라 하메네이(Ayatollah Khamenei), 모르타자 모타하리(Mortaza Motahari) 등과 같은 유명한 종교지도자들의 모습, 이란-이라크전의 순교자들, 모성을 강조한 차도르를 입은 무슬림 여성들, 또한 적에 대한 내용을 담고 있다. 이러한 벽화로 가득 찬 공적 공간 속에서 이란 이슬람 공화국은 하나의 거대한 신화로 재현된다.

정치적인 그림과 포스터, 그리고 벽화 등은 구소련, 동유럽, 북한, 중국과 같은 사회주의, 공산주의 국가나 과거 나치 시대의 독일 사례에서도 다수 살펴볼 수 있다. 근대 국가를 수립하는 과정에서 비롯된 혁명에서, 공공 미술은 수정된 국가관을 효과적으로 표현하는 역할을 담당해 왔다. 또한 '정치의 심미화(aetheticization of politics)'가 구현된 전체주의 사회에서 권력에 대한 국민의 동의와 지지를 도출하고 그것을 극대화하기 위한 상징조작은 일상적 삶이라는 것(이완종 2010)을 테헤란이라는 도시는 거대한 박물관처럼 수많은 기표와 상징물로 보여 주고 있다. 이란의 정치 포스터는 팔레스타인의 도상학(iconography)에 영향을 받고 시작되었다. 전통적으로 이란의 주거 형태는 벽돌로 된 높은 벽으로 둘러싸여 있기 때문에 끝없는 낙서와 벽화, 그리고 구호들을 포함한 포스터들이 전시되기에 최적의 환경이다(Chelkowski and Dabashi 1999: 108, 115).

[그림 2-1] 아야톨라 호메이니(좌), 소년 순교자 후세인 파흐미데(우)를 모티브로 한 우표

벽화는 아야톨라 호메이니와 그의 연설문, 순교자들의 그림으로 채워져 있고, 때로는 혈서로 쓴 듯한 구호들까지도 어렵지 않게 볼 수 있다. 특히 피 묻은 손은 카르발라 패러다임[7]의 한 장면을 연상시킨다. 포스터도 이란의 선전예술에서 주목할 만한 연구 대상인데, 첼코스키와 다바시(Chelkowski and Dabashi 1999)는 이와 같은 포스터들이 이슬람 혁명의 내부 그리고 외부의 적에 대항하는 투쟁의 거울이라 표현한다. 모든 국경일과 기념일에 따라 다양한 포스터들과 현수막들이 생산, 재현된다. 이란의 사계절은 종교적 애도일로 가득 차 있는데, 기념일마다 거리는 쿠란 구절과 호전적인 구호들이 적힌 현수막과 포스터들로 가득하고 모하람[8]의 시작은 [그림 2-3]과 같은 테헤란대학교 앞 검은 조

7 카르발라 패러다임(Karbala Paradigm)이라는 용어가 마이클 피셔(Michael Fischer)에 의해 쓰여진 이후 학자들에 의해 널리 사용되어 왔다. 피셔는 이맘 후세인의 죽음을 둘러싼 상징들의 역사적 매락을 '카르발라 패리다임'이라 부르며, 이 '카르발라 패러다임'은 이란에서 수년간 정부의 도덕적인 실패에 대한 정치적인 의식을 강화하기 위한 기제로 쓰여져 왔다고 설명한다(Fischer 2003: 11). 다시 말해 이맘 후세인의 카르발라에서의 죽음은 수난이 가지는 감정적인 요소나 신학적인 모티브보다는 강력한 상징적 힘이 되는 수사적인 이야기에 가깝기 때문이다.

[그림 2-2] 테헤란 바낙(Vanak) 광장 근처 건물의 벽화(우)와 타즈리쉬(Tajrish) 광장의 아야톨라 호메이니와 현재 최고 종교지도자 아야톨라 하메네이의 이미지(좌)
자료: 저자 촬영

기의 펄럭임 등으로 알 수 있다.[9]

이슬람 혁명의 아이콘 중 가장 핵심적인 이미지는 바로 아야톨라 호메이니이다. 이란의 지폐에서,[10] 교과서 맨 앞 장에서, 교실과 각종 사

8 모하람은 이슬람력 헤즈라의 첫째 달이고, 이슬람력 7월, 11월, 12월(성지순례가 있는 달)과 함께 모든 살생 행위 및 전쟁이나 약탈행위가 금지된 '성스러운 달'이다. 이란에서는 3월 21일 춘분을 1월 1일로 하는 이란력을 사용한다. 하지만 보통 아슈라와 같은 이맘의 사망일이나 선지자 무함마드와 그의 후손들의 생일 그리고 라마단은 이슬람력을 쓰게 된다. 그래서 종종 이슬람이 도입되기 이전 조로아스터교의 명절인 설날이나 처허르샨베 수리가 이슬람 의례인 라마단 달 단식이나 아슈라와 겹쳐지기도 한다.

9 이란 포스터와 벽화에 대해서는 발라기(Balaghi 2002), 람(Ram 2002), 첼코스키(Chelkowski 1989)를 참조할 것.

10 이란의 모든 지폐에는 아야톨라 호메이니의 사진이 인쇄되어 있다. 5,000리알

[그림 2-3] 2009년 모하람 달, 테헤란대학교 정문의 국기와 함께 게양된 검은 조기
자료: 저자 촬영

무실, 공공기관을 비롯해 작은 구멍가게에 이르기까지 그의 모습을 어디에서든 찾아볼 수 있다. 이란에서 아야톨라 호메이니의 이미지는 표시 그 이상의 기능을 한다(Varzi 2006: 24). 아야톨라 호메이니가 이란 전역에서 벽화나 사진으로 재생산되는 이미지를 통해 그의 권력은 단단해지고, 그의 사진 이미지는 아야톨라 호메이니 자신과 마찬가지로 중요한 정치적 역할을 한다. 아야톨라 호메이니, 아니 호메이니의 그림과 사진들은 그의 사후에도 벽화와 사진 속에서 언제나 사람들을 응시하고 있다. 예를 들어 2009년 4월 17일 국영 방송에서 방영된 '국군의 날' 행사의 단상도 아야톨라 호메이니와 최고 종교 지도자 아야톨라 하메네이의 사진이 양쪽 끝을 차지하고 있었다. 아이러니하게도 지금 이란

(Rial, 약 50센트), 1만 리알(약 1달러), 2만 리알(약 2달러), 5만 리알(약 5달러)에 이르기까지 모든 종이 지폐의 인물은 바로 혁명의 아버지 아야톨라 호메이니가 차지하고 있다. 속어로 만 리알을 '옛(크) 호메이니(호메이니 한 장)'로 쓰기도 한다.

[그림 2-4] 테헤란의 대표적인 반미 벽화
자료: 저자 촬영

에서 가장 큰 규모의 성지는 다름아닌 아야톨라 호메이니 무덤이 있는 아야톨라 호메이니 사원이다. 호메이니의 무덤은 '베헤쉬테 자흐러'라고 불리는 국립묘지 옆에 위치해 있으며, 다른 어떤 이란의 종교적 성지보다도 웅장한 규모를 자랑한다. 또한 국립묘지에는 아야톨라 호메이니 사진과 이미지들이 묘지들 사이와 비석 위에 순교자의 모습과 나란히 배열되어 순교자의 표상으로 작동한다. 이란의 대표적인 벽화들은 미국에 대한 이란의 입장을 가장 극명하게 드러낸 것이다. 이러한 벽화를 살펴보면, [그림 2-4]처럼 미국 성조기의 별 대신 해골장식으로 "미국에게 죽음을"이라고 적혀 있다.

"마르그 바르 엄리커(미국에게 죽음을)"는 혁명 이후 가장 유명해진 정치 구호로, 특히 테헤란대학교 내 모스크에서 열리는 금요 예배에서 많이 사용되는 정치 구호이다. 금요 예배는 매번 녹화되어 금요일 오후에 국영 방송을 통해 방영되며, 금요 예배에 모인 사람들의 "미국에게 죽음을!"이라는 하나 된 함성은 상징적, 그리고 일상적으로 보여진다. 이와 같은 도시 환경 속에서 사람들은 집단적인 상상의 미학을 수행해야만 하는 것이다(Varzi 2006: 34). 특히 구 미국 대사관 건물의 벽화는 여러 가지로 상징적이며, 이란의 국가 건설하기에 가장 큰 이념적 영향을 끼친 주적(主敵) 미국과의 역사적 관계들을 그대로 보여 주고 있다. 탈레거니 거리에 위치한 구 미국 대사관은 '미국 스파이 활동 소굴(US Den of Espionagea, lane zāsusi āmrikā)'로 이름이 바뀌었고, 지금은 세파(Sepah)라고 불리는 민병대가 건물을 사용하고 있다. 구 미국 대사관 초입에는 아이러니하게도 순교자 관련 물품들을 파는 기념품 가게가 위치해 있다. 피 흘리는, 혹은 순교자들의 수검들의 사진이 구슬픈 애도가가 흐르는 가운데 배경으로 전시되고 있다. 구 미국 대사관의 건물들 문은 굳게 닫혀 있고, 300미터 정도 이어지는 긴 담벼락에는 불타는 성조기, 해골로 변신한 자유의 여신상 벽화, 각종 정치 구호만이 나열되어 있다. 이 장소의 벽화와 포스터들은 특히 미국이라는 "The Great Satan", 즉 주적에 대한 증오와 멸시에 가득 찬 구호들로 채워져 있다. 불타는 이스라엘 국기 그리고 이스라엘에 대해 섬뜩한 느낌을 주는 벽화들도 그려져 있다. 구 미국 대사관 거리의 긴 벽화들을 지나고 나면, '순교자 박물관(Shohada Museum)'이 마주 보고 위치해 있다. 순교자 박물관에는 주로 이란-이라크전이나 1979년 이슬람 혁명 때 순직한 군인이나 성직자들의 유품과 당시의 사진들이 전시되어 있다.

그렇다면 세속적인 성향을 가진 사람들에게 이러한 정부의 선전은 어떻게 인식되는가? 반(反)정부 담론은 여기에서 살펴본 정부의 선전과 유사한 흐름으로 온라인과 오프라인에서 생산된다. 세속적인 성향의 국민은 끊임없이 이어지는 선전에 대해 부정적인 견해를 갖고, 혹은 후기 소비에트 사회의 시민처럼, 허울뿐인 것으로 지나치면서 일상적인 저항의 모습을 보인다. 흥미로운 점은 이 국가 주도의 선전에 대한 대항

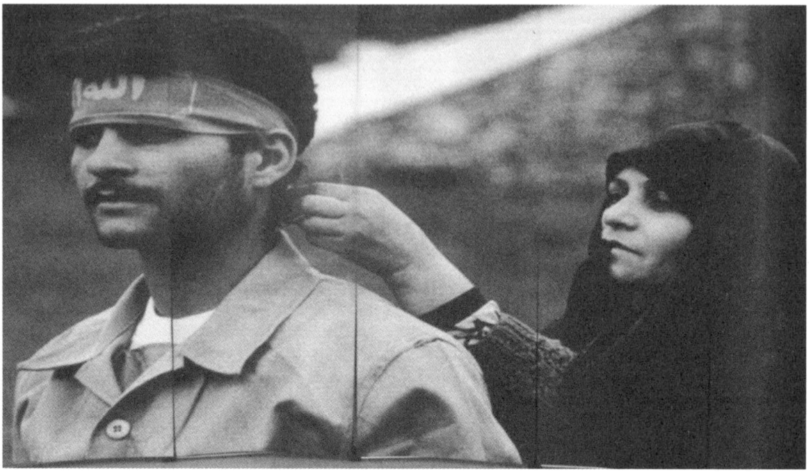

[그림 2-5] 순교자 박물관 한쪽 면을 가득 채운 대형 사진
자료: 저자 촬영

담론 역시 유사하게 소재를 통해 재생산된다는 점이다. 비슷한 맥락에서 연극, 영화 등을 통해 북한사회의 이데올로기와 선전의 역할을 분석했던 김숙영(Kim 2010)에 따르면, 북한 체제의 참혹한 실상을 다룬 뮤지컬 '요덕 스토리'의 연행 방식은 사실상 그들이 비판하고자 했던 북한의 혁명 오페라의 선전 방식을 그대로 답습하고 있다. 북한의 대표적인 선전 연행인 혁명 오페라의 영웅이 '요덕 스토리'의 대항영웅으로 재창조되는 것처럼, 대항 담론의 연행 역시 북한의 공적인 연행 담론의 이분법과 영웅, 자식 잃은 어미의 고통 등의 공통된 서사적 특성을 가지고 본질적으로 같은 이야기를 한다. 이란의 공적 영역의 선전에서 보이는 이맘 후세인의 영웅적인 이미지는 여전히 반정부적인 입장을 가진 사람들에게 독재 정권에서 자신들을 구원해 줄 영웅의 이미지를 가지고 있으며, 서로 적으로 간주하고 스스로를 적의 압제에 고통받는 저항자로 재현한다. 이와 같은 연행 방식의 또 다른 재현에 대해서는 다음 3장에서 살펴보기로 한다.

3. 끝나지 않은 전쟁: 영웅, 적, 순교자 그리고 신화

이슬람 공화국은
공공의 삶과 평화를 파괴하고
젊은이들을 위협하는 개인들을
응징할 것이다.
적을 친구로 착각하지 말고, 친구를 적으로 여기지 마라.

-최고 종교지도자 아야톨라 하메네이, 2009년 7월 6일
이맘 알리의 탄신일 기념 연설[11] -

근대 국가에서 민족과 국민의 이미지는 역사의 서사를 통해 만들어진다. 1979년 이슬람 혁명 이후 이란 사람들의 정서는 국가적 담론과 조우하여, 어떻게 정치화되고 상징적인 의미를 갖게 되는가? 어떤 서사들이 공동체를 상상하고 구성하게 하는가? 에밀리오 젠틸레(Emilio Gentile)는 민족주의적 혁명 운동과 전쟁 경험에서 유래한 신화와 의식 그리고 상징의 활용 면에서 '위대한 사건'은 정치의 신성화에 결정적으로 기여해 왔다고 설명한다. 초월적이고 불멸적인 실제로서 조국을 미화하기, 죽음과 부활의 상징, 민족에 대한 충성, 피와 희생의 신비주의, 스러져 간 영웅과 민족적 순교자 숭배, 전우애로 뭉쳐진 공동체 등의 요소들은 본질적으로 종교적 현상으로서의 정치의 이상을 퍼뜨리는 데 가장 큰 중심축이 되어 온 것이다(젠틸레 2005: 50).

현대의 선전에서 적은 극도로 야만적이며 무자비하게 그려지고, 나치 독일과 스탈린 통치하의 구소련에서 타자에 대한 표상과 이미지

11 http://www.tehrantimes.com, 2009년 7월 7일 기사.

는 적에게 고정되게끔 되어 있었다(뤼트케 2007: 21). 또한 "마치 진정한 공동체는 항구적인 위협이 있을 때만, 지속적인 비상상태에서만 존재할 수 있다는 것 같다."라는 지젝의 진술처럼(지젝 2011: 57), 이란사회에서 '영웅 대 적'에 대한 신화는 시아 이슬람을 수니 이슬람과 구별해 내고, 국가주의를 지탱하는 힘이 되어 왔다. 민족정체성이 가장 두드러지게 발현할 수밖에 없는 이란-이라크전은 아직도 이란 사람들에게 공포와 불안을 느끼게 하고, 아물지 않은 상처로 다가온다.[12] 이란-이라크전으로 겪었던 개인의 아픔과 기억들은 매체들과 공교육을 통해 종전(終戰)된 지 28년이 지난 지금까지도 국가 정체성을 구성하는 중요한 아이콘으로 자리매김하고 있다. 신화는 선전의 개념적인 중핵이며, 죽음과 순교는 언제나 신화를 만드는 데 풍요로운 원천이다(오쇼네시 2004: 143-158). 이란의 사회 심리적 구조 속에서 적과 싸우다 순교한 사람은 순교자, 즉 민족의 영웅이 되며 영웅은 역사적 신화를 써 내려간다. 이 절에서는 적과 영웅, 순교와 저항이라는 중요한 문화적 키워드가 역사를 통해서 어떻게 재구성되는지 살펴보기로 한다.

이란에서 자아는 서구라는 거대한 상상의 적(doshiman)으로 간주되는 타자에 의해 끊임없이 공격받고, 억압받는 자아라고 여겨져 왔다. 서구를 주적(主敵), 때로는 거대한 사탄(The Great Satan)으로 앞세우고, 그들과의 끊임없는 구별 짓기로 자신의 공동체를 상상하게 되는 것이다. 또한 반정부적인 성향을 가지거나, 국가의 체제에 부합되지 않는 행동을 하는 자국 국민들에 대해서도 외부의 적의 사주를 받은 것이라는 담론들이 펼쳐진다. 그렇다면 이란사회에서의 적은 누구를, 어떻게 규정

12 국가주도의 담론에서 이란-이라크전은 민족의식과 국가 이데올로기를 고양할 수 있는 최고의 소재로 사용되었지만, 실제로 이란 국민들에게는 외국으로의 이주를 결심하게 하는 최대의 사건이 된다.

하는가? 먼저 미국이라는 이란의 상징적인 대적에 대해 살펴보자. 윌리암 비만(William O. Beeman)은 미국과 이란이 서로를 악마화하는 과정에 대한 인류학적 서술을 통해 이란이 미국을 사탄으로 부르게 된 문화적 배경에 앞서, 이란의 심리적인 구조를 다시 한번 설명해 주고 있다. 이란인들에게 악의 존재는 조로아스터교와 이슬람적인 의미를 동시에 가지고 있는데, 이란의 대표적인 민족 서정시인 페르도시의 샤흐나메(Shahnameh 왕서)에 나오는 '화이트 디브(White Div)'라는 악의 정령이 대표적이다. 화이트 디브는 샤흐나메 속에서 이란의 국민적 영웅인 로스탐(Rostam)에게 패함으로써 적과 영웅의 구도를 생산해 낸다. 화이트 디브는 세 가지 상징적 의미를 지니는데, 먼저 이것은 외부에서 온 힘이고, 두 번째로 최고선(最高善)으로 여겨지는 영웅에게 패배를 당하고, 마지막으로 쿠란의 사탄과 연결된다(Beeman 2005: 50).

앞에서 살펴보았듯이, 이란사회는 내부와 외부를 구분하고, 외부는 부패된 세계로 간주된다. 사파이 버텐(Safa-yi bāten)에서 묘사된 것처럼 내부는 순수한 것으로 간주되고, 외부는 계산적이고 사회적이고 두 얼굴을 지닌 것처럼 여겨진다. 이란의 문학과 드라마, 영화를 포함한 전반적인 대중 문화에서 내부의 도덕성과 부패된 세계의 외부적인 힘 사이에서 방황하는 등장인물이 주를 이루며, 이러한 문화적 내용들은 이란 사람들의 심리적 모델을 그대로 반영하는 것이다.[13] 그러므로 비만

13 이러한 캐릭터의 특징은 곧 영웅의 캐릭터와 중첩된다. 2009년 상반기 이란을 뜨겁게 달구었던 한국 드라마 '주몽'의 열풍도 이 연장선에서 이해할 수 있다. 이란 사람들이 드라마 '주몽'에 열광한 이유는 여러 가지가 있겠지만, 그 이유 중의 하나가 드라마 '주몽'이 영웅서사의 성격을 띠고 있다는 점이다. 또한 영웅서사에서 시련은 영웅성을 돋보이게 하는 필연적인 장치답게, 주몽은 끊임없는 고난을 겪게 되고 그때마다 영웅적인 자질을 통해 문제를 해결한다(배선애 2007). 또한 평범했던 주몽이 수많은 조력자들과 스승의 도움을 통해 점차 성장하는 모습은 주몽을 이란 사람들에게 친숙한 영웅의 모습으로 다

은 순수한 내면을 이끌어 내기 위해 수반되는 감정의 깊이를 중시하는 것이 이란사회에서 권장되고, 선호되는 행동이라고 주장한다. 또한 심리적 자아의 내부와 외부의 분리에 대한 인식은 역사적으로 되짚어 볼 수 있는데, 보통의 이란 사람들에게 알렉산더, 그리스, 칭기즈칸, 아랍 민족 등의 외부의 침입은 어제의 일처럼 살아 있다. 또한 근대화 이후 러시아, 영국을 대표로 한 잇따른 열강들의 침략은 '순수한 내부'와 '부패하고 타락한 외부'의 대립구조에 그대로 적용할 수 있는 기반이 되었다. 이와 같은 역사적 흐름 속에서 혁명을 전후로 미국은 바로 부패된 힘이라는 문화적 도식에 꼭 맞게 된 것이다(Beeman 2005: 26-28).

그렇다면 어떻게 미국은 이란의 혁명 이데올로기의 가장 적대적인 위치에 서게 되었을까? 이 상징적 서사는 앞서 살펴보았듯이 혁명 기간 중에 가장 강력한 수사로 작동했다. 아야톨라 호메이니의 "왕은 미국의 개"라는 과격한 발언처럼, 당시 민중들에게 왕의 친미정책은 이란의 전통과 순수한 정신세계를 파괴하는 것처럼 인식되었다. 또한 알리 샤리아티(Ali Shariati)와 자럴 얼레 아흐마드(Jalāl Āle-Ahmad)와 같은 혁명 사상가들을 중심으로 근대화 과정에서 이란 사람들의 순수한 정신이 침식당하는 것에 대하여 거센 비판이 이어졌는데, 특히 미국 문화로 대표되는 춤, 음악, 특히 영화들이 모스크와 종교 학교의 심한 공격을 받기도 했다(Beeman 2005: 126). 혁명 직후 민중들의 파흘라비 왕에 대한 분노는 걷잡을 수 없이 커졌고, 미국으로 망명한 파흘라비 왕의 인도를 요구하며 1979년 11월 일부 과격한 대학생들에 의해 444일간의 '미국 대사관 인

가가게 했다. 또한 고난과 시련 속에서 늘 등장하는 강력한 적과의 대결 구조는 이란 사람들의 친숙한 서사구조에 맞아 들어가면서, 큰 정서적인 호응을 얻게 되었다. 이러한 영웅서사구조는 한국 드라마 '대장금'의 인기의 이유이기도 하다(Koo 2011). 이란에서의 한국 드라마를 통한 한류 열풍에 대해서는 더욱 심도 있게 분석해야 할 과제로 남아 있다.

질사건'이라는 초유의 사건이 일어났다. 이 사건을 계기로 이란과 미국의 외교는 단절되었다. 이란-이라크전 당시 미국의 이라크에 대한 원조와 미국의 주도로 이루어진 이란에 대한 경제 제재 조치, 그리고 이란의 좁아진 국제정치적 입지 등의 이유로 미국은 이란의 비난하기 좋은 대상으로 고착화되어 갔다. 또한 보수주의자들의 담론 속에서 세속적인 성향의 사람들의 전통을 멀리하고, 서구를 닮아 가는 전 지구화의 모습은 위협적으로 다가왔고, 전통과 보수의 갈등구조 속에서 근본적인 내부의 화살은 외부의 적을 향했다. 보수적인 이슬람 원리주의자들은 근대화 과정을 거쳐 전 지구화의 흐름으로 향하는 세속주의자들에 대해 '문화제국주의자들(=미국)의 앞잡이'라는 원색적인 비난을 쏟아낸다.

이란의 문학과 공적 담론에서 적에 대한 대항 담론은 바로 영웅의 이야기이다. 이란의 이상적인 자아상, 즉 대표적인 영웅은 바로 이맘 후세인과 아야톨라 호메이니, 이란-이라크전 순교자 등이다. 이란에서 영웅의 이미지는 자신을 희생하는 순교자의 이미지와 상당 부분 중첩된다. 이란 전역 모든 마을의 초입에는 그 마을에서 배출한 순교자들의 사진이나 그림이 큰 광고판으로 세워져 있다. 또한 이란 전역 공공 기관의 벽은 순교자들의 그림 벽화로 채워져 있거나 각종 종교·정치 구호들 혹은 주적에 대한 증오를 나타내는 문구들로 가득 차 있다. 1장에서 살펴보았듯이 이란에서의 선전예술의 가장 중요한 주인공은 바로 이 순교자이다. 또한 순교라는 개념은 이상적인 도덕사회를 구성해 내기 위해 상징적으로 간주되는 이분법적인 구조이기도 하다. 이와 같은 사회 구조 속에서 카르발라 의례와 의례를 둘러싼 담론들은, 이란 체제가 사회를 동원시키는 '분노의 신화'(Ram 1996)를 구성하는 데 제1요소가 된다. 카르발라[14]

14 카르발라 전투가 '카르발라 패러다임'으로 이란에서 '정치적인 힘'을 갖게 된 것은 반세기가량 전부터 시작되었다. 람(Ram 1994)은 하미드 다바시(Hamid

담론에서 이맘 후세인은 영웅이고, 그의 행동은 저항이며 그의 죽음은 순교이며, 적은 이맘 후세인을 죽인 수니 무슬림이다. 이 신화 속에서의 영웅, 저항, 순교, 적의 서사는 역사와 사회적 흐름 속에서 이맘 후세인으로, 아야톨라 호메이니라는 영웅으로, 또한 아랍인들, 미국, 독재 왕 등의 적으로 이입되고 있다.

순교는 이란사회에서 어떻게 강조되고 있는가? 순교 정신의 강조는 이란사회에서 이상적인 자아, 사람됨의 의미까지 변화시켰다 실제로 혁명 이후 아야톨라 호메이니와 권력을 잡은 종교 보수 진영들은 자기희생(bi-khodi)과 순교(shahādat)[15]를 강조해 왔으며, 이란사회 안에

Dabashi)의 '상처 입은 자아' 개념(Dabashi 1993: 5)을 인용하면서, 카르발라 패러다임이 어떻게 이란 체제와 사회를 동원시키는 원동력인 '분노의 신화'를 구성하게 되었는지를 증명한다. 다바시는 이란 사람들의 정체성을 구성하는 가장 큰 원동력은 '적대적인 타자'에 대항하는 '상처 입은 자아'이며, 서구에 대한 감정적인 부정이 자아정체성을 형성하는 가장 핵심적인 심리구조라고 주장한다. 카르발라 패러다임만큼 시아-이란인 정체성을 구성하고, 수많은 종족들을 아우르는 공통된 민족적 정서를 구성할 수 있는 힘은 없을 것이다. 카르발라 패러다임은 처음에는 위로부터 구성된 담론이었지만 점차 이것이 밑에서 다시 받아들여지고 재해석되는 과정을 거치게 된다(Ram 1996).
카르발라 신화의 원래 텍스트만을 분석해 보면, 시아 무슬림의 이미지는 정복당하고, 아무에게도 도움을 받지 못하고 끝내 전투에서 목숨을 잃을 정도로 힘이 없다. 하지만 역사적인 흐름을 통해 카르발라 패러다임 속 시아-이란인 무슬림의 이미지는 오히려 '진정한 승리'를 거두었다는 정치적인 의미로 해석되고, 이맘 후세인의 죽음은 역사 속에서 순교 정신과 저항 정신 그리고 혁명 정신으로 이어지는 것으로 재탄생된다. 1978~1979년에 걸쳐 완성된 이슬람 혁명은 '카르발라 패러다임의 최후의 수난극'으로 묘사된다. 1978년 모하람 달(12월)의 야지드(Yazid)는 바로 무함마드 레저 파흘라비 왕이었다. 왕정에 반대하는 사람들은 스스로를 저항하는 실체인 이맘 후세인과 그의 추종자들에 이입하여 적극적으로 저항했고, 아슈라의 전통적인 애도 행사가 거대한 정치적인 데모 행진으로 변한 것이다. 혁명에 주도적인 역할을 한 사상가인 샤리아티의 주 논의는 바로 카르발라의 비극을 기억하고, 아슈라의 저항 의식을 이어받자는 것이다.

서 자기희생은 자기완성, 정체성 확립 등의 개념들과 함께 경합하고 있다. 특히 혁명 이데올로기를 완성시켰다고 평가받는 샤리아티는 "끊임없이 자각하고, 책임과 신념을 가진 자아로 돌아가자"라고 주장했다(Varzi 2006: 6-7, 89). 이란에서 자기희생의 개념은 바로 여기에서 시작되었다.

이란 역사의 장면 속에서 빠지지 않는 영웅은 바로 순교자이며 카르발라에서 목숨을 잃은 이맘 후세인의 순교가 가장 이상적이고 모범적인 순교로 간주된다. 이맘 후세인의 순교는 이란 문화의 중요한 감정적 위치를 점하고 있다고 평가된다(Varzi 2006; Fischer 2003). 혁명 이후 아야톨라 호메이니는 엄격한 이슬람 법체계를 위해서 보는 미신적 관습을 금지시켰다. 대신 아야톨라 호메이니는 순교를 찬양하는 것에만 모든 감정적인 카타르시스들을 허락하고 감정을 억압했다. 이러한 순교는 이슬람 혁명 때 죽은 순교자를 포함한다. 이란-이라크전은 시아 이슬람 서사의 순교라는 문화를 살아 있는 신화로 만들어 내는 기회가 되었다. 이들의 거룩하고 신성한 죽음은 살아 있는 사람들에게 심리적인, 윤리적인 죄의식을 심는 상징이다. 순교자에 대한 집단적인 기억은 국영 매체를 통해 더욱 강조되며, 벽화와 거리의 현수막, 박물관의 사진들로 재구성된다. 매일 국영 방송의 기도 방송(아잔)의 영상을 통해 '여! 후세인(아! 후세인이여)' 띠를 메고 황량한 사막에서 기도하는 이란-이라

15 아야톨라 호메이니의 순교, 순교자에 대한 어록들(Limba 2006: 45-49)

- 순교는 영원한 명예이다.
- 순교는 승리의 비밀이다.
- 이슬람의 길에서 순교하는 것은 우리의 명예이다.
- 당신이 순교를 각오하면 당신은 승리한 것이고, 죽음과 순교를 두려워한다면 패배한 것이다.
- 순교자들을 위해 우는 것은 그 정신이 살아 있도록 함이다.
- '붉은 죽음(명예로운 죽음)'은 '검은 삶(부끄러운 삶)'보다 낫다.

크전 당시의 군인들의 모습들을 볼 수 있다. 이란-이라크전은 이란 안에서는 아직도 진행 중이다. 이란 시아 무슬림들은 이란-이라크전을 이맘 후세인의 카르발라 전투와 동일시했고, 이란 사람들은 이맘 후세인의 성지가 있는 이라크의 성지 카르발라를 정복하고자 했다. "우리 순교자들의 피는 카르발라의 순교자들의 순결한 피의 연속이다."라는 아야톨라 호메이니의 연설처럼 이 전쟁 때 순교한 전사들은 곧 이맘 후세인과 동일시되었다. 이란의 군부대들은 예언자나 12명의 시아 성인들의 이름을 따서 알리 후세인, 그리고 열두 번째 이맘인 메흐디의 군대라고 이름 붙여졌다(나피시 2003: 310-311). 이란-이라크전은 곧 성전(聖戰)이었고, 전쟁 중 금요 예배마다 희생의 아름다움은 강조되었으며(Varzi 2006: 56), 조국을 위해 목숨 바치는 것은 신성화되었다.

이란-이라크전의 망령들은 아직도 이란의 도시 곳곳에서 생생하게 존재하고 있다.[16] 2009년에도 이맘 후세인의 죽음을 기리는 모하람 기간 동안 각 모스크에는 이란-이라크전의 순교자들의 사진을 넣은 대형 걸개가 걸려 있었고, 그들의 죽음은 곧 후세인의 죽음이요, 후세인의 저항정신은 곧 그들의 저항으로 되살아나는 듯했다. 이렇게 전쟁에 대한 기억과 끊임없는 재현과 추억하기는 사람들의 집단 감정에도 영향을 끼치게 되었다. 이란에서 사람들은 엄숙하고 슬퍼하고 울기를 기대받는다.

16 예를 들어 보면 '코흐람 샤흐르(Kohrram-shahr)'는 이란-이라크전 당시 이란의 수많은 병사가 죽고, 코람샤르 지역을 이라크부터 그 지역을 탈환한, 이란-이라크전에 있어서 이란에게 큰 의미가 있는 날이다. 이란 셀(Irancell)이라고 불리는 이란 전역의 가장 많은 사용자를 가진 이동 통신사는 코흐람 샤흐르 기념일에 관련된 영상을 문자로 일괄적으로 보내고, 순교자를 기리기 위한 기도문(살러버트)을 일괄적으로 컬러링에 저장시켰다. 또한 "신이 코흐람 샤흐르를 해방시켰다."라는 구호는 도시 곳곳에서 볼 수 있다.

[사례 2-1] 30세 남자 대학원생

혁명 직후, 이란-이라크전 이후 국가 지도자들은 이란 사람들이 모여서 즐거워하는 것을 원치 않았어. 전쟁 때는 즐거워할 수가 없는 분위기였고. 또한 이란 사람들로 애국심을 가지는 것을 부정하고, 오직 이슬람이라는 이름 아래에서 뭉치기를 원했어. 그래서 한동안 노루즈(noruz, 이란의 설날)를 즐기는 것도, 처허르샨베 수리(chāhārshanbe-suri), 시즈다 베다르(sizdah be dar)[17]를 즐기는 것도 정부 측에서 장려하지 않았어. 오직 함께 슬퍼하고 울기를 원했지. 정부는 사람들이 모여서 기쁨을 나누는 것을 두려워해. 왜냐하면 요즘 들어 이란 젊은이들이 모여서 기쁨을 나누면, 꼭 행사 말미에는 성찰자에 불을 시르는 반정부 운동으로 변모하기 때문이지. 4~5년 전에 조로아스터교인들의 한 행사가 있었는데, 한 300~400명 정도 꽤 모였어. 처음에는 행사를 즐겼는데, 끝에는 반정부 운동으로 변모했어. 금요 예배 때의 구호인 "미국에게 죽음을, 이스라엘에게 죽음"이 아닌 "이슬람 공화국에게 죽음을"이라는 구호가 곳곳에서 튀어나왔어. 그 뒤로도 이 행사는 약 3년간 금지되었지.

앞의 사례처럼 이란에서 즐거움은 금지되었고, 웃음은 곧 범죄가 될 수 있다. 기쁨의 밝은색들은 화와 두려움의 어두운색으로 대체되었고, 세속적인 행복과 인간의 사랑도 범죄가 되었다(Yaghmaian 2002: 48). 국가는 점점 더 사람들의 기쁨과 환호를 두려워했고 새 정권은 감정의 통제를 통해 사람들의 마음까지 얻으려 했다.

하지만 "모든 전체주의가 보여 주는 교훈이 뚜렷하게 새겨져 있다. 외부 적과의 싸움은 언젠가는 내부 분열로, 내부 적과의 싸움으로 전환

17 시즈다 베다르는 이란력 첫째 달인 파르바르딘(Farvardin) 달 13일에 공원이나 교외에서 야외 활동을 즐기는 조로아스터교 전통이다.

된다는 교훈이다."라는 지젝의 경고(지젝 2011: 189)처럼 이란에서도 외부의 적을 향한 공격은 결국엔 내부의 적에게 그 화살을 돌렸고, 그 내부의 적은 바로 세속적인 성향의 상류 계급이나 젊은 세대가 되었다. 신문, 국영 라디오, 텔레비전 방송 그리고 성직자들이 자신들의 적을 무력화시키고 무너뜨리기 위해 사용하는 언어들은, 국가가 주창하는 도덕적 질서에 부합되지 않은 내부의 사람들을 적으로 규정하고 외부의 적에 대한 똑같은 언어로 공격했다. 한편, 내부의 적이라 규정된 사람들도 지금의 정권을 적이라 여기며 '우리' 대 '적'이라는 지배 담론을 그대로 끌어다 쓴다. 결국, 정부의 이데올로기에 따르지 않는 내부의 사람들은 동일한 공식으로 현 정부를 적으로 간주하고, 정부 역시 내부의 메아리 같은 함성들과 마주하게 되는 것이다.

4. 공교육을 통해 배우는 자아의 개념: 무슬림 키즈의 탄생

이 절에서는 공교육을 통해 이슬람 혁명 이후 청년들이 어떻게 무슬림 키즈로 성장하게 되는지를 추적해 보고자 한다. 또한 교과서라는 가장 공적인 텍스트를 통해 자아는 어떻게 규정되며, 이와 같은 공적인 교육이 이란 젊은이들의 자아 정체성에 어떤 영향을 끼치게 되는지를 분석해 본다. 1979년 이슬람 혁명 이후 1980년과 1982년 사이에 문화 혁명이 일어났고, 이것은 대대적인 이데올로기적, 종교적인 개혁을 의미했다. 이란 내 지식계층들과 교육 시스템은 전반적인 대개혁의 절차를 밟게 되었고, 대표적인 이슬람 사상가인 자럴 얼레 아흐마드[18]와 알리 샤리아티에 의해 비판받았던 파흘라비 왕정시대의 서구식 교육 시스템은 이슬람식 교육체계로 탈바꿈하게 되었다(Paivandi 2008: 8). 이슬람 혁명 이후 교육계의 변화는 두드러졌는데, 모든 과목에 이슬람적 가치를 반영해야 함은 물론이고, 내용적인 면에서 전적인 수정이 가해졌다. 이것은, 즉 학문 자체의 존립과 방향성에도 큰 영향을 끼치고 있다. 일례로, 테헤란의 한 사립 예술대학교에서는 영화음악 전공이 전적으로 폐지되었는데, 그 이유는 영화음악 전공을 하려면 자연스럽게 외국 영화를 많이 시청해야 하고, 이것은 서구의 문화를 많이 접해야 함을 의미하기 때문이다. 결국 이 학과는 학교 보호국이라는 대학교 내 보안 기구의 조사 끝에 폐지되었다.[19] 이러한 사정은 국립대학교 사회과학계열 학과에도 마찬가지로 적용된다. 인터뷰했던 사회과학계열에 재학 중인 학부생들과 대학원생들은[20] 현 이슬람 정권에서 사회과학 분야는 가장 정치적 압박이 심한 학문이라고 진술했다.[21]

[사례 2-2] 테헤란대학교 사회과학대학, 26세 남자 대학원생

현대사회과학의 학문적 근본은 사실 서구이지 않습니까? 그렇기 때문에 현 정부는 학문의 성격을 이슬람 사회학, 이슬람 인류학, 이슬람 정치

18 자랄 알레 아흐마드는 『서구의 오염(*Gharbzadegi*)』에서 서구식 교육과 대학들은 궁극적으로 "서구식 인간을 만들어 내는 것"이라 비판했다(Âle-Ahmad 1962: 131; Paivandi 2008에서 재인용).

19 여자 대학생 D와의 인터뷰, 2009년 8월 24일.

20 테헤란대학교 사회과학계열 학부생 여학생 2명(19세, 21세)과 대학원 남학생 3명(22~26세)과의 인터뷰(2009년 11월 2일).

21 사회과학뿐 아니라, 이슬람 가치 반영의 중요성은 학문 전반에 영향을 끼친다. 예를 들어 역사학의 경우도 전(前) 이슬람 역사 전공과 이슬람 시대 이후 역사 전공 여부에 따라 지원의 차이가 확연히 달리 나타난다(테헤란대학교 역사학 전공자와의 인터뷰 참조). 또한 보통의 사회과학 서적의 값에 비해 이슬람 관련 서적이나 이슬람 혁명을 다룬 이슬람 사상 서적, 아야톨라 호메이니를 비롯한 주요 종교지도자들의 서적 가격은 정부의 든든한 지원금으로 훨씬 저렴하다.

학으로 변화하길 원합니다. 사실상 이것은 불가능하잖아요? 그래서 이란에서 사회과학을 공부하고, 사회과학적 글쓰기를 하는 데 있어서 많은 어려움을 겪고 있으며 제약이 많은 편입니다. 또한 사회과학에서 비판적 사유는 필수적인데, 이란에서는 현실 비판에 대한 제약이 너무나 많지요.

이와 같은 사회적 분위기에서 이슬람 혁명 이후의 공교육에서 이슬람적 가치가 전면으로 부각되고, 자아와 민족을 정의 내리는 수사에 국가적 가치관과 상징이 명확히 반영되어 있을 것이라는 가정을 내리는 것은 그리 어렵지 않다. 파흘라비 왕정시대의 교과서에 나온 민족적 개념을 살펴보면, 이슬람 시대 이전 '태고의 이란 민족(immemorial Iranian nation)'이라는 부분이 주로 강조되어 있다. 왕정시대 교과서 전반에서 '위대한 이란인'이라는 주개념하에, 국가의 황금시대이자 이란인의 민족정체성이 확립된 시기라고 평가받는 사산조 페르시아에 대한 역사는 특히 강조되었다(Ram 2000).

하지만 혁명 이후 교과서에서는 시아 무슬림으로서의 자아상, 민족성이 더욱 강조되고, 이슬람 이전의 시대의 역사성은 이슬람 이후의 시대에 비해 상대적으로 그 의미가 평가절하되었다. 결과적으로 국가는 공교육을 통해 이란의 민족정체성을 종교적으로 신실하고, 이슬람 공동체에 순종하는 민족으로 간주하고 있는 것이다. 아미르 호세인 미르파크라이(Amir Hossein Mirfakhrāie)는 이란의 교과서 속 이상적인 시민상과 이란 민족정체성은 아리안족, 애국심(Iran-dusti), 이슬람 공동체(Ummati-Islami), 억압받는 자(mustazafin), 지하드의 재건(jihad-suzandagi), 벨러야테 파키(velāyate faqih)[22] 등의 상충하는 담론 속에서 그려진다고 보았다. 이러한 담론 속에서 민족주의자, 반식민주의자, 무슬림, 중산층, 오리엔탈리스트와 같은 특성들이 '동질적인 이란 시민상

[표 2-1] 혁명 전후 교과서에 반영된 주요 가치

파흘라비 정권 교과서	이란 이슬람 공화국 교과서
세속주의	종교성
경제적인 성장	경제적 재분배
서구와 동맹	서구와 비동맹
제국주의	대중적인 혁명주의

(a homogenized Iranian citizenry)'을 만들어 나간다는 것이다. 이 밖에도 혁명 전후의 교과서는 [표 2-1]과 같이 큰 맥락에서 가치적 변화를 맞았고, 이러한 새로운 가치들은 이란 젊은이들의 사회화에 적극 활용되었다(Siavoshi 1995; Mirfakhraie 2008에서 재인용).[22]

세속적인 성향을 지닌 사람들은 국가 주도의 이슬람을 부정하고, 반대급부로 페르시아 문화의 원형을 찾으려는 성향을 보이고 있다. 개

22 벨러야테 파키는 이슬람의 이상적 국가를 지향하는 이론, 이슬람 법학자에 의한 통치를 뜻한다. 벨러야테 파키 이론에 대한 자세한 설명은 김정위의 『이란사』를 참조할 것. 아야톨라 호메이니는 파키(faqih 최고 종교지도자)를 완전한 이맘의 대리인으로 보고, '숨은 이맘'이 다시 이 지상에 재림하여 진정한 이슬람 국가를 세울 때까지의 기간에는 벨러야테 파키에 바탕을 둔 이슬람 국가의 창립을 주창하였다(김정위 2001: 282).
아야톨라 호메이니는 "이슬람 정부는 이슬람 법에 의한 정부로서, 통치자는 이슬람법에 대한 해박한 지식이 필요한데, 이 이슬람법을 잘 아는 이가 바로 이슬람 법학자이다. 진정한 통치자란 이슬람 법학자들 자신이며, 통치자의 지위는 공식적으로 이슬람 법학자들이 아니면 안 된다"라고 주장하며, 벨러야테 파키 이론을 통해 이란 이슬람 공화국에서의 신정일치 체제를 공고히 했다. 이란의 헌법은 '유일신과 그 신의 의지에 대한 복종'을 건국이념으로 정하고, 이슬람의 기본 원리에 따라 이슬람법을 올바르게 해석할 수 있는 이슬람 법학자(faqih)가 국가를 통치(헌법 제5조)해야 한다는 조항이 있다. 문은영은 이슬람 공화국제가 행정권과 정부 형태의 결정에만 국민의 뜻이 관여하며, 체제의 원칙이나 기본 틀은 이슬람 규범과 신의 명령을 기초로 이미 결정되어 있다는 점에서 다른 일반적 민주제와는 다르다고 지적한다(문은영 2001: 67).

혁적이고 세속적인 성향을 가진 사람들에게 국가 차원의 이슬람에 대한 맹목적인 강조는 반아랍 정서와 맞물려 비난의 대상이 된다. 사람들은 정부의 지나친 근본주의 이슬람화 정책으로 이란이 아랍화되고 있다고 비난한다. 세속적이고, 개혁적인 이들의 아랍 문화에 대한 반감의 언설들은 일상에서 쉽게 접할 수 있다. "정부가 이슬람 이전의 페르시아 전통은 폄훼하면서 아랍 문화에서 유래된 이슬람 이후의 문화만을 강조한다."라는 언설들이 바로 그것이다. 사람들 사이에서 자신의 자녀에게 아랍어 이름 대신 순수 페르시아어 이름을 지어 주는 것이 유행이 되기도 하고, 반대급부로 사적 영역에서는 시아 이슬람보다는 찬란했던 페르시아 문명에 대해서 이야기하곤 한다.[23] 또한 이슬람을 대표로 한 아랍 문화의 강조와 페르시아 문명에 대한 의도적인 배제는 [사례 2-4]처럼 정체성 문제에 대해 치명적인 결과를 가져오기도 한다.

[사례 2-3] 30세 남자 대학원생

혁명 이후 변질된 이슬람에 질린 사람들은 이슬람 이전의 이란 문화, 즉 페르시아 문화에 더욱 집착하고 있어. 조로아스터교로부터 유래된 전통들을 따르는 것이지. 예를 들면 노루즈, 처허르샨베 수리와 같은 관습에 집착하지. 정권이 이와 같은 전통을 즐기는 것도 금지시키려고 하자, 사람들은 더욱더 이슬람 이전의 페르시아 문화에 매달리게 되지. 그 단적인 예가 요즘 유행하는 아리안, 쿠로쉬 같은 페르시아어식 이름이야. 정부는 우리에게 페르시아 문화가 아닌, 아랍의 문화를 강요하고

23 보통 이란 사람들은 반아랍 정서가 깊고, 정부의 이슬람 정책을 위한 아랍화에 반감을 보인다. 또한 일상의 내러티브에서 끊임없이 아랍 사람들과 페르시아 민족을 차별화하는 경향이 있다. 거리에 있는 팔레스타인을 위한 모금함을 지나던 한 중년의 남성이 멈춰 서서, "여기는 이란이고, 우리에게는 훌륭한 페르시아어가 있는데, 이 모금함에 아랍어로 쓰여 있는 거요!" 하며 화를 냈다.

있어. 이란 사람들은 사실 아랍 문화, 아랍 사람들을 좋아하지 않는데도 말이야.

[사례 2-4] 35세 남자 대학 강사

혁명 이전의 이란 사람들에게는 아랍 문화가 본격적으로 들어온 이슬람 문화보다는 이슬람 이전의 페르시아 제국의 문화가 더욱 자부심을 느끼게 한다. 이란 사람들에게 찬란한 페르시아 문명의 역사는 페르시아인이라는 긍지를 갖게 하는 가장 중요한 요인이 된다. 하지만 혁명 이후 이슬람 국가가 세워지면서 이슬람 이전의 역사는 의도적으로 제외되었고, 역사적으로도 그 중요성을 잃고 있다. 반면, 이슬람 역사 연구에 대한 지원은 많이 이루어져, 이슬람 관련 도서가 굉장히 저렴해졌다.

이슬람 이전의 페르시아 문명에 대해 잘 알지 못하고, 교육받지 못한 이란 젊은 세대에게 그들의 조국과 문화는 이슬람 국가의 문화로 한정되는 것이다. 또한 자신의 문화와 국가에 대해서는 자조와 씁쓸함, 그리고 상대적인 위축감만이 남아 있을 뿐이다. 그러므로 젊은 세대는 정체성이 약할 수밖에 없다.

한편 교과서와 공교육은 고정된 젠더 개념을 주입하는 데 큰 역할을 하기도 한다. 혁명 이후 여학생들의 교육 기회가 확대되고, 여자 대학생 비율이 60% 이상 넘어가는 등 교육 여건이 개선되고 있다. 혁명 이후 남녀공학 체계가 없어지고, 초등학교부터 여학교, 남학교로 분리되면서 이슬람의 남녀분리정책을 따르게 되었다. 만 7세의 어린 여학생들 중 입학 후 태어나서 처음으로 히잡 쓰는 법과 기도하는 법을 배우는 여학생들도 있다. 교과서에는 고정 관념적인 '젠더 역할'이 강조되어, 예를 들어 여학생의 경우 '여성 특성화(feminine specialization)'를 목표로 교육을 받는다(Mehran 2002: 270; Mirfakhraie 2008: 240; Paivandi 2008:

19-36). 이란의 혁명 후 세대들은 초등학생부터 『하늘의 선물(*Hediehaye Aseman*)』이라는 제목의 이슬람학 교과서를 통해 무슬림으로서의 기본적인 소양과 지식을 획득하게 된다. 초등학교 2학년 책을 살펴보면, '보주(vozu) 하고 싶어요'라는 단원에서 사진과 함께 기도하기 전에 우두하는 법을 보여 준다. '우두(wudu)'는 무슬림들이 기도하기 전 세정하는 것을 의미하며, 세정하는 순서와 부위, 방식이 정해져 있다. 11단원에는 '기도드리고 싶어요'라는 제목하에 하얀색 차도르를 입은 여학생의 사진을 통해 기도하는 법을 익힌다.

또한 22단원에는 기도에 대해서 익힌다. 2학년 이슬람학 교과서의 마지막은 '자쉬네 나머즈(기도 축하연)'에 대한 내용이 본문을 이룬다.

> 할머니는 나를 위해 기도드리는 하얀색 차도르를 지어 주셨어요.
> 할아버지도 나와 메흐디에게 아름다운 예배 깔개를 주셨어요.
> 어머니는 맛있는 음식을 만들어 주셨고, 아버지는 쉬리니[24]를 사 주셨어요.
> 오늘 밤 우리 집에서는 작은 파티가 열렸어요.
> 나와 내 남동생 메흐디는, 기도 드리는 법을 배웠어요.
> 이 축하연은 나와 동생을 위한 거예요.
>
> -2학년 이슬람학 교과서, '기도 축하연'-

샤리아에서 만 9세는 '여아에서 여성이 되는', 즉 혼인할 수 있는 나이로 명시되어 있고, 기도나 단식과 같은 종교적 의무를 수행하고 집 밖에서 히잡을 해야 하는 나이로 여겨진다. 실제로 이란의 모든 초등학교 2학년 여학생들은 학교가 주도하는 '자쉬네 에버다트(jashin-e

24 직역하자면 '달콤한 것'으로 주로 조각 케이크나 쿠키 등을 일컫는다.

ebādat)' 혹은 '자쉬네 타클리프(jashin-e taklif)'라 불리는 '기도 축하연'에 참가해야 한다. '자쉬네 에버다트'를 풀이하자면 '무슬림으로서의 종교 의무를 받아들이는 축하연'이라 할 수 있다. 각 학교 단위로 축하연이 열리는데 부모님과 선생님들은 소녀들을 위해 특별한 음식을 마련하고, 모든 여학생은 흰색 차도르를 입고, 처음으로 기도하는 법과 쿠란을 낭송하는 법을 익힌다. 학교마다 이 행사의 시기와 방법은 조금씩 다른데, 어떤 학교에서는 가까운 모스크에 단체로 방문해서 행사를 열기도 한다. 하지만 공교육을 통해 이루어지는 '기도 축하연'은 가정의 신앙적인 분위기에 따라 대부분 무슬림으로 태어났지만, 기도하는 법을 배우지 못하는 가정의 아이들이 많다는 반증이기도 하다.[25] 자신의 딸에게 기도하는 법이나 쿠란 읽는 법을 가르치는 가정도 있지만, 종교적인 의식에 관심이 없는 가정에서는 이러한 종교의식을 가르치지 않는 경우도 많기 때문이다. 그러므로 과거에는 가정을 중심으로 이루어졌던 종교행사가 학교 단위로 그 중심이 옮겨진 것이다(구기연 2003: 47-48). 예전에는 초등학교 3학년이 되어 하나의 행사로 그치는 식이었는데, 최근 몇 년 전부터는 초등학교 1학년 때부터 정식으로 이슬람 종교교육을 받고 있다.

25 기도는 워낙 사적인 부분이라 수치화하기 힘든 면이 있다. 하지만 인터뷰 대상 중에 세속적이거나 신앙심이 상대적으로 약한 가정의 청년들은 거의 기도 의무를 지키지 않았다. 비교적 개방적인 가정의 부모들은 자신들은 열심히 기도를 드리지만, 자녀들의 기도 의무에 그다지 강제적이지 않다. 혁명 후 세대의 부모들은 자녀들에게 종교 의무를 강제화하는 것에 대해서 예민한 경향을 띤다. 사회에서 강요화된 이슬람적 의무에 대해서 본인들이 먼저 거부감을 느끼고 있는 경우가 많기 때문이다.
한편, 아잠 토랍(Azam Torab)의 논의에 따르면 이 자쉬네 에버다트가 중산층 이상의 개방적인 사람들에게는 마치 서구의 생일파티와 같은 의식으로 변모하기도 한다(Torab 2007: 182).

[사례 2-5] 28세 여자 대학원생

(2학년이 되었다는 ○○의 조카 ○○에게 언제 자쉬네 에버다트를 하는지 물어보니, 내년에 한다고 대답했다.)

자쉬네 에버다트가 우리 때(이모 나이 28세)랑 많이 달라졌어. 우리는 아무 생각 없이 선생님이 하라는 대로 따라 하고 기도하는 법도 몰라도 됐는데, 요즘은 달라졌어. 1학년부터 매일 학교에서 쿠란을 한 구절씩 읽고, 2학년부터는 기도하는 법을 배워. 자쉬네 에버다트를 하기 2년 전부터 종교 교육을 받고 준비하는 것이지. 우리는 자쉬네 에버다트를 하더라도 기도 앞에 내 이름만 달랑 얘기했었는데, 이제 이 아이들은 '나머즈(기도)'하는 법을 배우고 나서 해야 하는 거야.

[그림 2-6]은 이슬람 공화국의 가장 이상적인 남성상과 여성상을 형상화했다고 볼 수 있다. "오 후세인이여" 띠를 두르고, 이맘 후세인을 상징하는 초록색 깃발을 든, 상복을 의미하는 검은색 셔츠를 입은 남자아이, 슬픈 표정의, 시선을 아래로 한 검은색 차도르를 입은 여자아이의 모습은 현재 이란에서 가장 강조되는 젠더의 대표적인 이미지라고 할 수 있다.

교과서에서 '읽기'와 '쓰기' 책의 상당 부분은 이슬람에 관련된 내용으로 채워지는데, 신을 칭송하고 종교적인 인물들(이슬람의 선지자, 노아, 예수, 솔로몬, 제3대, 8대, 12대 이맘들), 순례와 이맘 알리의 생일, 자선(zakat), 라마단과 단식, 에이데 고르번(이슬람 희생제), 자쉬네 타클리프(기도 축하연)에 대해 기술하고 있다(Paivandi 2008: 16). 다시 말해 이슬람적인 내용이 종교학 교과서뿐 아니라 국어(페르시아어), 문학, 사회, 역사 교과서 전반에 걸쳐 명시되는 것이다. 이란 교과서를 분석한 대부분의 논문에서 살펴볼 수 있듯이(Mehran 2002; Mirfakhraie 2008; Paivandi 2008; Ram 2000), 이슬람 혁명 이후 교과서에서 나타나는 가장 뚜렷하고 상

[그림 2-6] 초등학교 3학년 이슬람 교과서의 남학생과 여학생의 이미지

징적인 자아상은 바로 '신실한 시아 무슬림'이자 백인, 남성, 아리안-페르시아계의 진취적이고 독립적인 이슬람 세계의 지도자로 재현된다(Mirfakhraie 2008). 또한 앞에서 살펴본 대표적 공적 담론인 순교자 특히 어린이 순교자의 모습은 초등학교 3학년 국어책부터 '희생(fadakaran)'이라는 제목으로 강조된다.

> 모든 국가에서 이렇게 위대하고 훌륭한 사람들을 보게 됩니다. 위대한 국가 이란에도 남성, 여성과 어린이, 젊은이들에 이르기까지 자기 자신을 희생한 이들이 있습니다. 이들의 삶은 우리 길의 등불입니다. 여러분은 후세인 파흐미데, 리즈알리 커자비 그리고 후세인 아미저데를 들어보았습니까? 샤히드(순교자) 후세인 파흐미데는 수류탄을 들고 적의 탱크로 들어가 자신의 목숨을 희생했습니다.

[그림 2-7] 초등학교 3학년 국어책에 '희생'이란 제목으로 실린 후세인 파흐미데 삽화

[그림 2-7] 교과서 본문의 후세인 파흐미데(Hussein Fahmideh)는 이란의 영웅적인 바시지(Basiji, 민병대)이자, 이란-이라크전의 아이콘 중 한 명이다. 13세의 나이에 코흐람샤흐르(Khorramshahr) 전투에서 맹공을 떨치던 이라크군의 탱크를 향해 수류탄을 지니고 달려가 터트려, 이란으로 전세를 기울게 했던 소년병이었다. 그의 순교는 이후 자살 공격의 모델이 되기도 했으며, 이상적인 바시지의 본보기가 되었다. 이후 아야톨라 호메이니가 "우리의 지도자는 적들을 향해 그의 작은 가슴을 내던진 바로 이 13세 아이입니다. 그는 100개의 펜과 100개의 혀보다 가치가 있습니다. 수류탄을 메고 스스로 적의 탱크에 자신을 내던짐으로써 순교의 꿀을 마셨습니다."(Limba 2006: 47)라고 말하면서, 민족의 영웅으로 떠올랐다.

또한 이상적인 자아상을 구축하기 위해서 타자화시켜 '적'으로 간주하는 전략은 교과서 구성에서도 그대로 재현된다. '이란 대 적', '신자 대 이교도', '독실한 신자 대 위선자'와 같은 이분법은 교과서에서도 적용된다. 유럽과 러시아를 포함하여 미국과 이스라엘은 언제나 정치적인 적으로 표시되고, 서구라는 거대한 상상의 적은 이란의 정치적 독립을 막고, 이슬람주의 운동을 약화시키는 적으로 표현된다. 교과서에서 혁명 이후 강조되는 이데올로기는 서구 문화와 문명과는 상반되는 특징을 가진다. 예를 들어 1979년 이슬람 혁명은 강력한 반서구주의의 반영이라고 설명된다(Paivandi 2008).

> 이슬람 혁명은 미국이나 소련에 의존하지 않고, 오히려 그들의 뜻에 반하는 '동쪽도, 서쪽도 아닌'이라는 슬로건을 가지고 승리한 독립운동이다. 이 혁명은 압제자들의 권력의 근본을 뒤흔들었고, 이와 같은 이유로 시작부터 혁명은 초강대국들의 적의와 음모의 대상이 되었다(Paivandi 2008: 51 재인용).
>
> -고등학교 2학년 역사 교과서, p.155-

적에 대한 관념은 초등학교 이전부터 강조된다. 이러한 적에 대한 대비는 바로 '데파예 모가다스(defaye moqaddas 신성한 방위)'라는 과목과 연결된다. 신성한 방위(holy defense)라는 개념은 이라크에 대항한 8년간의 방어를 의미하며, 실질적인 적을 상정하고, 그에 대항한다는 개념으로 언제나 전시상황임을 강조한다.'데퍼예 모가다스' 수업은 예전 한국의 교련 과목과 유사한 군사훈련 교육 과목이라 할 수 있다. 초등학교 3학년 이슬람학 교과서에는 이맘 후세인의 '아슈라' 담론이 '10일째 되는 날'이라는 이름으로 실려 있다. 교과서 내용에서 볼 수 있듯이, 이란의 어린이들은 공교육을 통해 누가 적이고, 누가 친구인지 구분해 낸다.

[그림 2-8] 초등학교 3학년 이슬람학 교과서, '10일째 되는 날'[26]

그

그의 아버지는 하지라테 알리이다.

그의 어머니는 퍼테메 자흐러, 선지자의 딸이다.

그의 누이는 하지라테 제이넙이다.

그의 형은 이맘 핫산이다.

26 이 부분은 카르발라 전투를 다룬 장이다. 오른쪽 사진은 이맘 후세인(사진에 얼굴 표시가 없는 것이 이맘 후세인. 전통적으로 이슬람에서는 선지자를 비롯한 성인들의 얼굴을 형상화하지 않는다. 그러므로 모든 선지자와 이맘 후세인의 얼굴은 빛 모양이나 하얗게 표현된다.) 주목할 것은 이맘 후세인 측의 군대는 초록색을, 야지드(Yazid)의 군사는 빨간색 옷을 입은 것으로 그려진다. 초록색은 이맘 후세인의 상징 색이자 이슬람의 상징 색이다. 빨간색은 피를 상징하고, 이란 국기에도 포함된 대표 색이기는 하나, 카르발라 담론에서는 적의 상징 색으로 사용된다. 그러므로 왼쪽 사진은 적이라는 본문내용과 함께 적을 상징적으로 그려낸 삽화이다. 또한 당시 수적 열세였던 상황 역시 보여 주고 있다.

그는 가족의 가르침을 받았다.
얼마나 우애 깊고 위대한 가족인가!
그의 친구
믿음, 희생, 용기, 친절로
그와 동행하여
모든 곳
언제나
목숨이 다할 때까지

그의 적들
불신의, 어리석은, 잔인한
그리고 신과 선지자의 적
그들은 이맘 후세인과 그의 동료들과 전쟁을 벌였다.
카르발라 지역에서 전투를 벌였다.
이맘의 병사들은 82명이지만, 그의 적은 1,000명이다.
이맘 후세인와 그의 동료들은 용감하게 싸웠지만,
결국 어리석고 잔혹한 사람에 의해 순교자가 되었다.
정오, 뜨거운 태양 아래, 타는 목마름으로,
모하람 달, 아슈라 날, 10일에.

-초등학교 3학년 이슬람학 교과서, '10일째 되는 날'-

하지만 이와 같은 공교육은 특히 세속적이고 개혁적인 가족 분위기에서 나고 자란 아이들에게 오히려 정체성의 혼란을 가져오고, 가정과의 간극을 심각하게 느끼게 해 주는 계기가 된다. 또한 기도 의무화 규정이나 의무적인 종교수업은 학생들로 하여금 반발심을 갖게 하는 이유가 되기도 한다.

[사례 2-8] 22세 여자 대학생[27]

중학교 때 교장선생님이 바뀌면서, 기도 시간이 되면 강제로 기도를 해야만 했어요. 아, 지금 생각해도 너무 싫어요. 당신도 알잖아요. 청소년 때는 무언가를 억지로 하라고 하면 더욱 하기 싫은 것을 … 정말 싫었어요. 특히 종교시간은 정말 끔찍했어요. 나를 비롯한 친구들 거의 모두가 딴 짓을 했어요 … 종교 선생님은 너무나 보수적이고, 토론 자체가 되지 않는 사람이었거든요. 얼마나 많이 싸웠는지 몰라요. 단어 하나만 잘못 말하면, "너! 아예 말하지마!" 이렇게 나왔거든요.

위의 사례처럼 이슬람 혁명 이후 공교육에서는 과거 가정에서 담당했던 종교적 의례와 기도 의무를 도맡아 시행하기 시작했다. 이 과정에서 젊은 세대는 하나의 교육으로 이슬람 종교 의식을 받아들이기도 했지만, 동시에 이슬람과 멀어지는 계기가 되기도 한다. 강요되고 의무화되면서 이슬람이란 종교는 이 무슬림 키즈들에게 규범과 의무 그리고 규율로 다가오게 된 것이다.

또한 초등학교부터 시행되는 남녀분리정책은 결혼 적령기 이후 배우자 선택과 결혼 문제, 또한 높은 이혼율에 이르기까지 다소 편향된 젠더 의식을 갖게 한다는 문제점 역시 잠정적으로 갖고 있다.

[사례 2-9] 여성전용 영어학원 토론 중에서(2000년 4월 28일)

남녀 분리정책이 시행되면서 이성에 대해 너무 무지하게 되었다. 서로에 대한 환상이 커지거나 혹은 반대로 이성에 대한 부정적인 생각을 가지게

27 이 여자 대학생은 어린 시절 기도 의무 규정에 대해 비판적인 시각을 가지고 있었지만, 누구보다도 신실한 무슬림 여성이었다. 매일 기도를 드렸고 라마단 단식 의무도 지키는 종교적으로 신실한 여학생이었다.

된다. 남녀 분리정책은 특히 남자아이들을 괴물로 만들어 버렸다.

어느 사회나 마찬가지이지만 공교육의 가치관과 목표, 그리고 교과서는 한 사회의 가치관과 사람됨에 대한 시각의 축소판이라고 할 수 있다. 이슬람 혁명 이후 공교육의 목표는 '순종적인 신실한 무슬림의 배출'이라고 할 수 있을 정도로, 그 지향과 방향성은 명확하다. 또한 교과서에서 나타나는 젠더 역할과 정의 그리고 이상적인 사람됨은 나아가 국가의 젠더와 사람됨에 대한 시각을 가늠하게 해 준다. 나와 적을 구분하고, 순교를 강조하는 핵심적인 줄거리 요소들은 교과서와 공교육에서 그대로 작동하고 있으며, 이러한 공교육 시스템 속에서 학생들은 사적 공간의 간극을 더욱 크게 느낄 수밖에 없고, 신실한 무슬림이 되는 방식을 배우는 동시에 아이러니하게도 신실한 무슬림인 척하는 방법 역시 본능적으로 익히게 된다.

이 장에서는 이슬람 혁명 이후 이란사회가 어떻게 이슬람화되었고, 또한 국가 차원에서 이슬람을 어떻게 정치 이데올로기화했는지를 분석해 보았다. 여기서 주목할 것은 국가가 강조하는 이슬람적 가치가 그들이 말하는 절대선, 순수한 가치에 머무르지 않고, 프로파간다와 공교육, 사회 규범 등 다각적이고 총체적인 문화의 연결망 속에서 정치적인 이면을 지니고 있다는 것이다. 이와 같은 사회화 과정 속에서 개인들은 이데올로기를 냉소주의로 바라보기도 하고, 때로는 사회체계나 종교적인 언어로 해석하기도 한다. 국가의 직접, 간접적인 강력한 감정 통제 체계 속에서 개인의 감정들은 선택되어 재현되어야 하며, 개인들은 슬픔이라는 가장 안전하고도 강조되는 집단적 정서에 동조해야 하는 현실을 배워 나간다. 동시에 사회 속에서 안전하게 살 수 있는 기준들에 대해 배워 나가면서, 스스로를 연출하며 살아간다.

이와 같은 국가의 감정 통제 방식과 상징들이 가득한 공적 공간의 법칙은, 곧 젊은이들을 위험한 존재로 치부해 버리는 기준이 되기도 한다. 이러한 통제 방식과 이에 동원되는 이데올로기들은 '나'를 구분하는 동시에 타자가 아닌 '적'을 만들어 내는 기제가 되는 것이다. 이 구분 짓기 방식은 안과 밖이라는 전통적인 문화 개념과 맞물려 이란 사회가 이중적인 성격을 갖는 데 핵심적인 역할을 한다. 이슬람 혁명 이데올로기와 이란-이라크전 당시의 치열하고 절절한 전쟁 구호들은 여전히 2000년대 이란사회에서도 유효하며, 설득의 공간으로서의 도시는 비장한 모습으로 다가온다. 한편, 근대적인 주체의 상대적인 위치에 있는 신으로 매개된 주체성 역시 나를 찾기 위한 여정이지만, 신으로 매개된 나는 결국 순교해야만 찾을 수 있는 아이러니한 상황과 마주하게 된다. 이 과정에서 국가의 높은 도덕적 이상과 감정 통제는 비현실적으로 작동하고 있으며 이러한 모순 속에서 젊은이들을 비롯한 시민들은 이슬람 국가에서 살아가는 방법을 익히게 된다. 다음 3장에서는 이와 같은 사회 제도와 교육 시스템 속에서 태어나고 자라 온 이란의 젊은이들이 어떻게 자아를 상정하는지, 전통적인 사회 구조와 전 지구화되는 흐름들 속에서 어떠한 갈등 혹은 변화를 겪으며 살아가는지에 대해서 살펴보고자 한다.

제3장

불타버린 세대:
혁명 이후 세대의 자아

이슬람적 관점에서 젊음은 신성한 축복이라 여겨지며, 이 시기는 많은 기회가 있고 재능이 발휘되는 건강한 기간으로 인식된다. 하지만 동시에 비도덕성과 악에 취약한 가장 위험한 시기로 비유되기도 한다(Khosravi 2008: 125). 이란에서 젊은이들이 유혹에 빠지기 쉬운, 불안한 대상으로 여겨지는 이유는 '나프스(nafs 감성, 욕망)'와 '아끌(aql 이성)'의 대조적인 구조로 설명될 수 있다.[1] 젊은이들은 여성과 마찬가지로 더 감정적이고, 나프스가 아끌보다 강하다고 여겨진다. 그러므로 이란 사회에서 젊은 사람들은 이상적인 자아의 모습과 상반되는 특성을 가진 것으로 인식되었고, 그들의 감성적인 움직임은 늘 감시의 대상이 된다. 오늘날 젊은이들은 자신을 '불타버린 세대(Nasle-Sukte)'로 칭한다(Khosravi 2008). 마치 타버린 재처럼 더 이상 희망이 없는 지금의 젊은 세

1 나프스(nafs)와 아끌(aql)은 이슬람 사상의 인간에 대한 가장 기본적인 개념 범주이며, 우주의 모든 것은 이 기본적인 이원성(duality)의 용어로 분류된다. 이슬람에서 자아는 아끌과 나프스 사이에서 갈등하는 존재로 여겨지며, 이성은 신과의 조화로운 삶을 지향하고, 욕망은 사탄적인 힘(sheitāni)을 대표하는 것으로 여겨진다(Khosravi 2008: 17). 모든 개인들이 이성과 감정 모두에 지배받고 있지만, 남성은 상대적으로 더욱 이성적이라 여겨지고, 여성이나 젊은이들은 보다 감정적이라고 여겨진다. 아끌과 나프스에 대한 보다 자세한 논의는 구기연(2013)의 2장 참조.

대에 대한 자조적인 표현이다.

2장에서도 살펴보았듯이, 이란의 정부나 종교지도자들은 미디어와 교육, 미세한 사회적 규율을 통해서 젊은이들의 자아와 감정을 통제했다. 하지만 정부와 종교 지도자들의 전략에도 불구하고, 현실은 전혀 다른 새로운 방향으로 나아간다. 이란 현대사회를 바라보는 인류학자들을 비롯한 사회과학자들과 외부의 미디어들은 이 새로운 세대에 대해 다른 방식으로 주목하고 있다(Abdo 2001; Afshari and Underwood 2007; Basmenji 2005; Cohen 2006; Jafari 2007; Khosravi 2008; Mahdavi 2007; Varzi 2006; Yaghmaian 2002). "이 새로운 세대는 모든 규칙을 깨버렸다."라는 다바시(Dabashi 2010: 177)의 단언에서 보이는 것처럼 이란의 제3세대, 즉 청년 세대들은 전 지구화와 갈등의 소용돌이 속에 있는 이란사회에서 가장 주목받는 세대가 되었다. 특히 2009년 6월, 대통령 선거 이후 민주화 시위에서 보인 젊은 세대의 힘은 그들의 목소리를 전 세계에 알리는 동시에, 더욱 압박해 오는 정부의 통제 대상이 된다는 것을 의미하기도 했다. 이와 같은 젊은 세대에 대한 관심은 2010~2011년에 걸쳐 일어난—'아랍의 봄'이라고 불리는—중동 지역의 전 지구적인 흐름과도 연결된다. 튀니지, 시리아, 이집트, 리비아에 이르기까지, 수십 년의 독재정권을 무너뜨리고 민주화에 대한 열망을 보여 준 재스민 혁명(Jasmin Revolution)은 튀니지의 26세 모하마드 부아지지라는 한 청년의 분신으로 촉발되었다. 북아프리카와 중동에서의 거센 민주화 열기와 반정부 시위 속에서, 청년 세대들의 인터넷을 통한 담론 형성은 하나의 거대한 흐름을 이루었고, SNS 혁명이라 불리는 일련의 시위 속에서 각 나라의 젊은이들은 그 어느 세대보다 혁명의 성공을 직접적으로 이끈 주역이 되었다. 이란의 젊은이들 역시 이란을 넘어 범중동권의 거센 열풍과 함께하고 있으며, 현 정권의 가장 위협적인 대상으로 주목되고 있다. 그렇다면 이란의 젊은이들은 어떤 사회 구조 속에 있는가? 그들은 전(前) 세대들과 비교할 때, 어떤 특징을 가지며, 또한 공적인 목소리들과 어떻게 경합하고 있는가? 또한 그들이 자아를 형성하는 방식은 어떠하며, 그들의 감정은 어떻게 표출되고, 혹은 감추어지는가? 이 장에서는 이란 젊은이들이 직면하고 있는 사회 문제와 그들의 개인적인 고민을 하나의 큰 연결망으로 구성해 보기 위해, 그들의 생생한 목소리를 최대한 그들의 렌즈를 통해 담아내고자 한다.

1. 제3세대의 사회적 위치와 정체성

나슬레 세봄(Nasle-Sevom), 즉 제3세대는 현대 이란사회에서 기존 세대와는 다르다고 회자되며, 동시에 이슬람 공동체의 비난의 대상이 되고 있다. 그들은 이슬람 혁명 이후에 태어나서 이슬람식 교육을 받고, 이슬람 규제가 사회를 지배하는 환경 속에서 사회화되었지만, 아이러니하게도 현 정부에게 가장 두려운 내부의 적으로 여겨진다. 이란의 정치 전략 중 하나인 적 담론의 비난 화살은 외부의 적뿐 아니라 오염된 내부의 적, 즉 젊은이들에게 돌아가는 것이다. 이와 같은 시각은 그들을 아웃사이더 세대로 표현하기도 한다(Abdo 2001). 그들은 전 지구화라는 초국가적인 문화적, 경제적, 사회적 흐름 속에서 이슬람 전통뿐 아니라 타문화와 접촉하기 시작했고, 뉴미디어와 인터넷을 통해 외부와 소통하는 법을 배워 나갔기 때문이다. 젊은 세대의 외부자적인 성격은 외부와 내부, 적과 우리를 구분하는 이분법적인 심리모델 속에서 그들을 적대화하는 것을 정당화한다. 동시에 정부의 강력한 이슬람 규제의 강화는 오히려 젊은이들을 그들의 공간 안에 숨어 버리게 하는 부정적인 결과를 가져왔고, 사적 공간과 공적 공간의 괴리는 혁명 이후 더욱 견고해졌다. 그래서 현재의 젊은 세대는 미래를 보지 못하기에 미래를 믿지 못하고, 고로 가치와 이상을 잃어버린 세대로 특징지어지기도 한다(Basmenji 2005: 26).[2] 또한 개인들의 감정마저 압박하는 국가적인 통제하에서, 젊은이들은 더욱더 또 다른 자아를 찾으려고 노력한다.

오늘날 젊은 세대에 대한 논쟁의 배경에서 간과할 수 없는 것이 바로 이란사회 내의 시민사회 담론의 등장이다. 시민사회에 대한 설명에 앞서, 먼저 이란 이슬람 공화국 수립 이후의 정치적 맥락을 간략히 짚어 보도록 하자. 이슬람 공화국 제1기는 1979년에서 1988년까지로, 이슬람 공화국 수립 이후 혁명의 열기가 여전히 뜨겁고 본격적인 이데올로기의 지배가 시작된 시기이다. 또한 곧이어 시작된 이라크와의 전쟁으로, 전쟁 지원에 대중들의 동원이 당연시되었던 것이 바로 이 시대의 특징이라 할 수 있다. 이슬람 공화국 제2기는 아야톨라 호메이니 사후(死後) 이란-이라크전의 종결, 라프산자니 대통령 임기 시절인 1989년에서 1997년이다. 이 시기는 국제적인 고립 시기를 끝내고, 전후 복구에 집중하던 시기이다. 또한 합리적인 지배 체계를 위해 신정 체제를 재정비하던 시기이기도 하다. 1997년에서 2005년까지가 제3시기로, 개혁적인 모하마드 하타미(Mohammad Khatami) 대통령의 집권시기이며, 이란 현대사의 또 다른 전환점이 된 시기로 평가된다. 제4기는 2005년부터 지금까지의 아마디네자드 대통령의 재임기간을 뜻하며, 앞선 두 시기보다 험난한 시기로 평가된다(Semati 2008: 4-5).

이란 내 새로운 개혁의 바람은 바로 1997년 하타미 대통령 선출과 함께 시작되었다고 해도 과언이 아니다(Yaghmaian 2002: 117). 하타미 대통령은 '시민사회(jame-i madani)'라는 개념을 이란의 정치 논쟁의 중심에 가져왔고, 그 결과 시민사회라는 맥락 아래에서 다양한 정치적 지식

2 '가치와 이상이 없는 세대'라는 표현은 바스멘지(Basmenji 2005: 26)의 테헤란대학교 사덱 지바카람(Sadeq Zibakalam) 교수와의 인터뷰에서 인용했다.

인 집단들이 모였다. 그들은 정치적인 개혁과 경제적 자유를 평행 선상에 두고, 정치 지배구조에 대한 논의들을 나누었다(Khiabany 2008: 19-21). 주로 25세와 45세 사이의 세대들이 새로운 시민운동을 조직하는 주축을 이루었고, 그들은 자신의 부모 세대처럼 이슬람주의, 민족주의 혹은 급진적인 좌파들이 아니었으며, 오히려 이데올로기적인 지향을 배제하고 인권과 비폭력을 추구했다(Boroumand 2007: 74). 이들의 시민사회로의 발걸음은 법의 통치, 특히 언론 자유를 포함한 보다 폭넓은 사회적 자유로 향했다. 다양한 자유에 대한 약속, 문명의 대화, 시민사회 등과 같은 개념들이 하타미 대통령에 의해 강조되었고, 이와 같은 하타미 대통령의 개혁에 대한 바람과 다양한 문화정책은 특히 중산층과 여성들, 그리고 젊은층에게 큰 호응을 얻게 되었다(Semati 2008: 7). 1990년대 시민사회 담론의 시작과 함께 대학생 조직은 시민권과 관련해 민주화 운동을 벌이는 가장 중요한 단체 중의 하나로 인식되었다. 이슬람 혁명에 이르기까지 학생운동은 사회적 변화를 활발히 도모하는 역할을 수행하였다. 1977년까지 학생들은 국가에 반하는 저항조직을 결성하였고, 혁명 초창기에 대학은 정치적인 활동의 본부로 기능하였다(Abdo 2001: 165).

하지만 이슬람 혁명의 도화선 역할을 했던 학생운동은, 역사의 흐름에 따라 혁명 정부에 맞서는 조직으로 변모하게 되었다. 그 대표적인 사건이 바로 1999년 7월 18일, 테헤란대학교에서 있었던 — 현재까지도 '18 Tir'로 기념되는 — 대규모 반정부 시위이다. 새로운 언론법과 잡지 『살럼(*Salām*)』의 폐간으로 촉발된 대학생들의 집회는 애초에 평화롭게 시작되었지만, 이란 젊은이들의 대폭적인 지지를 받고 선출된 하타미 정권의 공격으로 결국 피로 얼룩지게 되었다(Abdo 2003; Boroumand 2007; Ghamari-Tabrizi 2000). 이 시위는 이슬람 혁명 이후 찾아볼 수 없었던 대규모 시위였으며, 곧 수도 테헤란을 비롯한 이란 전역의 대학으로 퍼져 갔다. 1999년의 학생 시위, 뒤이어 2003년의 시위, 최근 2009년의 대규모 반정부 시위에 이르기까지, 이러한 소요사태의 배경에는 언제나 '젊은 세대'가 주축이 되었고, 민주주의와 자유를 외치는 젊은이들과 이슬람 정권 사이에는 팽팽한 줄다리기가 이어지게 된다. 이란의 학생 조직의 지도자들은 사회 내부의 문제를—지금까지 보수적인 최고 종교지도자들이 그랬던 것처럼—더 이상 제국주의 타자에 대한 비난으로 돌리지 않고, 이란 내부의 보수적인 지도층들에게 화살을 돌림으로써 그들은 이슬람 정권의 위협적인 존재가 되고 있는 것이다. 이와 같은 사회적, 역사적 배경 속에서 이란의 시민사회로의 움직임은 곧 민주주의와 자유라는 보편적인 가치에 대한 요구이며, 이 움직임의 핵심에는 바로 이란의 제3세대들이 자리 잡고 있다.

러민 자한베글루(Rāmin Jahanbegloo)는 시민사회로의 이행에 대한 배경으로 세 가지 사회적 흐름을 제시하고 있다. 첫째는 이란 역사상 처음으로 지배 체제에 대해 '복종하는 주체(obedient subject)'를 대신하는 '개인적인 주체(individualistic subject)'의 패러다임이 등장한 것이다. 혁명 이데올로기에서 '주체' 관념은 바로 신에게 복종하는 '매개된 주체'였다. 둘째는 '개인적인 주체'의 등장은 바로 이란사회에서 이데올로기적, 전통주의적 담론의 사상적 위기와 맞닿아 있다는 것이다. 셋째는 이란 젊은이들 사이의 혁명적인 낭만주의의 쇠퇴가 직접적인 영향으로 보인다(Jahanbegloo 2004)는 주장이다. 자한베글루의 논의를 분석해 보면, 그는 이란 젊은 세대의 특징을 바로 시민사회의 배경 중 하나인 개인적인 주체로의 열망으로 보았다. 그들은 전통적인 집단 정체성 대신 개인적인 주체성에 더욱 관심을 가지며, 정치적인 이데올로기보다는 개인의 자치성과 사회적 자유에 더욱 몰두한다. 또한 전 지구적 문화를 흡수하는 오늘날의 젊은이들에게 타자는 전통적인 이란사회에서 적으로 상징되는 타자(주로 왕정체제, 미국을 주적으로 하는 서구국가)가 아닌, 오히려 국가에서 이상적인 자아로 간주하고 있는 바시지와 같은 이들이다. 제3세대는 포스트-이데올로기적 성향을 갖고 있으며, 혁명 후 이란 내의 이데올로기의 죽음을 이끌고 있기 때문에(Dabashi 2000), 제3세대의 개인적 주체성에 대한 지향은 전통, 보수적인 사회에 위협적일 수밖에 없다. 또한 이와 같은 젊은이들의 '개인적 자치권(azadiha-ye fardi)'에 대한 지향은 정치적인 영역을 넘어, 문화의 영역에도 영향을 미치고 있으며, 그들의 요구는 그 어떤 정치적인 개혁보다 더욱 극적으로 이란의 모습을 변화시키고 있다.

하지만 자한베글루가 주장하는 개인적인 주체를 서구의 개인적인 주체와 동일하게 보기는 어렵다. 자한베글루와 같은 해외 이란 학자들이 강조하는 개인적인 주체성과 개인적인 자치권의 등장이 젊은 세대를 자극하고, 그들의 권리를 요구하는 배경이 되는 것은 사실이다. 하지만 이란사회의 심리적 전통적인 특성과 사람됨의 의미는 여전히 젊은 세대에게 유효하며, 이란 젊은이들의 자아는 다양한 층위로서 존재한다. 다시 말해, 이전 세대와는 구분된 새로운 세대라 할지라도 여전히 그들은 사회라는 큰 서사구조 속에서 살아가고 있으며, 이러한 문화 심리적 배경은 자연스럽게 그들의 삶 속에 녹아들어 가 이전 세대의 심리적 구조와 연속선상에서 변화를 맞고 있음에 주목해야 할 것이다. 이 장에서는 제3세대의 사회적 개념과 경제적인 상황, 특히 보수와 진보/개혁 진영의 갈등상황, 이들이 문화적 범죄자로 명명된 사회적 배경 등을 살펴봄으로써 젊은이들의 사회적 위치를 가늠해 보고자 한다.

1) 일자리 없는 젊은이들

이란-이라크전 이후 베이비붐으로 인한 급격한 인구 증가는 여러 가지 사회적 문제를 불러일으켰다. 인구 증가는 곧 사회적 인프라 부족이라는 문제를 가져왔고, 현재의 경제적 위기의 주요 요인 중 하나로 다가왔다. 1989년 직후부터 국내 언론을 중심으로 인구 폭발에 관한 기사들이 보도되었고, 그해 7월 보건부는 정부의 인구조절 계획을 발표하기도 했다. 언론은 인구 증가 억제정책을 펼쳤는데 신문들은 가난, 문맹, 실업과 인구 증가가 상호 관련이 있다고 경고했다(포야 2009: 154-155).

> 전체 경작 토지는 1,200만 헥타르에 불과하고, 그 토지로는 겨우 3,000만 명을 먹여 살릴 수 있을 뿐이다. 6~10세 집단의 인구 증가율은 해마다 4.7%에 이른다. 지난 15년 동안 이 세대의 수가 배로 늘어난 셈이다. 이런 경향이 지속된다면, 이란의 학생 인구는 향후 20년 내에 2,700만 명으로 늘어날 것이다. 그들이 일자리를 구해야 할 때, 국가는 일자리를 제공할 수 없을 것이다. 일자리를 구한 1명이 3.5명을 먹여 살릴 책임을 져야 한다. 이와 같은 고용 수준을 유지하려면 국가가 해마다 95만 개의 새로운 일자리를 만들어야 하지만, 1976년에서 1986년 사이에 만들어진 일자리는 19만 개뿐이다. 보건의 관점에서 보자면, 인구 증가율은 3%에 이르지만 신규 보건소 증가율은 1.3%에 불과하다(*Keyhan* 1991년 9월 18일 신문기사; 포야 2009: 155-156에서 재인용).

> 자녀가 많아지면 빈곤이 심화되고, 빈민가 거주민이 더 많아지며, 사망률이 높아진다. 인구 증가를 촉진하는 것과 관련된 규제는 모두 폐기되어야 하며, 인구 증가를 줄일 효과적 수단으로서 보건과 고용 상황이 개선되어야 한다. 보건부와 교육부는 사람들이 산아제한의 필요와 중요성을 이해하도록 돕는 캠페인을 벌여야 한다. 여성의 교육, 보건, 고용에 할당되는 예산이 더 많아져야 한다(*Keyhan* 1991년 9월 22일 신문기사; 포야 2009: 156에서 재인용).

[표 3-1] 이란 총 인구수와 인구 증가율

연도	총 인구수(명)	연평균 인구 증가율(%)
1976	33,708,744	2.7
1986	49,445,010	3.9
1991	55,837,163	2.5
1996	60,055,488	1.5
2006	70,495,782	1.6

자료: 이란 통계청(Statistical Centre of Iran), http://amar.sci.org.ir/index_e.aspx 자료 재정리.

이와 같은 사회적 관심과 경고에도 1980년대에서 1990년대에 이르기까지, 제3세대 인구는 폭발적으로 증가했다. 이로서 제3세대는 공화국 수립과 전후 국가의 희망 세대이기도 했지만, 동시에 사회의 여러 문제를 고스란히 떠안아야만 하는 불우한 세대이기도 했다. 다음의 진술은 오늘날 제3세대가 불타버린 세대라고 불리는 배경이 되기도 한다. 또한 이란-이라크전 이후 폐허가 된 이란처럼 수많은 젊은 인구를 뒷받침해 줄 기반시설의 소실을 의미하기도 한다.

[사례 3-1] 30세 남자 대학원생 겸 사업가

1980년대에서 1995년 사이에 이란의 인구는 2배가 되었어. 1980년대 이전 이란 인구가 약 3,000만 명이었다면, 1995년에는 약 6,000만 명으로 2배 이상으로 늘어났고, 지금은 약 7,000만 명 정도 된다.[3] 다시 말하면, 아직도 사람들과 정부가 전쟁의 상흔에서 벗어나지 못하고 있었을 때, 잠에서 깨어 보니 인구는 감당하지 못할 정도로 불어나 있었다. 마치 자고 일어나니, 해결해야 할 일이 산더미처럼 쌓여 있는 것과 같았다. 하

3 [표 3-1] 통계를 참조하면 1976년 이후 30년 만에 인구는 2배 넘게 증가했고, 특히 이란-이라크전 중인 1986년 연평균 인구 증가율이 3.9%로 가장 높은 것을 알 수 있다.

지만 정부는 증가한 인구 문제를 단순하게 생각했다. 정부는 이렇게 불어난 인구, 국민을 위한 기반시설이나, 일자리, 사회복지, 학교 문제 등에 대해 심각하게 고려하지 않은 것 같다. 사실상 혁명 이후의 정부는 대부분이 종교지도자들 출신이므로, 경제적인 관념도 부족하고, 경제적인 면에 대해서는 무지하다고 할 수 있다. 또한 대부분 자기 호주머니에 돈 챙겨 넣기 바쁘다.

"마치 자고 일어나니 해결해야 할 일이 산더미처럼 쌓여 있는 것과 같았다."라는 위 사례자의 말처럼 인구 문제는 심각한 결과를 가져왔다. 이슬람 혁명 이후 악화된 이란의 경제 상황은 젊은 세대를 비롯한 사회 전반에 다양한 문제를 초래했다. 8년간의 지리한 전쟁은 끝났지만 이란은 기반시설 및 산업과 경제 전반에서 큰 타격을 입었다. 동시에 같은 기간 동안 감당할 수 없을 만큼 늘어난 인구 문제는 곧 심각한 경제적 결과를 낳았다. 체제의 성격 변화 역시 경제에 영향을 끼쳤는데, 이슬람 혁명 당시 이슬람 지도자들은 국가의 경제적인 경영 능력에 대한 고민보다는 민간 경제 영역에 대한 국가의 개입 범위와 수단에만 신경을 썼다.

또한 이슬람 평등주의 이데올로기에 기반한 이슬람 정권에서 경제 문제는 곧 첨예한 정치적 이슈가 되었으며, 이슬람 경제에 대한 논의는 딜레마에 빠질 수밖에 없었다. 베흐다드는 혁명 이후 경제 정책이 성장보다는 이슬람 정권 유지라는 정치적 목표로 변경되었는데, 그 예로 사유권에 대한 강력한 제한은 국가의 경제 정책에 대한 개입의 일환으로 시작되었다고 지적한다. 새로운 헌법 조항에서도 체제의 경제 영역에 대한 경향성을 엿볼 수 있는데, 헌법 44조에는 '경제의 국가 영역은 모든 대규모 주요 산업, 외국 무역, 주요 광물 자원, 은행, 보험, 에너지' 분야를 포함하며, 상대적으로 '사경제는 국가와 협력기관의 경제활동에

[표 3-2] GDP 및 물가상승률 EIU

구분	2007년	2008년	2009년	2010년	2011년	2012년
GDP(US$ 10억)	307.6	356.0	362.7	422.6	435.2	472.2
실질 GDP 성장률(%)	6.4	0.6	4.0	5.9	1.7	−1.0
소비자물가 상승률(%)	17.1	25.5	13.5	10.1	20.6	23.6

주: 2007~2011년 추정치, 2012년 전망치.

부가적인 부분'이라 명시되었다(Behdad 1995). 다시 말해 이슬람식 경제 정책은 시장의 논리와 마찰을 일으킬 수밖에 없었고, 해결되기 힘든 딜레마가 되었다.

한편, 이슬람 공화국의 달라진 국제 외교 관계도 경제 문제의 중요한 요인으로 작동하였는데, 가장 큰 영향을 끼친 것은 바로 미국과의 관계이다. 1979년 11월 미국 대사관 점거 사건 이후 이란 석유에 대한 수입금지조치가 내려지면서, 국내 경제상황은 더욱 심각해졌다. 금수 조치로 세입이 감소했고, 국가의 투자와 보조금 지급 능력은 떨어져만 갔다. 또한 세계 경제에서의 고립으로 이란의 리알 가치는 폭락했으며, 물자 부족과 인플레이션 현상은 계속되었다(포야 2009: 106). 특히 이란의 인플레이션 현상은 심각한데, 2008년 평균 물가 상승폭은 25.5%에 달한다(표 3-2).[4] 또한 2010년에 시작된 서방 세계의 이란 제재 강화로 인해 금융 환경이 악화되고 외국인 투자 및 물품 조달이 심각하게 어려워져 이란의 경제발전을 저해하고 있다. 1950년 석유 산업의 국유화 단행 이후, 이란 경제는 석유 부문에 대부분의 수입원을 의존해 오고 있다. 고유가에 따라 석유 수입이 지속적으로 늘어나고 있으나 재정 적자, 인플레이션, 리알화 약세, 오일 달러에 대한 과도한 의존 등이 경제성장에

4 EIU(Economist Intelligence Unit), "The Economist," http://country.eiu.com/Iran 참조.

큰 걸림돌로 작용하고 있다. 한편 2009년 10월, 5년 동안 에너지와 식료품 보조금을 철폐하는 법안이 의회에서 통과되어, 2010년 12월 '보조금 개혁'이 시행됨으로써 물가는 가파르게 상승하고 있다.[5] 이어 2012년 7월에는 급등하는 닭고기 가격에 수천 명이 참여한 항의 시위가 벌어지기도 했다.[6] 이란의 핵 개발 의혹에 따라 서방 국가들의 은행 거래 중단 및 교역에 차질이 심화되어, 핵 문제 해결은 이란 경제 문제의 가장 큰 난제였다. 2011년 11월 이란 핵 활동에 대한 IAEA(International Atomic Energy Agency 국제 원자력 기구)의 보고서 발표 이후, 미국, EU의 대(對) 이란 경제 제재가 강화되었다. IAEA는 이란의 핵 개발현황을 '군사적 활용이 가능한 수준'으로 보고, 이란에 대한 핵무기비확산조약 및 IAEA가 요구하는 의무이행을 요구하는 대이란 결의안을 채택하였다. 미국은 이란의 석유화학 분야에 대한 추가적인 제재를 부과하고 외국 민간은행과 이란 중앙은행 간의 거래를 금지했으며, 외국 중앙은행의 대이란 석유매매 금융거래를 금지시켰다. 또한 EU는 이란산 원유, 석유제품, 석유화학제품의 수입·구매·운송 및 이에 대한 직·간접적 재정지원 및 (재)보험을 금지하였다(허인 외 2012). 이러한 국제사회의 경제제재로 이란은 전 방위적인 압박을 받았다.

무엇보다도 사회 전반의 부패현상과 관료주의 및 기득권의 경제적 독점 현상은 부의 양극화를 불러일으키고 있다. 살레히 이스파하니(Salehi-Isfahani 2009)는 이란의 아마디네자드 집권 이후 '대중주의 정책(populist policy)과 빈곤, 불평등의 관계'를 분석하면서, 혁명 이후 빈곤 문제는 다소 완화되었고, 최근 몇 년간 지속적으로 빈곤율이 하락하는 추

5 연합뉴스, 2010년 12월 20일. "이란 정부보조금 삭감..곳곳에 진압경찰" 기사 참조.

6 연합뉴스, 2012년 7월 25일. "이란서 '닭고기 값 폭등' 항의 시위" 기사 참조.

[표 3-3] 성별, 도시, 농촌 지역에 따른 주요 노동력 지표(2013년 겨울 기준)

노동력 지표		합계	남성	여성	도시	농촌
15세 이상	비율(%)	12.4	10.8	19.6	13.3	9.8
실업률	명	2,910,191	2,098,277	811,913	2,261,496	648,694
15~24세	비율(%)	26.1	22.3	42.7	27.7	22.8
실업률	명	961,220	668,915	292,305	677,851	283,369
15~29세	비율(%)	24.2	20.3	39.0	25.6	20.6
실업률	명	1,877,828	1,256,506	62,321	1431,875	445,952

자료: 이란 통계청(Statistical Centre of Iran), "A Selection of Labor Force Survey Results" Winter 2013(2012. 12. 21~2013. 3. 20) 자료 참조.

세이지만, 여전히 경제 불평등 현상은 나아지지 않고 있다고 주장한다. 그러면서 이란사회의 양극화와 사회 불평등 현상의 배경으로 시장의 문제보다는 사회 부패현상에 그 무게를 두고 있다. 전체 실업률은 2013년 기준 16%[7]를 기록하고 있으며, [표 3-3]에 따르면 청년 실업률, 특히 여성 청년 실업률은 약 40%를 상회할 정도로 심각한 수준에 이르고 있다.

이와 같은 높은 실업률은 여러 가지 사회 문제를 불러일으키고 있으며, 이 문제는 비단 젊은 세대의 위기일 뿐 아니라 국가적 위협으로도 인식되고 있다. 이렇게 어려운 일자리를 구하기는 젊은이들에게, 특히 젊은 여성들에게 더욱 높은 학력을 요구하고 있다. 대학원 석사과정, 박사과정 입시는 '콩쿠르(concours)'라고 불리는 대학 입학시험만큼이나 경쟁률이 높고, 대학원 진학을 위해 재수, 삼수까지 하는 경우도 어렵지 않게 볼 수 있다.

살레히 이스파하니가 주장했듯이, 이란의 교육 기관은 기업이나 회사에서 원하는 인재를 육성하기보다는 '거대한 학위 공장'으로 전락

7 https://www.cia.gov/library/publications/the-world-factbook/geos/ir.html 참조.

[표 3-4] 교육 수준에 따른 젊은이들의 실업률(%)

구분	1997년 실업률		2007년 실업률	
	남성	여성	남성	여성
문자 해독	14.1	7.3	17.4	6.6
초졸	14.8	6.3	15.1	8.2
중졸	16.8	21.2	18.0	30.7
고졸	29.5	40.9	23.1	50.7
대졸	18.2	18.5	22.4	52.6
합계	18.0	16.6	18.7	37.9

자료: Salehi-Isfahani(2011: 798).

하고 있으며, 실업 상태의 대학생들이 대학원과 같은 고등교육기관으로 흡수되는 현상이 두드러진다는 것이다. 최근 10년 동안 대학교에서 대학원으로 진학하는 비율이 2배 이상으로 늘어났다. 2010년 대학원 입학시험에는 총 83만 명이 응시하였고, 그중에서 6%만이 대학원에 진학하게 되었다. 이렇게 높은 경쟁률을 뚫고 대학원에 진학했다고 해서 그들의 취업이 보장되는 것도 아니다. 일시적으로 실업 상태가 유보될 뿐이다. 또한 전문직이 아닌 이상 고학력자들도 자신의 전공에 맞는 직업을 갖기란 쉽지 않고, 전문직이나 공무원 등을 제외한 상당수의 젊은이는 전공에 상관없이 집안 사업을 물려받거나 자영업에 종사한다. 최근 20년 동안 출산율의 감소로 자녀의 교육에 투자하는 부모들이 많아지면서 교육산업 시장은 가파르게 증가했다(Salehi-Isfahani 2011). 하지만 [표 3-4]와 같이 학력이 높다고 해서 실업률이 낮아지는 것은 아니다. 1997년 통계에 비해, 2007년 통계수치에서 대졸자의 실업률은 더욱 높아졌음을 알 수 있다. 이란사회에서 학력은 개인과 부모의 체면과 명예를 높여 주는 하나의 척도가 되기도 한다. 고학력 여성들의 취업률은 낮지만 학업에 열기는 상대적으로 더욱 뜨거워 여학생의 고등교육 진학률이 남학생 입학률을 상회하고 있다. 고학력이 높은 연봉과 직결되지 않음은 살레

[표 3-5] 성별에 따른 젊은이들(20~29세) 실업자 비율(%)

구분	남성			여성		
	농촌	도시	전체	농촌	도시	전체
1984년	7.6	17.7	13.7	3.6	26.1	16.6
1997년	13.4	20.2	17.6	5.4	28.1	16.9
2007년	15.8	21.0	19.2	22.9	45.9	37.9
2009년	17.9	26.1	23.4	28.2	54.7	46.3

자료: Salehi-Isfahani(2011: 796).

[표 3-6] 25~29세 미혼 젊은이들의 비율(%)

1984년		1997년		2007년	
남성	여성	남성	여성	남성	여성
23.2	9.8	32.1	19.0	43.3	31.7

자료: Salehi-Isfahani(2011: 804).

히 이스파하니 등(Salehi-Isfahani et al. 2009)에서 보고된 바 있다.

특히 여성의 경우 혁명 이후 상당히 높아진 학력에도 불구하고, 실업률은 남성에 비해 상대적으로 더욱 높다. [표 3-5]와 같이 농촌과 비교해 상대적으로 도시의 실업률이 높고, 특히 여성의 상대적인 실업률이 두드러진다. 여성들의 경우 과거 다소 낮은 실업률을 기록하고 있지만, 이것은 과거 여성들의 직장 취업률이 높았다는 증거가 아니라, [표 3-6]에서 보듯 여성들의 결혼 평균 연령이 높아지는 현상과 관련 있는 것으로 해석할 수 있다. 결혼연령이 점차 높아지고, 결혼하지 않는 여성들의 수가 증가함에 따라, 과거 이른 결혼으로 실업으로 분류되지 않았던 여성들의 실업률 수치가 통계에 반영된 것으로 분석된다.

1986년의 경우 남성의 평균 결혼연령은 23.6세였으며, 이후 1996년에 이어 2006년까지 평균 25.6세로 조사되었다. 여성의 경우 과거보다 평균 결혼 연령이 높아지는 폭이 더욱 컸는데, 특히 1986년 19.8세에서 1996년 23.2세로 급격히 올라갔다(Chowdhury 2010). 결혼연령이 높아진 이유에는 여러 가지 원인을 고려해 볼 수 있는데, 여성들의 고등교육 진학률이 높아졌고, 무엇보다도 젊은이들의 결혼관 변화를 꼽을 수 있겠다.

[사례 3-2] 25세 여자 대학원생

(위의 사례의 여성은 세 딸 중 막내인데 첫째 언니는 20세에, 둘째 언니는 22세에 이혼한 경험이 있었다.)

나는 결혼을 일찍 할 생각이 조금도 없어. 언니들은 연애를 시작하고 만난 첫 남자 친구들과 너무 어렸을 때 결혼을 했잖아. 하지만 둘 다 너무 일찍 이혼해 버렸지. 언니들의 이혼한 경험이 결혼을 다시 생각하게 한 큰 이유이기도 해. 우리 언니뿐 아니라 주위에 이혼한 사람들이 너무 많아. 나는 좀 더 신중해지고 싶어. 충분히 연애 기간을 거치고 서로 잘 알고 난 다음 몇 년 뒤에 결혼하고 싶어. 물론 지금의 남자 친구와. 하지만 무엇보다도 나는 결혼을 일찍 하고 싶은 생각이 없어. 계속 공부하고 싶거든. 석사학위를 받고, 그 뒤에도 계속 공부해서 대학에서 가르치고 싶어.

이어 경제 악화 현상은 결혼 기피현상과 이혼율 증가에 직접, 간접적인 영향을 끼치고 있기도 하다. 이와 같은 경제적 고통과 사회 전반의 통제, 사회 전반에 대한 회의적인 시각은 이란을 세계에서 가장 높은 두뇌 유출국으로 만들어 버렸다. 현재 이란사회에서 젊은 청년 실업자를 보는 시선은 정부가 나서서 해결해 주어야 할 사회 문제가 아니라, 오히려 그들을 사회 문제를 양산해 내는 무기력한 실업자들로 인식하는 것이 더욱 심각한 문제라고 할 수 있다.[8]

8 청년 실교자 문제를 다룬 2003년 4월 28일 『페이반드(*Payvand*)』 기사(www.payvand.com) "Youth official says organized 'lumpenism' threatening Iran"를

[사례 3-3] 21세 여자 대학생

지금 이란의 젊은이들은 쉽게 직장을 구할 수가 없어. 하지만 정부는 젊은이들을 위해 일자리를 제공해 줄 생각을 하지 않아. 이 사회는 '관계'가 무엇보다도 중요하거든. 현재 이란사회에서 좋은 직장을 구하려면, 누군가와 인맥이 닿아야 하고, 아는 사람이 있어야 하고, 돈이 있어야 일자리를 구할 수 있어. 다시 말해 집안 배경이 좋고, 사회적으로 연줄 닿는 사람이 많아야 겨우 직장을 구할 수 있지. 결국엔 부익부 빈익빈 현상이 되는 것이야. 생각해 봐. 현재 대도시에서 사는 것이 얼마나 힘든지! 500달러 벌어서 세 식구가 살려면 정말 힘이 들어. 그러니 테헤란에서 거주하려면 아침부터 밤까지 일해야만 해. 아니면 2~3개 일을 한꺼번에 해야 하는 거야.

위의 사례에서 보여지듯이 이란에서는 연망(network)과 인맥은 사회 생활 속에서 무엇보다 중요한 자원이 된다. 보통 작은 규모의 고립된 사회나 공동체일수록 개인들의 역할들이 겹쳐지는 경향이 있고 개인들 사이의 연망의 밀도가 높은 것처럼(Boissevain 1974: 30-72), 외부자의 경

인용해 보면 다음과 같다.
"이란 국립 청년 조직의 수장인 모르테자 미르 바게리(Morteza Mir-Baqeri)는 지난 일요일에 이란 젊은이들 사이에서 증가하는 '룸페니즘(lumpenism)'은 위협적인 수준이며, 이 딜레마를 극복할 조치가 필요하다고 경고했다"며 테헤란 IRNA가 보도했다. 페르시아 일간지 'Iran'은 월요일 미르 바게리(Mir-Baqeri)가 이란 젊은이들이 마약 중독과 반항 그리고 나쁜 행동에 점차 빠지고 있다고 하면서, 외부적인 요인으로 생겨난 룸페니즘(lumpenism)을 그 원인으로 강조하였다. 또한 미르 바게리는 이란 젊은이들의 2.5%가 마약 중독 증세가 있다고 말했다. 또한 HIV/AIDS도 '시한폭탄'처럼 사회를 위협하고 있다고 덧붙였다. … 또한 요르단을 이어 이란은 가장 젊은 국가이며, 전체의 젊은이의 약 28%가 실업자이다. 젊은이들의 80%의 월급이 100만 리알(당시 약 원화 10만 원) 이하이다.

계가 심하고, 내부와 외부의 경계를 강조하는 이란사회의 심리 모델에서(Beeman 1986), 타인과의 관계 맺음은 무엇보다도 중요한 것으로 인식된다. 이러한 인간관계나 개인의 배경이 중요시되기 때문에, 사회 내 중요한 정보와 이권은 특정 세력이나 기득권 안에서만 도는 경향이 있다. 그러므로 이란의 기득권층은 경제력과 권력을 계속해서 잡을 수밖에 없고, 사회 전반의 불평등 현상은 더욱 두드러질 수밖에 없다.

2) 문화적 범죄자로서의 제3세대

제3세대들은 이란사회에서 어떤 지점에 위치하는가? 왜 그들은 이 사회의 내부의 적이 되고 타자화되었는가? 그들이 문화적 범죄자라 처벌받고, 거리에서 종교경찰들에 의해 힘없이 잡혀가는 이유는 국가가 가장 경계하는 적의 문화를 즐기기 때문이다. 또한 젊은이들은 이성이 약한 감성적인 존재이기에 쉽게 오염될 수 있는 대상으로 인식된다.

[사례 3-4] 대형 서점에서의 20대 남자 점원과의 대화

저자: '나슬레 세봄'에 관한 책 있나요? 특히 종교적인 지도자들이 그들을 어떻게 바라보는지를 살펴볼 수 있는 책을 구할 수 있을까요?

점원: '나슬레 세봄'이요? 그들을 보기 위해서는 시중에 나와 있는 책들을 통해서는 알 수 없어요. 진짜 그들은 인터넷을 통해 가상에서만 소통하고 있거든요. 그들은 당신이 눈으로 보고 있는 이란 세계와는 딴 세계에 살고 있다고 할 수 있어요. 예를 들어서 요즘 기도하는 이란의 젊은 세대는 얼마나 될까요? 한 20%나 될까요?(주위 눈치를 살피며, 입 모양으로만 말한다.) [나.도. 안. 해. 요!] 종교 지도자들은 우리에게 무엇을 하지 마라, 이것을 해라 사사건건 지적만 하죠. (종교적인 서적을 가리키면서) 이러한 책들이에요.

> 이런 내용은 이란에서 남자들은 15세부터 종교 시간에 배워요. 남자들은 15세, 여자들은 9세부터 종교적인 삶이 시작되는 것이죠. 자~ 이 부분을 보세요. 예를 들어 화장실에 들어간다. … 왼발부터 들어가면 안 된다. … 이런 내용이에요. 이런 책들을 통해 요즘 젊은이들을 알 수 있다는 건 말도 안 되는 것이죠. 하지만 실제로 우리는 학교의 종교 수업에서 이런 것들을 배워요. (그러면서 호메이니 저서들을 보여 준다.) 여기를 보세요(한 50페이지 남짓 가리키며), 이 부분들이 다 기도할 때 관계되는 물에 대한 구절들[9]이에요. (헛웃음을 웃는다.)

위 사례의 젊은 점원의 언설처럼, 이란 젊은이들의 실체는 공적 담론과 담화를 통해서는 알 수 없다. 또한 이란 젊은이들의 어떤 면들은 이란사회의 공식적인 삶과는 완전히 다른 세상처럼 보이기도 한다. 현실에서 이 종교적 지침서들을 매뉴얼로 삼는 국가의 목소리와 실제로 벌어지는 세속적인 청년들의 목소리의 간극은 너무나 크다. 국가에서 젊은이들을 억압하고, 통제하는 주요 담론 중 하나는 바로 그들을 '문화 범죄자'로 보는 것이다. 문화 범죄(jorm-e farhangi)는 이슬람 규범을 어기는 것을 일컫는 새로운 용어로 혁명 이후의 형법에 새롭게 등장한 단어였다. 이와 같은 범죄는 무슬림 공동체의 집단적인 정서를 해친다

9 이슬람에서 기도드리기 전에 '우두(wudu)'라 불리는 세정의식을 한다. 세정 순서는 손-입-코-얼굴-팔-머리-귀-발 순서로 하는데, 씻는 방식도 다음과 같이 정해져 있다. 오른손 세 번, 왼손 씻고, 입을 세 번 헹구어 낸다. 오른손으로 물을 떠서 콧속으로 빨아들이고, 왼손으로 코를 풀어 깨끗이 하는 동작을 세 번 한다. 얼굴 세 번 세수하고, 오른손, 왼손 순서로 손목부터 발꿈치까지 세 번 닦아 준다. 그다음 머리에 물을 세 번 손으로 쓰다듬듯 끼얹고, 귀를 닦고 목을 씻고 오른발 세 번 왼발 세 번 닦는다.

고 여겨지며, 태형과 같은 육체적인 처벌을 받는다(Khosravi 2008: 17). 문화 범죄라는 이데올로기적인 죄명은 '문화 침략, 문화 침입'이라는 시각과 그 맥을 같이한다. 문화 전쟁이라는 개념은 민족주의 담론과 함께 앞에서도 살펴보았던 자럴 얼레 아흐마드의 『서구의 오염(*Gharbzadegi*)』(1962)이라는 책으로부터 시작되었다. 이 책에서 아흐마드는 서구의 사탄적인 문화가 이란의 전통문화를 오염시키고, 특히 젊은이들이 서구의 문화에 현혹되어 서구적 사상을 따른다며 서구적 의복을 입는 것 등에 대해서 경계하며, 시아 이슬람의 에토스와 이란 민족정신을 무엇보다도 강조한다. 이러한 민족주의적 담론들은 아야톨라 호메이니의 연설들과 함께 일련의 혁명 사상들을 만들어 내었다. 다음은 이슬람 혁명 직전인 1978년 11월 20일 프랑스에서 있었던 아야톨라 호메이니 강연의 일부분이다.

> 젊은이들은 이 땅에서 중요한 힘을 이루고 있습니다, 그리고 그들(왕과 왕정체제)은 이 힘을 파괴하고 있습니다. 그들은 젊은이들의 에너지를 흩트려 왔었습니다. … 이란의 대학도 마찬가지입니다. 대학 시스템은 정체되어 있고, 제국주의적인 성격을 띠고 있습니다. 우리는 종속적인 교육체계를 가지고 있습니다. 이와 같은 교육체계를 통해 제국주의적인 정부에 종속되어 있고, 그들은 우리의 젊은이들을 퇴보적인 위치에 머무르게 합니다. 제국주의적인 교육 체계 안에서 발전은 허락되지 않습니다. … 오늘날 우리의 현실을 보십시오. 우리 문화의 일부라고 여겨지는 영화를 보십시오. 이러한 영화들은 우리 젊은이들의 힘을 파괴하며, 어떤 일이 일어나도 젊은이들에게는 아무런 의미를 갖지 못할 만큼 정신을 마비시켜 버립니다. 왕정체제가 만든 이러한 환경에서, 젊은이들은 그저 즐기는 욕구만을 채우느라 바쁩니다. 그들은 파괴되고 있으며, 이 나라의 근간마저도 흔들리고 있습니다. … 우리는 독립을 원합니다.

> 우리나라의 문제점은 독립성이 없음에 기인합니다. 문화는 독립적이지 않으며, 군대도 경제도 종속적입니다(The Institute for the Compilation and Publication of the Works of Imam Khomeini 2002: 152-155).

이후 '문화적 침략', '문화제국주의', '반서구주의'와 같은 담론은 이슬람 혁명 체제의 주요 수사로 사용되어 왔다(Sreberny-Mohammadi and Mohammadi 1994). 특히 이란-이라크전이 끝나고, 전후 복구사업을 위해 국제적인 경제교류가 시작된 1990년대 초부터 외래문화 유입과 전 지구적 문화를 소비하는 젊은층에 대한 경계가 시작되었다. 불법 위성방송과 암시장을 통해 유통되었던 반이슬람적 대중 문화는 이란 구석구석에 침투해 대항적인 대중 문화를 구성하게 된다. 이와 같은 논쟁은 최근 더욱 심화되어 나타나고 있다. 문제는 국내의 갈등마저도 외부의 적으로 그 비난의 화살을 돌리는 것이다. 특히 지난 2009년 이후 뉴미디어와 SNS(Social Network Service)를 중심으로 저항의 기운이 뜨거워지자, 정부는 이를 이슬람 체제의 근간을 뒤흔드는 위험한 현상으로 인식하고 문화 전쟁을 선포하고 외부의 문화적 침입을 경계하고 있다. 다음은 "이란에 대한 문화 전쟁의 헤게모니적 선봉"이란 제목의 2011년 6월 14일 아야톨라 하메네이의 연설문 일부분이다.

> 오만한 권력의 문화적 침입은 세계의 여러 나라에서 자행되고 있으나, 특히 이슬람 공화국이 가장 중요한 목표물이 되고 있다. 왜냐하면, 이슬람 체제가 그들에게 저항할 수 있는 능력을 확실히 증명했기 때문이다. … 문화와 민족의 정체성, 그것의 방향성과 기원은 종교와 윤리적인 가치, 의례, 개인과 사회적 행동, 그리고 민족적 특징을 통해 인식된다. … 오늘의 대중매체 발전을 잘 기억해야 한다. 문화 전쟁은 다양하고 복합적인 영역에서 일어날 것이다. … 이란에 대한 외부의 맹공격은, 우리의

> 이슬람 체제가 그들의 헤게모니 체계에 반(反)하고 있으며, 우리가 그들에 대해 저항하고 있기 때문이다. 문화적 침략에 대항하기 위해서는 윤리적 가치나 개인적 사회적 행동, 종교적인 신념 그리고 정치적 이슈들을 이슬람 혁명의 문화적 의미들을 통해 해석해야 한다. 이러한 목표에 도달하기 위해서는 젊은이들의 영혼에 신념이 들어가야 하고, '죄'를 저지를 수 있는 모든 요인을 제거해야만 한다.[10]

위 연설문의 '죄를 저지를 수 있는 요인'이란 서구와 전 지구화 흐름을 통해 들어오는 외부의 대중 문화나 뉴미디어를 뜻하는 것이다. 뉴미디어를 통해서 자신을 드러내고 전 지구적인 대중 문화를 즐기는 젊은이들을 겨냥하여 서구로부터의 문화적 침입을 차단하고자 하는 의도가 엿보인다. 자럴 얼레 아흐마드, 아야톨라 호메이니, 지금의 아야톨라 하메네이로 이어지는 이란사회의 '외부에 대한 경계'는 메리 더글라스(Mary Douglas)의 '외적 경계선에 닥쳐오는 위험으로서의 사회적 오염'이라는 논의와 맞닿아 있다. 한 사회에서 외적 경계선에 침입하는 자에 대해서는 반격하는 경향이 있다는 더글라스의 주장(1997: 183, 195)처럼, 이란에서 서구 문화는 '도덕적인 이슬람 공동체'의 경계 밖에 위치 지워지고, 이것은 곧 '외부 사회=오염된 사회=서구'라는 국가 이데올로기의 중요한 방향을 정하게 된다. 이와 같은 논리로 이란 젊은이들은 잠재적인 문화 범죄자로 여겨지며, 외부의 문화 침입에 가장 취약한 대상으로 간주된다. 전통적이고 보수적인 성향을 가진 종교 지도자들에게 젊은이들은 서구라는 오염된 적에 가장 직접적인 영향을 받는 유약한 존재로 여겨진다. 반면, 이슬람은 '오염되지 않은', '정화된 순수'로 정

10 IRNA, http://www.irna.ir 참조.

의 내려진다. 다음은 젊은이들과 청소년들에 대한 아야톨라 호메이니의 호소 내용을 살펴보자(Limba 2006: 187-189).

- 이슬람은 우리의 아이들과 젊은이들을 정화시켜 준다.
- 우리 젊은이들이 서구에 대한 모든 것에 대해 생각하지 않게 해야 한다. 만약 서구를 따른다면, 진정한 자아를 잃어버리는 것이나 마찬가지이다.
- 젊은 세대들이여, 그대들은 서구화된 개인들을 일깨우고, 그들의 비인간적인 규범들과 행위들을 폭로하는 의무를 지닌다.
- 우리의 젊은이들, 노년층들, 여성들, 남성들, 그리고 아이들은 이슬람과 모국의 명예, 그리고 신성한 쿠란의 영광을 위해서, 이슬람의 길 안에서 희생해야만 한다.

젊은이들에 대한 시각은 혁명의 아버지인 아야톨라 호메이니에서부터 현재 최고 종교지도자인 아야톨라 하메네이로 이어짐에 따라 달라지고, 그들의 담론과 주장들은 곧 이란사회에서 이상적인 젊은이를 정의 내리는 배경이 된다. 젊은이들에 대한 금요집회나 그 외의 특별담화 내용은 바로 국가적인 정책과 처벌로 이어지기도 한다. 아야톨라 하메네이의 젊은이들에 대한 견해를 통해, 현재 나슬레 세봄에 대한 국가적 관점을 간접적으로 가늠해 볼 수 있다. 예를 들어 2010년에 있었던 아야톨라 하메네이의 연설을 살펴보자.

> 이 사건(미국 대사관 인질사건)은 서구 정권에 맞서는 젊은 혁명 세대들의 용기와 용맹성을 상징하는 것이다. 왜냐하면 스파이 행위의 소굴을 점령하고 미국의 힘을 무력화시킴으로써, 미국을 무릎 꿇게 했기 때문이다. 이러한 사실은 우리 이란 민족의, 특히 젊은이들의 역사적 기억 속에서 언

제나 남아 있을 것이다. 미국은 다른 국가들과 평등한 관계를 맺으려 하지 않고, 다른 국가의 자원을 약탈하고, 주종 관계만을 맺으려고 한다.[11]

아야톨라 하메네이는 1979년 이란의 대학생들이 주축이 되었던 미국 대사관 인질사건을[12] 이란 혁명 젊은이들의 용기를 보여 주는 사례로 강조한다. 또한 당시의 대학생들이 대사관을 점거했던 날인 '16 Azar(이란 어자르 달[13] 16일)'는 이후 '이란 학생의 날'로 정해져 매년 기념되고 있다. 보수적인 종교적 신념을 기반으로 하고 있는 현재의 이란에서 이란 젊은이들이 나아가야 할 이상적인 방향은 바로 바시즈이다. 바시즈(Basij, 공식적인 명칭은 Basij-e Mostaz'afin)는 1979년 아야톨라 호메이니가 이란-이라크전 직전 시민 지원병들을 모집하면서 창설된 민병대이다.

바시즈는 이란-이라크전 당시 주로 순교자 임무를 위해 모집되었고, 종전(終戰) 이후에는 주로 이슬람주의를 앞장서서 실천하는 단체로 여겨진다. 바시즈는 18세 이하의 청소년들이나 45세 이상의 남성들, 그리고 막 군 복무를 마친 이들을 중심으로, 1만 1,000개의 지부에 300만

11 Press TV(이란 국영 국제 뉴스 네트워크), 2010년 11월 3일 기사 "Leader hails US embassy take over," http://www.presstv.ir/detail/149480.html 참조.

12 "주 이란 미국 대사관 인질사건"은 1979년 11월부터 1981년 1월까지 과격파 이란 대학생들에게 미국인 50여 명이 이란 주재 미국 대사관에서 인질로 억류되어 있던 사건이다. 이슬람 공화국 수립 이후 반미 감정이 고조되기 시작했는데, 일부 과격파 대학생들이 미국으로 망명한 파흘레비 국왕의 송환을 요구하며, 테헤란의 미국 대사관에 난입해 점거한 사건이다. 이후 이란-이라크전이 시작되고, 알제리가 중재 국가가 되어 양국 간 간접 협상이 진행되었다. 미국이 동결된 파흘라비 왕정 당시의 재미 자산을 이란에 반환하기로 동의함으로써, 1981년 1월 사건 발생 444일 만에 이란이 억류하고 있던 인질 전원을 석방함으로써 미국 대사관 인질사태는 종식되었다.

13 어자르(āzar) 달은 이란력 아홉 번째 달로, 주로 매년 11월에서 12월 사이이다.

[그림 3-1] 혁명광장 벽화 문구, "신을 추종하는 바시지로서의 젊은이들을 육성하는 것은 이맘의 위업이다."[14]

자료: 구글(2011년 검색).

의 무장한 지원병을 포함하고 있으며, 많은 여성 단체도 포함하고 있다. 그들은 파스다란(pasdaran)이라고 불리는 이슬람 혁명 수비대와 함께 이슬람 공화국의 눈과 귀의 역할을 하고 있다. 바시즈의 가장 두드러진 활동은 학교나 공공장소에서 히잡 규정을 강화하고, 적절치 않은 의상을 입고 있거나 반이슬람적 행동을 하는 젊은이들을 단속하는 것이고 (Afshary 2009: 266-267), 이슬람 코드에 순종하는지를 감시하기 위한 여성 바시즈 부대가 학교마다 조직되었다(*Iran Times*, 1993년 9월 28일; 모기시 2010: 187 재인용).

코스라비는 비다르드(bidard)라 불리는 요즘의 개혁적이고, 자유를

14 테헤란대학교 근처 벽화로 저자에게 거리에서 정치적인 벽화 사진 찍기란 매우 위험한 행위나 다름없었다.

[표 3-7] 비다르드 대 바시지

비다르드	바시지
여성적인	남성적인
소비주의적인	자기절제적인
서구적인	토속적인
약한	강한
모방하는	진짜의
명예롭지 못한	명예로운
근대적인	전통적인

자료: Khosravi(2008: 82).

추구하는 젊은이들의 반대편에 바시지(Basiji 민병대 개인들을 언급하는 표현)를 위치 지운다. 다르드(Dard)란 '고통, 아픔'이라는 뜻이 있는데 이것은 이란 민족의 심리 구조에서 강조되는 '순수한 내면(safabiye batan)' 의식 그리고 책임감과 연결되어 있다. 반면 '비다르드'는 '고통 없는'이란 뜻으로 '무지함, 경솔함'과 연결되어 있다. 즉 비다르드는 고통을 겪어 보지 않고, 책임감이 없고, 철없고, 아무 생각 없는 젊은이들을 일컫는다고 할 수 있다. [표 3-7]은 코스라비가 정리한 젊은이들에 대한 대표적인 두 범주인 비다르드한 젊은이와 바시지의 이미지들이다.

바시지는 이란 젊은이들의 또 다른 이름이지만, 비다르드한 요즘 아이들에게 바시지는 세속적인 성향을 가진 젊은이들을 적으로 삼고, 그들을 규제하는 또 다른 이름의 사회 통제인 것이다.

2. 이란 도시 젊은이들의 자아, 감정, 일상적인 저항

테헤란 북부의 조르단 거리, 목요일 밤, 현대 프라이드부터 최신형 벤츠 스포츠카에 이르기까지, 젊은이들은 별 목적 없이 밤거리 드라이브를 즐긴다. 두꺼운 베이스의 진동과 굉음에 가까운 음악소리들이 거리를 달리는 차마다 울려 퍼진다. 그들은 차 트렁크에 앰프를 연결해서 다니고, 큰 소리의 음악들로 인해 그들의 자동차 안은 순식간에 밖과 차단된 파티장이 된다. 소니(Sony)의 모리타 아키오가 개발한 '워크맨(walkman)'[15]은 개인이 원하는 순간, 어디에서나 사회와 차단되는 청각의 장벽을 제공함으로써 스펙터클한 시각을 더욱 강화시키는 도구가 되었고, 거대한 나르시시즘의 세계를 모든 사람에게 선사해 왔다(전성원 2009: 88). 워크맨이 나르시시즘의 세계를 열어 주는 것처럼, 차 안에서 울려 퍼지는 굉음에 가까운 음악소리는 이란의 젊은이들에게 '자신만의 공간'을 제공해 준다. '차'라는 공간은 공공 영역에서 유일하게 자신을 보호하고, 자신의 욕망과 불만을 마음껏 터뜨릴 수 있는 안전한 공간이다. 사회현상으로서의 나르시시즘은 이란의 제3세대들의 삶에 투영되어 나타난다. 그들이 즐기고자 하는 것은 음악이 아니라, 자신들을 통제하려는 사회로부터의 차단이다. 젊은이들은 끊임없는 통제의 시선에서 벗어날 수 없지만 '음악'과 '차'라는 격리된 공간에서 공공 영역으로부터의 유일한 자유를 즐기는 것이다.

이 절에서는 강력한 국가적 통제하에서 자기 정체성을 확립하지 못하고 때로는 소극적인 저항으로, 때로는 어쩔 수 없이 순응하는 젊은이들의 모습을 살펴보고자 한다. 또한 중·상류층 이상의 젊은이들이 서로의 집 안에서 크고 작은 파티와 일상적인 모임 등을 통해서 그들만의 공적 영역을 새롭게 형성해 나가는 사례들을 중점적으로 살펴본다. 특히 연행처럼 이루어지는 히잡 관행 등을 통해 다양하게 자신의 모습을 연출해 가는 젊은이들의 모습을 대면한다. 마지막으로는 젊은이들의

15 개인 휴대용 카세트 플레이어의 대명사이다. 소니의 워크맨은 '나 홀로 음악'을 들을 수 있도록 해 주는 도구를 의미하고, 20세기 일상 생활의 변화와 사유체계에까지 영향력을 끼쳤다고 평가받는다(전성원 2009: 68, 79).

감정적인 위기가 어떤 상황을 만들어 내는지, 또한 이 개인적인 감정들이 어떻게 문화적 특질과 연결될 수 있는지에 대해 짚어 보도록 한다.

1) 흔들리는 정체성

> "나는 내 자신이 두렵다. 내가 하는 일이나 내가 가진 것은 나를 둘러싼 다른 사람들의 것과 전혀 다르다. 다른 사람들은 나를 두려워한다. 나는 나에게 두려움을 준다." 학생들은 다른 사람들 — 얄궂게도 자신들이 혐오하는 바로 그 사람들 — 의 눈을 통하여 자신을 볼 수 있고, 자신의 모습을 형성해 나갈 수 있나(나피시 2003).

전(前) 테헤란대학교 영문과 교수였던 아자르 나피시(Azar Nafisi)는 『테헤란에서 롤리타를 읽다(*Reading Lolita in Tehran*)』라는 회고록을 통해 이슬람 혁명 이후의 현실과 삶에 대해 들려준다. 이 책은 나피시 교수가 7명의 젊은 여자 제자들과 함께 '위대한 개츠비', '오만과 편견' 등의 금지된 서구 문학 작품들을 읽고 토론하면서 문학 토론에 투영된 여학생들의 삶을 담아내는 한편, 혁명 이후 젊은이들의 갈등과 혼란의 모습을 보여 준다. 나피시는 젊은 여성들과의 내러티브 속에서 격동기 혁명 사회의 모습을 때로는 담담하게, 때로는 격정적으로 풀어 가고 있다.

> 이슬람 교도와 율법학자들이 지배하는 이란의 세계는 장님 검열관의 무색 렌즈에 의해 만들어졌다. 현실을 재배치하고 재형성하는 데 검열관이 시인과 맞짱을 뜨는 세상이기에 단순히 우리의 현실뿐만 아니라 허구도 기묘한 성격을 취하게 되었다. 그런 세상에서 우리는 우리 자신을 만들어 내는 동시에 우리는 다른 누군가의 상상력이 만들어 낸 가공의 인물이 되었다.

> 내 여학생들에게는 진정한 역사와 날조된 역사가 모두 다 있다. 그들이 서로 다른 배경을 가지고 있음에도, 그들을 지배하는 이슬람 정권은 그들의 개인적인 정체성과 역사를 현실과 무관한 것으로 만들고자 노력했다. 내 여학생들은 이슬람 여성으로 규정하는 정권의 정의로부터 결코 자유로울 수 없었다. 우리는 누구인가—그리고 우리가 어떤 종교를 가지고 있든지, 우리가 베일 쓰기를 원하든 말든 우리가 특정의 종교적 규범을 지키든 말든 그런 건 전혀 중요하지 않았다. 우리는 누군가의 꿈이 만들어 낸 가공의 인물이 되었다. 스스로 철인 왕이라고 선포한 엄격한 아야톨라가 우리의 땅을 지배하게 되었다. 그는 자기에게서 훔쳐 갔다고 주장하는 과거의 이름으로 이 땅에 왔다. 그리고 이제 그는 실체가 없는 그 가공적인 과거의 영상대로 우리를 재창조하기를 원했다. 부조리한 소설과 같은 일들이 우리의 삶을 지배했다. 우리는 열린 공간에서, 우리를 보호하는 누에고치가 된 그 거실과 저 바깥의 마녀들과 악귀들이 난무하는 검열관의 세계 사이에 있는 좁은 틈새에서 살려고 노력했다. 둘 중 어느 세계가 더 현실적이었나? 그리고 우리는 실제로 어느 세계에 소속되어 있었는가?(나피시 2003: 56, 61-62)

나피시 교수의 회고에서도 드러나듯이, 극적으로 변화된 현실과 유토피아적인 사상과 그것들을 둘러싼 언설들 속에서 사람들은, 특히 젊은이들은 혼란에 빠졌고, 정부 주도의 '가공적인 과거의 재창조'를 강요받은 그들에게 정체성이라는 문제는 무엇보다도 어려운 과제였다. 그러므로 그들은 이 사회 구조 속에서 '정체성 없음(bi-hubiyat)', '정신분열증(do-shaksiat)'에 걸린 세대로 명명되고 있는 것이다(Varzi 2006: 10). 이러한 전통적인 사회 구조 속에서 요즘의 세속적인 성향의 세대들은 보수적인 정치적 담론의 대상이 됨에도 불구하고 상이한 방식으로 자신의 정체성을 구성해 나간다. 그러나 이들이 공적인 담론에서 비판하듯 정체성이 뚜렷하게 형성되지 않았기 때문에 혼란을 겪는 것은 아니다. 오히려 그들 자신만의 문화가 범죄 취급받는 상황에서 자신들의 뚜렷한 정체성을 공적으로 드러내지 못하는 것에서 오는 괴리가 더욱 심각하다.

높은 도덕성을 강요하는 사회에서 젊은 세대는 오히려 공동체 의식이 약화되고 자기 자신에게만 빠져드는 개인의 나르시시즘을 경험한다. 또한 전 지구화 현상과 함께, 이란에서도 개인 미디어—컴퓨터, 노트북, 스마트폰 등—의 도입은 전통적으로 '공동체 속 자아'에서 개인만의 '가상공간'을 만들어 내는 것을 가능케 했다. 전 지구화 문화의 유입은 젊은 비보이(B-boy)[16]들, 여름이면 빼곡히 수영장에 누워 태닝하는 젊은 여성들을 출현할 수 있게 했다.

[사례 3-5] 33세 여자 외국 유학생 중

젊은이들의 정체성? 젊은이들이 정체성이 없을 수밖에 없지. 정체성이란 게 뭐야? 국가, 종교, 사회가 함께 만들어 가는 것이잖아 … 기본적으로 요즘 젊은이들은 종교에 관심이 없지. 국가가 종교적인 면만 강조하니까 국가를 통해 만들어 가야 할 정체성이 있을 수가 없지. 그러니 개혁적이고 세속적인 가족일수록 국가와 사회가 주장하는 민족정체성에 부합할 수가 없지. 또한 가정 내의 분위기가 가족마다 너무나 다르니, 어렸을 때부터 혼란스러울 수밖에 없지. 나의 경우만 해도, 그 당시에 인도로 유학을 갔다 와서 영국 관리들과 친하게 지낸 너무나도 개방적인 할아버지 밑에서 자란 아버지, 그리고 고모들, 삼촌들 밑에서 컸으니 우리는 어떠했겠어? 우리는 종교적이고, 전통적인 집안이 전혀 아니야. 이모, 고모들도 다 전문직에서 일했고, 우리 엄마도 선생님으로 일했었어. 그

16 Break-dancing Boy로 브레이크 댄스를 추는 사람을 의미한다.

러니 집안의 분위기와 제도권 기관과 공적 사회와의 간극은 클 수밖에 없지. 나도 엄청나게 혼란스러웠어. 하지만 자연스럽게 나의 모습을 숨기고, 스스로 검열하는 법을 배우다 가게 되었지.

이란의 이상적인 자아는 바로 이맘 후세인과 이맘 알리와 같은 시아 이슬람 초기의 이맘들이다. 이맘 후세인은 그의 저항, 순교 정신으로 이란의 가장 이상적인 인물, 이상적인 남성상으로 그려진다. 이러한 순교와 자기희생에 대한 강조는 이슬람 혁명과 이란-이라크전을 걸쳐 더욱 강화되었다. 이 땅의 청년들에게 끊임없이 무슬림으로서의 희생과 순교가 강조되었지만, 실상 요즘의 아이들은 정권이 외치는 이데올로기와는 거리가 멀다.

영화 '청년들은 군인으로 태어나지 않았다(Pesar Sarbaz be Donya Nemiayand)'는 군대에 가기 싫은 한 청년이 신체검사장에서 청각장애인인 척 연기하는 장면으로 시작된다. 청년은 계속 들리지 않는 척하다가 검시관이 "좋아하는 가수가 누구지?"라는 질문에, 그만 자신이 좋아하는 가수의 이름을 말하게 되어 거짓말이 들통난다. 신체검사에서 실패한 청년은 다시 군대를 면제받는 방법을 찾기 위해 한 지하조직을 찾아간다. 지하 조직의 사람은 면제받는 방법이 다른데 돈의 액수에 따라 약 30가지 면제받는 방법이 있다고 한다. 그곳에는 살을 일부러 빼거나 찌우려는 사람들의 모습이 보이고, 지하조직의 사람은 군대에 가지 않아도 되는 가장 저렴한 방식은 손을 고기 가는 기계에 넣는 방법이라고 설명한다. 이 영화는 군대를 기피하는 요즘의 실태를 코믹하게 그려 내었다. 실제 이란의 징병제로 국방의 의무를 피하기 위해 거금의 뒷돈을 마련하는 예도 많다. 또한 학력이 올라갈수록, 군 복무 기간이 짧아지기 때문에 대학, 대학원 진학으로 입영을 미루는 사례가 많고, 중산층 이상을 중심으로 아들의 군 문제로 해외이민을 선택하는 이들도 쉽게 발견

할 수 있다. 특히 부유층일수록 군대 기피현상은 더욱 심해진다. 돈으로 매수해서 군 입대가 면제되었다거나 군 복무 면제를 위해 일부러 간질약을 복용한다는 주위의 수군거림도 어렵지 않게 들을 수 있다. 이와 같은 군대 기피현상 이면에는 이란-이라크전에 대한 참혹함과 두려움이 배경으로 깔리기도 했다.

[사례 3-6] 테헤란대학교 남자 대학원생 6명(2009년 4월 26일)

석사과정을 수료해도 군대에 가야 하고, 박사학위를 받으면 가지 않아도 된다. 보통 군 복무 기간은 20개월인데 거기서 4개월이 감면된다. 예전에는 좀 더 쉽게 군대 면제를 받기도 했다. 불과 2~3년 전만 하더라도 돈과 힘을 좀 쓰면 쉽게 면제받을 수 있었다. 예를 들어 아버지가 독자인데 일찍 돌아가셨으면, 할아버지의 유일한 상속자로 여겨져 면제받는 등 이상한 방식으로 면제받는 경우가 많았다. 혹은 과체중이거나 저체중이어도 면제를 받고.

한 무리의 남자 대학원생들에게 군대라는 주제를 화두로 꺼내자 대부분 청년이 군대에 가기를 꺼린다고 했다. 이란에서는 고등교육기관에 들어가면 그 과정이 끝나고 나서 군대에 간다고 한다. 왜냐하면 학력이 높아질수록 군 복무 과정이 줄어들기 때문이다. 예전에는 경제력이 좋고 인맥이 닿는 사람들 상당수가 군 복무에서 제외되었다. 또한 아버지가 60세 이상이고 독자이면 군대에 가지 않기도 했다. 하지만 요즘은 군대면제 과정이 아주 까다로워졌다고 한다. M의 경우 간질이 있다고 속이고 군대를 면제받았는데, 실제는 인맥을 통해 상당한 뒷돈을 준 것이었다. 순교자와 희생이 강조되는 사회적 이상과 달리, 실제로 젊은 이들에게 군대란 최대한 복무기간을 줄이거나, 면제받고 싶은 의무에 지나지 않았다.

"군 복무를 마치고 오히려 '나 자신'을 찾게 되었다."라는 다음 Q의 진술처럼 이상적인 이슬람적 규범을 강조하는 군대에서 아이러니하게도 이란 젊은이들은 위선적이고 부당한 체제구조를 몸소 체험하기도 한다.

[사례 3-7] 1982년생 남자 유학생 Q

(Q는 종교적으로 보수적이고 전통적인 집안의 장남이다. 아버지는 은퇴한 군인이고, 어머니는 교사 출신이다. 아버지는 미국 유학파이지만 매우 보수적이고 어머니도 신심이 깊은 무슬림이다. 그는 자신을 '매우'는 아니지만 종교적으로 보수적인 성향이 있다고 설명했고, 유학 온 지금도 단식과 기도 의무를 지키고 있다.)

나는 국립대학교에서 학사학위를 받았고 군대에 가기 전까지 바시지로 활동했다. 군대에 가기 전까지만 해도 나는 보수적이고 전통적인 가정환경 탓에 신실하고 종교적인 무슬림이었다. 하지만 이슬람 혁명 수비대(Sepah)에 차출되어 군 복무를 하게 되면서 내 인생은 완전히 바뀌었다. 지금도 그때 그 시절의 기억은 떠올리기도 싫다. 나는 그 속에서 무수히 나 스스로에게 질문을 던졌다. 왜? 왜? 왜? 군대 속에서 부당한 일을 당하고, 겉과 속이 너무나 다른 이들을 보면서 충격에 빠지게 되었다. 나는 군대 안에서 수많은 '두 얼굴(do rui)'을 보았다.

나도 군대에 들어가지 전까지 바시지로 활동했다. 바시지 중에는 매우 똑똑하고, 박사학위까지 받았으며 실생활과 종교적 신념이 일치하는 사람도 있다. 그런 사람들은 종교와 정치적인 신념이 같이 가는 것이다. 하지만 문제는 이와 같은 사람들이 매우 소수라는 점에 있다. 바시지로 활동하는 이들 중에는 상당히 위선적인 사람들도 많았다. 예를 들어 바시지 중 일부는 밖에서는 '어떤 행동을 하지 말아라', '히잡을 똑바로 써라'며 남들의 행동을 지적하지만, 정작 자신은 숨어서 마약을 하는 인간들도 있으니까. 이 사회가 바시지와 세속적인 젊은이들 모두를 '두 얼굴'로 만드는 것이다. 나는 박사학위를 받고 나서 글로벌 기업에 취직하거나 캐나다나 미국으로 이민 가고 싶다. 지금 상태로는 이란으로 돌아 가고 싶지 않다.

요즘의 젊은이들은 서구적인(gharb-zadeh), 고통 없는(bi-dard) 세대로 표현된다. 고통(dard)은 '슬픔'과 마찬가지로, 이란에서는 내적인 순수(safa-ye batan)의 개념과 연결되어 책임감 있고, 의식 있는 자아의 감정으로 여겨진다(Khosravi 2008: 137). 고통받는 자아는 곧 내적으로 순수한 자아이며, 이와 같은 감정에 대한 의식 이면에는 카르발라 담론(Karbala Discourse)이 내재되어 있다. 하지만 도시의 중상층 이상의 젊은이들을 정부의 시선처럼 문화 범죄자이자, 서구 문화의 추종자로 보기에는 문제가 있다. 그들은 앞서 가족 공동체와 같은 전통적인 관계망 속에 여전히 위치해 있으며, 그들이 추구하는 것은 서구가 아닌, 보편적인 가치로서의 민주주의와 자유이며, 자아실현에 대한 희망이다.

한편 개인마다 신앙심의 정도는 있겠지만 젊은 세대도 무슬림으로의 신심은 잃지 않는다. 근대적인 중·상류층의 젊은이들이 거부하는 것은 강요되고 정치화된 이슬람이지, 종교로서의 이슬람은 아니다. 이슬람이라는 종교는 여전히 그들의 삶의 양식과 신념으로서 녹아들어 있다. 이슬람 정권의 목표는 '무슬림 시민(good Islamic citizen)'이지, '신실한 무슬림(faithful Muslim)'이 아니라는 바르지(Varzi 2006: 146)의 지적처럼 젊은이들은 종교와 개인적 믿음으로서의 이슬람을 갈망한다. 혁명 이후 모스크와 학교 등의 종교 조직이 너무나 정치화되어 오히려 이슬람이라는 종교가 공동체 안에서의 신앙이 아닌 개인적 믿음으로 변모해 버린 경향이 있다는 한 남자 대학원생의 설명처럼 정권이 그려 내는 젊은이들의 이상형과 무슬림이지만 전 지구적인 문화도 적극적으로 받아들이는 세속적인 성향의 젊은이들 사이의 괴리는 너무나 크다. 여자 대학원생 A가 거부하는 것은 강요되고, 정부 지지자로 보일 수 있는 차도르이지, 성지에서 스스로 준비해서 입는 차도르는 아니다. 지난해 생리 때문에 한 주 동안 단식을 하지 못했다는 이유로 올해 단식을 한 주 먼저 시작한 A가 차도르를 입지 않는다고 해서, 정부를 비판한다고 해서 그녀를 반이슬람적이라고 서구적이라고 할 수 있는 것인가? 정치적으로 개혁적인 모습도 A였고, 성향과 종교 도시 곰(Qom)에 위치한 '하즈라테 마아수메(Hazrate Masumeh)'[17]에서 기도문을 읽으며 간절히 기도하는 모습도 A였다. 이란의 개혁 성향의 젊은이들을 반이슬람적이고 서구화되었다고 비판하는 단편적인 시각은 경계해야 한다는 것을 다시 한번 강조한 예이다.

2) 욕망의 표출과 일상에서의 저항

그렇다면 이란 젊은이들은 어떻게 자아를 규정하고, 감정을 표현하고 있는가? 또한 사적 공간에서의 모습은 어떠하며, 이와 같은 모습은 무엇을 의미하고 있는가? 일상과 현실과의 괴리, 사회의 따가운 시선, 통제의 손길은 젊은이들의 감정에도 그대로 투영되어 나타난다. 앞서 살펴보았듯이, 이란 젊은이들은 심각한 정체성 혼란을 겪고 있다. 그렇기에 젊은 세대는 감정적인 혼란과 동시에 자신의 자아를 찾고자 하는 열의가 강하다. 감정적 혼란 속에서 젊은이들은 전체적으로 우울증에 걸린 사회를

17 제8대 이맘인 이맘 레저의 여동생인 퍼테메(Fatemeh)의 무덤이다. 2009년 5월 25일에 A와 함께 방문했다. 곰(Qom)은 이란 최고의 종교도시이자, 아야톨라 호메이니의 고향이어서 가장 보수적인 히잡을 해야 한다. 보통 모든 성지나 모스크 안에서는 차도르를 의무적으로 해야 하지만, 곰에서는 도시 안에서 차도르를 입어야 한다. 당시 저자도 차도르를 쓰고, 머리카락이 전혀 나오지 않게 차도르 속 마그나에를 얼굴만 드러나게 핀으로 턱 밑에 고정해야 했다.

경험하고, 진학과 취업에 실패하는 현실에서 낮은 자존감을 경험하고 자살과 같은 극단적인 선택을 하기도 한다. 젊은이들은 특별한 여가거리가 없는 사회에서 일상적이고, 소소한 일탈을 통해서 갑갑한 사회의 감시망을 피해 다닌다. 이란 젊은이들은 어렸을 때부터 가정환경이나 개인적 취향 등에 대해 거짓말로 자신을 연출하는 법을 자연스럽게 배워 왔다. 그래서 공적 장소에서 만난 젊은이들의 모습과 사적 장소에서의 모습은 확연히 다르다. 젊은이들은 공식적인 전면과 비공식적인 후면(Goffman 1959)의 작동 기제에 대해 너무나 잘 알고 있고 본능적으로 반응한다.

다음은 사적 공간에서의 사회 생활에 대해 알아보자. 이란 사람들에게, 특히 젊은이들에게 집안에서 이루어지는 파티는 지루하고, 단조로운 일상의 활력소가 된다. "우리는 클럽, 디스코텍이 없는 대신 1년에 한두 번씩 파티와 결혼식을 통해 스트레스를 푼다."라는 한 직장여성의 이야기처럼 이란의 파티와 결혼식에서 공적 무대의 후면을 은밀하게 즐긴다.

이란에서는 성년이 지난 30세 가까운 자녀들도 집안에서 생일 파티를 한다. 생일에는 자신의 친구들만 모이는 것이 아니라 조부모를 비롯한 친척들, 일면식 없던 친구의 친구, 친구의 동생 등도 함께 모여든다. 이와 같은 파티에서 안면을 트고 파티를 즐김으로써 가정은 대안적인 공적 영역이 되는 것이다. 파티는 주로 집안이나 아주 부유층일 경우 '빌라(villa)'라고 통칭되는 교외에 있는 별장에서 이루어진다. 이와 연결하여 요즘 부유층 사이에서 '버그(bāg) 정원, 개인적인 작은 교외 별장을 의미함)' 소유가 유행하는 것도 주목할 필요가 있다. 공적 공간에서의 통제의 눈이 많아질수록, 사람들은 자신들만의 사적 공간과 더불어 친목을 도모할 수 있는 공론장을 넓히고 싶어 하는데, 그것이 바로 이와 같은 장소들이다.[18] 그 안에서는 남녀가 자유롭게 어울리고, 춤도 추고 술도 마시고, 히잡으로부터도 자유로울 수 있기 때문이다. 파티가 시작되면 집 안은 사적 공간이 아닌 그들만의 공적 의례공간으로 변모한다. 사적 공간의 공적 공간으로의 전유가 이루어지는 것이다.

초대한 이와 초대받은 이들은 집 안 혹은 별장 안이지만 평소와 달리 화려한 드레스나 잘 갖추어진 외출복을 입는다. 평상시에는 실내화를 신고 다니던 거실에서 밖에서 신는 하이힐과 구두를 착용한다. 이러한 문화를 반영하듯, 이란의 일반 가정의 거실은 응접 테이블과 개인 의자 혹은 소파가 잘 갖추어져 있다. 집 안의 거실은 그 자체로 식당이 되고 커피숍이 되며 때로는 클럽이 되는 것이다. 집으로 안에 손님을 초대하는 관습은 전통적으로도 있어 왔지만, 혁명 이후 공공장소에서 남녀 분리정책이 강화되고 여성들에 대한 히잡 관행이 강조됨에 따라 더욱 고착화되었다고 할 수 있다. 한국에서 보통 회식이나 생일 파티, 가족 모임이 도시화, 근대화 이후 전문화된 음식점에서 많이 이루어진다면, 이란에서는 모든 사적 행사가 집안에서 이루어진다. 그래서 이란 사람들, 특히 주부들의 집안 꾸미기에 대한 관심은 매우 높다. 파티는 사회적 모임과 다름없다. 젊은이들은 담소를 나누고 저녁을 함께 먹고, 게임을 함께 한다. 때로는 미국 로스앤젤레스에서 생산되는 이란 팝이나 지하음악(muzike jire jamin)이라고 불리는 랩이 많이 섞인 국내 가요가 흘러나오면, 집 안은 순식간에 클럽으로 변모한다. 구입이 금지된 술이 등장하면 그야말로 파티는 광란의 클럽이 된다. 또한 이웃의 시끄러운—분

18 테헤란 근교의 '쇼멀(shomāl)'이라 통칭되는 이란 북부 지역은 테헤란 상류층의 '빌라'들이 많고, 숙박시설로 이용될 수 있는 별장들이 많다. 한 20세 여자 대학생은 쇼멀을 다음과 같이 표현했다. "쇼멀은 위험한 곳이야. 그곳에 머무는 사람 중 정상적인 관계가 별로 없어. 호텔이나 여느 숙박시설은 신분증을 제시해야 하는데 쇼멀의 빌라는 그럴 필요가 없다. 그래서 젊은이들이 (이성)친구들과 쇼멀에 간다는 것은 매우 위험한 일이라고 생각된다. 거기에서는 무엇이든지 할 수 있어. 쇼멀은 젊은이들뿐 아니라 일반 사람들의 해방구 역할을 한다. 옷차림도 자유롭고, 마약, 섹스, 술 모든 것을 비교적 안전하게 즐길 수가 있기 때문이지."

명히 반이슬람적일—파티에 대해 서로 눈감아 주는 것은, 일종의 암묵적인 규칙이라고도 할 수 있다. 앞서 설명하였듯이 중·상류층이 주로 사는 게이티드 커뮤니티(gated community 외부인 출입 제한 주택지)의 통제성은 이 젊은이들의 안전성을 어느 정도 보장해 주는 것이다.

[사례 3-8] H[19]의 26세 생일 파티(2009년 7월 8일)

친구의 친구, 동생의 친구들, 친구의 친인척들을 자연스럽게 초대하는 이란 사람들의 습성답게, S 남자 친구의 동성 친구인, H의 생일에 초대받았다. 초대받은 친구들은 대부분 몇 차례 이들의 도우레(dowreh, 모임)에서 만났던 이들로, 대부분이 20세와 28세 사이의 학교 친구들, 사촌들, 그들의 이성 친구들, 집안끼리 아는 젊은이들로 구성되어 있다. 생일 당사자인 H 동생의 친구들까지 약 30명 정도 모였다. 장소는 H 누나가 입주할 빌라 건물인데, 아직 입주 전이라 음악을 틀어 놓고 비밀파티하기에 안성맞춤이다.

생일 파티에 가기 전, 생일 선물을 준비하는 것은 필수이다. 생일에 초대받은 여성들은 파티에 입을 옷과 구두를 고른다고 몇 주 전부터 쇼핑하러 다니고, 옷을 가봉하는 등 신경을 많이 쓴다. 생일 당일, N이 파티에 간다고 반바지를 입고, 그 위에 겉옷을 입고 나서니 N의 엄마가 기겁을 한다. 반바지를 입고 콜택시 타고 가면 문제 없다는 딸과 엄마 사이에 실랑이가 벌어진다. 결국 N은 입이 나온 채로, 반바지에서 긴 바지로 갈아입었다. 여자들은 정성껏 화장하고 향수도 진하게 뿌리고 길을 나선다.

밤 10시 30분쯤 M의 집에 도착하니 아직 본격적인 댄스파티는 벌어지지 않고 있고, 다들 거실에 빙 둘러앉아 있다. 서로 처음 보는 사이도 있지만 들어가자마자 돌아가며 악수를 나누며 인사를 한다. 여자들의 드

19 H는 누구인지 밝힐 수는 없지만 최고위급 인사의 일가친척이었다.

레스룸으로 배정된 작은 방에서, N은 무대 의상인 반바지로 갈아입고, 다른 여자들도 길고 검은 망토를 벗고, 미니 스커트나 민소매 드레스 차림이 된다. 간단하게 다과를 먹고, 마치 클럽처럼 거실에 무대가 열린다. 조명이 돌아가고 전문 디제이(DJ)가 이란 팝과 외국 팝을 믹싱하며 디제잉을 한다. 주로 연인들끼리 커플 댄스를 춘다. 혼자 온 남녀들에게는 주위의 친구들이 이성 친구가 없는 이들을 짝을 지워 주어 같이 춤을 추도록 한다. 거실 한구석에는 보드카와 보드카와 같이 먹을 수 있는 주스와 스낵들이 준비되어 있다. 남자들 다수와 소수의 여자가 담배를 피운다. 밤 10시부터 새벽 2시간 동안 댄스 파티는 계속되었다. 자정이 되기 전 케이크를 자르고, 주인공은 중간에 앉아 모든 손님이 다 참석한 자리에서 선물을 공개적으로 열어 본다. 선물은 모두에게 공개되고, 선물해 준 사람에게 생일의 주인공은 감사의 표시로 남녀 상관없이 볼에 입맞춤해 준다. 선물은 생각보다 고가의 물건들이다. 50달러 이상의 수입 향수, 고급 티셔츠, 수입 라이터 등이다.

[사례 3-8]은 상류층 젊은이의 생일 파티의 일례이다. 보통의 중산층 젊은이들의 생일 파티는 저녁을 함께 먹으면서 담소를 나누며 선물을 교환한다. 같이 위성 방송을 보기도 하고, 남자들은 주로 유럽 축구에 대한 이야기를 나누며, 불법적인 경로로 구입한 '로스트(Lost)', '24 아워즈(24 Hours)', '프리즌 브레이크(Prison Break)' 등 미국 드라마에 대해 이야기를 나누기도 한다. 또한 다 같이 팬터마임 게임이나 마피아 게임[20] 등을 하기도 한다. 젊은이들은 사적 파티를 통해 답답한 일상의

20 팬터마임 게임은 술래에게 한 단어를 제시하고, 술래가 말로 하지 않고, 표정과 몸짓으로 그 단어에 대해서 설명하는 게임이다. 또한 마피아 게임은 누가 마피아 카드를 들고 있는지 맞추는 게임이다. 마피아로 지적되면, 왜 자기가

돌파구를 찾고, 다음의 파티를 기다린다.

이슬람 혁명 이후 정부의 통제와 풀어 주기는 반복되고 있는데, 특히 대선이나 국회의원 총선 직전이 풀어 주는 시기이다. 이 시기에는 특히 복장 검사가 완화되고, 각 가정의 위성 안테나 시청에 대해서도 눈감아 준다. 하지만 대선 이후 정권을 잡게 되거나, 거리시위 등 저항의 모습들이 가시적으로 보이면 바로 강력한 통제가 작동된다. 사람들은 풀어 주는 시기일수록 언행을 조심해야 한다는 경험에 기초한 충고들을 한다. 통제(규제)가 완화되는 시기에 정부를 비판하고, 입바른 말과 행동을 하면 당시의 언행들이 다 기록되었다가 이후 반드시 대가를 치르게 된다고 입을 모았다. 그러므로 정권이 통제의 끈을 조금 풀어 주더라도 사람들은 그들에게 주어진 자유에 대해 의심하고 마음을 놓지 못한다.

특히 개방적인 성향을 띤 젊은이 중 이와 같은 문화 범죄 기준에 걸려 공포를 경험한 이들이 많았고, 2009년 6월, 7월에 걸쳐 녹색운동에 참석한 젊은이들에게 이러한 억압과 공포의 정치는 더욱 가까운 곳에 있었다. 이란 문화의 특성상 이 사실들이 남의 입에 오르내리면 자신과 가족의 명예가 실추되며 신변에 위험이 있을 수 있기 때문에, 비밀로 간직하는 수밖에 없었다. 한 21세 여자 대학생은 2009년 녹색운동 당시 경찰서에 잡혀가 고초를 겪은 이야기를 나에게 비밀스럽게 해 주면서, 당시 구타당해 입은 멍든 상처를 담은 사진들을 몰래 보여 주었다. 그러면서도 "이 사실은 절대 다른 이란 애들한테는 말해서는 안 돼!" 하며 신신당부했다.

공포, 불안과 두려움은 가까이 있지만 이란사회의 공공 영역에서 즐거움이나 기쁨의 감정은 찾기 어렵다. 이란에서 즐거움이나 기쁨을

마피아가 아닌지 설명해야 한다. 마피아 카드를 가진 사람을 맞추면, 게임은 끝이 난다.

공적 영역에서 표현하는 것은 위험한 행동으로 치부되었고 반이슬람적인 행동으로 여겨져 왔다. 이란의 공적 공간에서 보수적인 세력들에 의해 혁명 이후 이란에서 대중 가수는 더 이상 노래를 부를 수 없고, 특히 여자 대중 가수들의 모습은 아예 사라졌다. 2000년대 들어서야 처음으로 국가 차원에서 "이란사회가 밝아질 필요가 있다."라는 주장이 나오기 시작했다(Khosravi 2008: 55). 2000년 여름, 교육부에서 행복한 분위기를 형성하고 학생들의 정신 건강을 지키기 위해, 초등학교 여학생들에게 밝은색 옷 입기를 권장하기 시작했다. 하지만 여전히 이란의 공적인 삶에서 행복과 기쁨의 표현은 보수적인 세력의 강력한 반대에 부딪힌다. 공식적인 허가를 받은 콘서트도 보수적인 세력들에 의해 종종 공격을 당한다.

[사례 3-9] 30세 남자 대학원생, 대학원생이자 가족 사업을 경영 중

종교지도자들은 이란 사람들이 공공장소에서 즐거운 감정을 보이는 것에 대해 두려워한다. 1998년 월드컵에서 이란이 승리하고 본선 진출이 결정되었을 때, 전 이란이 떠들썩했다. 난리가 났다. 다들 나와서 춤을 추며 "이란! 이란!"을 외쳤다. 하지만 월드컵을 응원하러 거리로 나온 사람들은 처음에는 이란의 승리를 자축했지만, 이후에 여성들은 "루사리(히잡의 한 종류)에게 죽음을!"을 외치고 있었다. 결국 사람들이 "이란!"이라고 외치는 구호가 "이슬람 공화국에 죽음을"이라는 말로 끝나는 것이었다. 정부 차원에서 월드컵에 일부러 출전하지 못하도록 보이지 않는 손이 작용한다는 사실은 이란 사람들 사이에 널리 퍼진 하나의 음모설이다. 이렇듯 정부에서는 혁명 이후 사람들이 어떤 즐거움을 이유로 모이는 것을 싫어하여 이를 적극적으로 막는다. 왜냐하면 즐거움의 끝은 현실과 정부에 대한 비판으로 바뀌기 때문이다. 그래서 종교지도자들은 국민에게 경건한 마음과 무슬림으로서의 슬픔, 애도의 감정,

혁명에 대한 비장함을 강조할 뿐이다. 만약 월드컵 진출과 같이 사람들을 하나로 묶는 어떤 계기가 있으면, 지금껏 묶어 두었던 잠재적인 불안과 불만이 어디로 어떻게 번질지 모른다. 그래서 정부는 밖에서 사람들이 즐거운 감정, 기쁨, 환희의 감정을 표현하는 것에 극도로 예민하게 반응하는 것이다.

단체로 즐거움을 누리는 것에 정부가 두려워하는 이유는 이와 같은 단체 행동이 곧 대규모 시위로 번질 수도 있기 때문이다. 정권의 즐거움에 대한 불안은 단체 물총 쏘기 행사에 참여했다는 사실만으로 젊은이들을 체포한 사례를 통해서도 알 수 있다. 2011년 8월에 페이스북을 통해 단체 물총 싸움이 제안되었다.[21] 800명이 넘는 테헤란의 젊은이들이 물총 싸움을 하기 위해 한 공원에 모여들었고, 금요일, 공공장소에서 남녀가 어울려 물총놀이를 즐겼다는 이유로 일부 젊은 남녀 참가자들이 '사회적 규범에 반하는 행위'로 체포되었다. 런던에 거주하는 이란인 블로거인 '팟킹 아자르메흐르(Potking Azarmehr)'는 이 사건에서 두 가지 사안이 문제가 된다고 보았는데, 하나는 사람들이 재미있게 논 것이고 또 하나는 소셜 미디어를 통해 사람들이 조직되었다는 사실이었다. 그는 이 두 가지 사안이 정권을 위협하는 행위로 보인다고 분석했다.[22] 또한 물총 싸움을 하면서 여성들의 베일이 벗겨지고, 미혼의 남녀가 섞여서 떠들면서 노는 장면이 정권의 심기를 건들인 것이다. 다시 말

21 https://www.facebook.com/waterwarteh?sk=wall (테헤란 물총 싸움) 페이지에서 제안되었다. 이 페이지는 '좋아요 28,908개'를 기록하였고, 이 페이스북 페이지의 제안으로 800명이 넘는 사람들이 참가하였다.

22 『가디언(*Guardian*)』, 2011년 8월 4일 기사 "Iranian Youths Arrested for Public Water Pistol Fight in Tehran," http://www.guardian.co.uk/world/2011/aug/04/water-fight-pistols-iran-arrests 참조.

해, 공공 영역에서 행복과 즐거움의 감정들은 여전히 위험한 감정으로 여겨지고, 이러한 감정 통제의 이면에는 언제 또 시위로 이어질지 모르는 사회적 불안이 내재되어 있다.

3) 상징적 연행으로서의 히잡

> 우선 나는 옷을 제대로 갖춰 입었는지 검사를 받곤 했다.
> 코트 색깔, 유니폼의 길이, 스카프의 두께, 신발 형태, 가방 속에 들어 있는 물건들, 심지어는 눈에 띄는 아주 옅은 화장의 흔적, 반지 크기나 반지가 시선을 끄는 수준 등 내가 대학 캠퍼스에 들어갈 수 있으려면 이 모든 것이 점검되어야 했다.
> 바로 이 대학에서 남자들도 교육을 받고 있었는데, 그들에게는 대학의 표상과 깃발이 달려 있는 으리으리한 정문이 아무 편견 없이 활짝 열려 있었다.
>
> -『테헤란에서 롤리타를 읽다』 중에서-

마이클 피셔(Michael Fischer 2003)에 의하면 이란에서 히잡은 복합적인 도덕 장치로 작용하며 동시에 종교적, 정치적 정체성을 드러내 준다. 또한 사회적인 장소와 행동, 지위에 따라 다양한 방식으로 재현된다. 이슬람 혁명의 가장 가시적인 변화는 히잡에 대한 의무 규정이라 할 수 있다. 금요 예배 여인들의 검은 차도르(chādor)[23]는 복장 이상의 정치적 의미가 있으며, 여성들의 히잡은 더 이상 종교적인 신념에 의한 선택이 아니라, 정치적인 이슈가 되어 버렸다.

23 페르시아어 발음은 '처도르'이지만 잘 알려져 있는 '차도르'로 표기하였다.

이슬람 혁명 이후 이슬람 종교법을 기초로 한 새로운 사회 규제들로 인해 보수적인 정권은 즉각적인 남녀분리정책을 주장하게 되었고, 공적인 공간을 이슬람 공간, 즉 신성하고 도덕적인 공간으로 전환하도록 힘썼다. 무엇보다도 여성들의 히잡에 관한 강제 의무 조항의 도입은 이란사회 안팎으로 이란 이슬람 공화국을 상징하는 것으로 여겨진다. 당시 차도르와 같은 이슬람식 복장인 히잡은 파흘라비 체제에 대항하는 저항의 상징으로 사용되었다. 이와 같은 히잡은 당시 사회적, 계급적 경계들을 넘어 여성들을 하나로 뭉치게 하는 구심점이 되었고, 또한 서구의 전형에 대한 저항이기도 하였다. 하지만 1981년 7월 히잡은 이슬람 국가의 정치적, 이데올로기적 헤게모니로 재편되고 있었다(Fischer 2003: 270). 혁명이 일어난 지 3년도 채 되지 않아, 모든 공공기관에 근무하는 여성들은 검은색 차도르를 의무적으로 착용해야만 했고, 모든 공적인 공간에 들어서는 9세 이상의 여성들은 의무적으로 히잡 의무에 따라야만 했다. 하지만 혁명 이전에 미니스커트를 입고, 베일을 착용하지 않았던 세속적인 집안의 여성들에게 예상치 못한 히잡 의무 규정은 충격과 배신, 그리고 반발심으로 다가왔다.

[사례 3-10] 55세 전직 여자 교사

한번은 나의 큰 아이가 아주 어렸을 때 일이야. 혁명 직후 히잡 의무착용이 결정된 직후였지. 혁명 전에 나는 히잡을 하고 다니지 않아서, 익숙하지 않았어. 그런데 그날 나의 히잡이 적절하지 않았는지 거리에서 어떤 남성이 히잡에 관련된 쿠란 구절이 적힌 종이를 전해 주면서 나한테 막 뭐라고 하는 거야. 나는 너무 화가 나서 그 앞에서 그 종이를 쫙쫙 찢어 버렸어. 그랬더니 몇 분 뒤, 갑자기 뒤에서 남자들 한 무리가 나무 몽둥이를 들고 나를 쫓아 왔어. 간신히 몸을 피했지만 너무나도 공포스러웠어.

젊은이들과 세속적인 성향을 지닌 사람들, 심지어 신실한 무슬림에게도 히잡의 종류와 착용 여부는 중요한 것이 아니다. 정작 문제시되고, 사람들의 목을 죄게 하는 것은 바로 그것을 강제화하는 부분에 있다. 하지만 정부는 히잡의 종교성, 정치성을 강조하면서, '올바르지 않은 히잡을 하는 여성이나 젊은이' = '서구 이데올로기를 지향하는 사탄'이라는 이분법적인 도식으로 사람들을 옭아매고 있다. 또한 여성들의 히잡은 지하드(Jihad, 聖戰)와 동일시되어, 부적절한 히잡을 한 여성은 반민족주의자, 반시아 무슬림으로 비난하는 사회적 분위기를 조성하고 있다(구기연 2002: 44). 2009년 6월 대선을 앞두고, 아마디네자드 대통령의 일명 '거짓말 CD'가 이란 전역에 퍼졌다. 마치 혁명 전 망명 생활을 하던 아야톨라 호메이니의 육성이 담긴 테이프가 무수히 복사되어 배포된 것처럼, 수천 수만 장이 CD로 복사되고 유튜브에 오르고, 개인들의 페이스북, 트위터, 블로그로 옮겨졌다. 동영상 속 아마디네자드 대통령의 대표적인 거짓말 중 하나가 히잡 문제에 관한 것이었다. 동영상은 대통령 선거 전후로 나누어져 영상의 앞부분은 아마디네자드 후보가 2004년 대통령 선거를 앞두고 한 텔레비전 인터뷰를 따왔고, 뒷부분은 그의 대통령 취임 후 시행된 복장 검사에 대한 영상과 사진들이 대조적으로 편집되어 있다. 선거 전 인터뷰에서 아마디네자드 대통령 후보는 "우리 사회의 진정한 문제가 젊은이들의 머리 모양입니까? 우리 사회가 풀어야 할 중요한 문제가 바로 이것입니까? 히잡인가요? 이것인가요?(실소하며) 우리 국가의 진정한 문제점이 여성들의 겉옷 문제와 젊은이들의 머리 모양인가요?"라면서, 현재 이란의 중요 사안은 젊은이들의 옷차림, 즉 히잡 같은 문제가 아니라 정치, 경제 문제라고 주장했다. 선거 전 그는 히잡 문제에 대해 정부가 관여하지 않을 것처럼 표명했지만 집권 초기부터 현실은 기대와 달라졌다.

아마디네자드 대통령이 집권하자마자 대대적인 복장 단속이 이루어지게 되었다. 2004년 이후 도시의 젊은이들과 이슬람 정부가 가장 일상적으로 겪는 문제는 바로 히잡에 관한 것이다. 특히 주말의 시작인 목요일 밤과 더운 계절, 테헤란의 거리는 자신의 패션을 고수하려는 젊은이들과 그들을 잡으려는 종교경찰들 사이의 쫓고 쫓기는 보이지 않는 전쟁이 시작된다. 정부의 규제가 심할수록 여성들은 더욱 흘러내릴 듯이 스카프를 하고, 이마와 스카프 사이의 3~5센티미터 부분의 머리를 과할 정도로 부풀리고 색을 칠한다. 이러한 단속은 젊은 남성들도 예외가 아니다. 젊은 남성들은 딱 붙는 티셔츠에 왁스로 맵시나게 머리 모양을 만들고, 허리춤까지 내린 바지 위로 가짜 '캘빈 클라인(Calvin Klein)' 팬티의 표시가 보인다. 하지만 한껏 멋을 부린 젊은이들도 코미테(종교경찰)의 단속 앞에서는 힘없는 문화 범죄자가 된다. 특히, 바드-헤접(bad-hejāb, 히잡을 올바르게 착용하지 않은)의 젊은 여성들은 도덕적 공간을 해칠 수 있는 위험한 존재로 여겨지며, 젊은 여성들의 보수적이지 않은 옷차림은 엄격한 도덕적 잣대로 짓누를 수 있는 가장 손쉬운 대상으로 애용된다. 그래서 차도르와 같은 보수적인 의상을 입지 않은 여성이라면 누구나 한 번 이상은 겪었을 복장 단속에 대한 에피소드들을 쏟아 내는 것이다.

[사례 3-11] 21세 여자 대학생

진한 네일 컬러는 대학교 정문 앞 복장 검사에서 걸리지. 그래서 얼마나 많은 아세톤이 대학 정문 입구에서 팔리는지 몰라(웃음). 그래서 나와 내 친구들은 정문을 통과할 때, 가방 안에 손을 넣거나 손이 안 보이게 주머니 속에 넣기도 해. 학교 입구의 복장 검사에 걸리면 수업을 듣지도 못해. 대부분 어두운색의 망토만 용납돼. 웃긴 건 너무 헐렁한 망토도, 기장이 짧으면 안 되는 거야. 몸에 딱 붙어서 가슴선이 다 드러나도 길이 자체가 길면 괜찮고, 겉옷이 크고 헐렁해도 길이가 짧으면 안 돼. 이게 말이나 돼? 하지만 남학생들은 아무런 제지를 받지 않아. 누가 이 사회에서 남자, 여자가 평등하다고 해? 웃기는 소리야. 평등이란 단어는 이 사회에서 그저 '말'뿐이야. 내 친구 한 명은 공원에서 남자 친구랑 있다가 풍기 단속하는 경찰한테 걸렸는데, 경찰서에서 계속해서 남자 친구랑 육체적인 관계가 있었느냐는 질문을 받고, 아니라고 부정해도 계속해서 관계가 있었다는 사실 확인 서명을 하라고 강요당하기도 했어.

이러한 일상의 히잡에 대한 규제와 충고들은 외국인 여성인 저자에게도 예외는 아니었다. 이란에서는 히잡의 종류에 따라 종교적, 정치적 성향을 나타내는 메시지가 전해지며, 공간에 따라 드레스 코드가 달라진다. 예를 들어 학교나 공공기관, 직장에서는 '마그나에(maqna'e)'라는 히잡이 의무적으로 착용된다. 마그나에는 차도르보다는 간소화된 형태이지만 공적 의미를 지니고 있다. 사설 영어학원 수업 시작 전 화장실에는 루사리나 셜이라 불리는 스카프 형식의 히잡에서 마그나에로 바꾸어 쓰는 여성들의 모습을 흔히 볼 수 있다. 다음의 사례는 저자가 직접 경험한 에피소드로, 이로 인해 이란 여성들이 일상 속에서 무수히 마주치는 수치심과 당혹감에 크게 공감할 수 있는 계기가 되었다.

[사례 3-12] 남녀 합반인 테헤란 ○○영어학원(2009년 7월 19일)

요즘 테헤란은 기온이 38도에서 40도를 웃도는 더운 날씨라 오늘 덥기도 하고, 학원에 늦게 도착한 탓에 루사리에서 마그나에로 바꾸어 쓰지 않았다. 지난 수업시간 전에 내가 마그나에를 바꾸어 쓰러 간다고 하니까, 같은 반의 여성 직장인인 마리얌과 하스티가 "괜찮아, 그냥 안 써도 돼"라고 한 말이 기억이 나서 그냥 앉아 있었다. 종종걸음으로 오느라 숨이 차서, 나는 머리에 쓴 스카프를 목이 보이게 느슨하게 메고 연신 부채질을 했다. 옆에 앉아 있던 직장인인 메흐디가 나를 연신 힐끔힐끔 바라본다. 그러더니 나에게 손짓하며 "베일을 똑바로 쓰세요!"라고 지적했다. 가방 안에 두었던 마그나에를 꺼내 들어서 "나가서 쓰고 올까요?"라고 하니까, 메흐디는 선생님한테 물어보라고 한다. 그러더니 그가 직접 선생님을 부르면서 "선생님! 이 사람이 할 얘기가 있데요."라고 한다. 30대 초반인 여자 선생님은 나에게 무슨 일이냐고 물었고, 나는 "이 분이 저의 히잡에 문제가 있다고 선생님께 물어보라고 하는데요, 마그나에를 나가서 쓰고 올까요?"라고 물으니, 선생님은 "나는 상관없어요. 난 당신이 마그나에를 쓰든 쓰지 않든지 간에 괜찮아요. 다만 사무실에서는 뭐라고 할 수 있어요. 하지만 이미 수업이 시작되었으니 오늘은 바꿔 쓸 필요 없어요."라고 대답했다.

다소 가라앉은 분위기 속에서 일제히 나를 바라보는 시선들과 눈이 마주쳤다. 나와 눈이 마주친 교실 안의 다른 남자들과 여자들은 조용히 머리를 뒤로 젖혔다. 나가서 바꾸어 쓰지 않아도 된다는 무언의 신호들이었다. 마치 길거리에서 경찰에게 직접 지적을 당한 것처럼 당황스럽고, 혹시나 하는 무서운 느낌이 들었다. 나도 모르게 자꾸 그 남자를 주시하게 되고, 그 남자도 자꾸 나를 힐끗힐끗 쳐다보았다. 나는 목 부분을 약간 풀어헤쳤던 스카프를 목 뒤로 꽁꽁 감쌌다. 영어 토론 시간 중간에 나와 짝이 된 여성에게 "왜 메흐디가 나에게 저런 말을 했을까?"라고 물으니, "혹시나 학원 규정에 어긋나 네가 잡혀갈까 봐 그렇지 뭐. 신경 쓰지 마."라고 얘기한다. 또 옆에 있는 남자 대학생에게 "너도 내가 마그나에를 쓰지 않아 불편하니?"라고 물으니 "왜 그렇게 물어보니?" 한다. 나는 "아니, 저 남자가 나한테 히잡 똑바로 쓰라고 하길래."라고 하니, "그건 네 문제지. 내가 상관할 바가 아니지. 나는 전혀 상관없어."라고 말했다. 영어 수업이 끝나고 나는 메흐디에게 다가가 "오늘 혹시 내가 히잡을 똑바로 쓰지 않아서, 당신을 불편하게 했으면 미안해요. 제가 마그나에를 쓰지 않아 불편했나요?" 하고 물었다. "그런 것이 아니라, 혹시나 당신이 마그나에를 쓰지 않아서 사무실이나 영어 학원을 둘러보는 경찰이 당신의 모습을 보고, 당신을 힘든 일을 당할 수 있어서 그렇게 말했다. 미안하다."라고 얘기했다. 마음은 무척 무겁고 당혹스러웠다.

히잡과 공적 공간에서의 세세한 규범 지키기는 이슬람 사회의 공적 공간을 도덕적 공간으로 변모시키려는 정책과 그대로 맞닿아 있다. 이란의 모든 관공서, 학교, 학원을 비롯한 공공기관, 레스토랑, 부동산 심지어 작은 문구점에 이르기까지 히잡 준수에 대한 권고문과 경고문이 붙어져 있다.

[사례 3-13] 문구점 운영하는 50대 남성과의 대화

(작은 문구점에 '히잡에 관한 규정을 준수하시오'라는 문구가 적힌 A4 종이가 벽면에 붙여져 있다.)

저자: 왜 이런 문구를 여기 붙여 놓으신 거예요?

문구점 아저씨: (아무것도 아니라는 표정으로) 요즘 여자들의 옷차림이 너무 심해요. 그게 무슨 무슬림이에요? 차에서 내리는데 히잡은 거의 뒤로 벗겨지려고 하지, 옷은 온몸에 딱 붙고 길이는 엉덩이를 간신히 가릴 정도로 짧지.

하지만 이 문구점 주인이 이슬람 규제에 어긋나는 옷을 입거나 정숙한 옷차림을 하지 않은 여성에 대해 비판적 의식을 가지고 이 문구를 붙여 놓은 것이라 해석하기는 어렵다. 이 작은 문구점의 히잡에 대한 구호는 하벨(Havel 1985)이 분석한 후기 전체주의 사회의 어느 야채 가게 앞의 '만국의 노동자여! 단결하라!'라는 '허울뿐인 현수막'을 상기시킨다. 하벨은 이와 같은 현수막이 체제 순종적이라는 알리바이가 되고, 체제로부터 보호막으로 기능한다고 해석한다. 이것은 바르지(2006)가 묘사한 종교경찰의 단속에 대비한 젊은이들 차 앞의 쿠란 구절이나 쿠란

낭송 테이프와도 이어진다. 마을버스 안에서 왁자지껄 떠들던 한 무리의 남자 고등학생 무리에게 한 중년 남성이 주의를 주자, 반사적으로 나오던 고등학생들의 '살러버트(salāvāt, 예언자를 찬양하는 기도문)'도 같은 맥락에서 이해할 수 있을 것이다. 이란의 작은 슈퍼마켓, 식당, 옷가게에 붙어 있는 구호들은 개인적 신앙적 신념의 표시라기보다는 체제에 대한 보호막이자 일종의 안전장치인 것이다.

4) 보호색으로서의 가면

> 누구에게도 너의 비밀을 말하지 마라.
> 아무도 믿을 수 없다. 친구의 친구도 너에게는 어떤 적이 될지도 모른다.
> 남들이 알게 되는 것을 원치 않는다면, 아무에게도 말하지 마라.
> 너의 비밀을 알게 된 친구는
> 그의 다른 친구에게 "말하지 마"라고 하며 그 이야기를 전할 것이다.
> 친구의 친구도 믿지 마라. 그가 적일지도 모른다.
> 친구 사이에서도 말을 전하지 마라.
> 그가 언제 적이 되어서 너를 곤란하게 할지도 모른다.
> 적이 있다면 죽일 수 있을 때 죽여라.
> 그가 불씨에서 큰불이 되어서 너를 다 태울지도 모른다.
>
> -사아디[24]의 『장미원』 중에서-

앞의 인용된 이란의 대표적 시인인 사아디의 시는 다소 극단적으로 표현되었으나, 서로에 대한 믿음과 신용 대신 위선과 가면이 자신을

24 사아디(Sa'adi 1209~1291)는 이란의 4대 시인 중 한 명으로, 수피주의 사상가이다. 대표적인 저작으로 『과수원(*Bāstan*)』과 『장미원(*Golestān*)』이 있다.

보호해 준다는 전통적 인식을 반영한다. 이란의 젊은이들은 전통과 전지구화, 이슬람과 서구 대중 문화의 대립 구도 속에서 늘 부딪히며 갈등을 느낀다. 무엇보다도 이슬람 공화국의 출현으로 강제화된 이슬람적 규율은 이란 사람들에게 자신의 자아를 전면에 드러낼 수 없고, 연기(film-baji)해야만 하는 현실을 가져왔다. 하지만 모두가 게임의 법칙을 잘 알고 있으며, 어디서 어떻게 연출해야 하는지 잘 알고 있다(Khosravi 2008: 123).

이와 같은 점에서 후기 소비에트 사회의 삶의 이중적인 면을 재구성하고, 껍데기만 남은 이데올로기가 어떻게 작동했는지를 서술한 알렉세이 유착(Alexei Yurchak)의 논의는 주목할 만하다. 그는 전체주의적인 사회 속에서 사람들이 '마치 헤게모니에 동의하는 것처럼' 행동한다고 강조한다. 그들은 공적인 또는 숨겨진 면을 가지는 이중적인 삶을 살고, 진실은 가면 저 뒷면에 숨겨 놓았기 때문이다. 유착은 스콧(2008), 하벨(1985), 지젝(2002) 논의를 살짝 비켜 가며, 이러한 논의들이 가지는 함정을 지적한다. 유착은 스콧, 하벨, 지젝이 이 사회적 모델들에 대해 이데올로기에 대한 인정과 오인 사이의 이원적인 분리라는 선택의 가능성을 제시했지만 진실 대 거짓, 현실 대 가면, 드러내기 대 위장하기와 같은 '문제의 이원구조(problematic binary)'를 생산해 낸다고 지적했다(Yurchak 2006). 이와 같은 문제의 이원구조에 의하면, 예를 들어 집회에서 정부를 지지하는 슬로건을 들고 있는 행위는 그의 행위가 진실이든('진정한' 지지) 혹은 거짓(지지의 '위장')이든 상관없이 문자 그대로 정부를 지지하는 행위로 해석된다는 것이다. 그러므로 유착은 이러한 사회적 구조하에서는 언어들을 공적인, 사무적인, 혹은 숨겨진, 번역본이 있는 코드로 해석해야 한다고 주장한다. 이란의 현실도 후기 소비에트 상황이나 동유럽의 말기 상황과 그리 다르지 않다. 이란사회를 작동시키는 가장 큰 코드가 거짓말이라고 회자되고 있듯이, 엄격한 도덕적 잣대는 사람들로 하여금 진실된 자아를 숨기게 한다. 마치 지배 이데올로기, 즉 이슬람 이데올로기를 지지하는 것처럼 보이지만, 현실은 자신의 감정을 속이고 자기 모습을 연출하는 것이다. 진실은 두꺼운 가면 뒤에 숨긴 채.

> [사례 3-14] 27세 여자 외국인학교 교사
>
> 정직은 이란에서 통하지 않아. 진실을 말하지 않고 거짓말을 하는 것이 어떻게 보면 이 사회에서 살아가는 현명한 방법일 수 있지. 하지만 정부가 사람들을 통제하려면 할수록 사람들은 이상하리만큼 더 하고 싶어하지. 이란도 다른 사회와 똑같아. 너희가 하는, 너희가 상상하는 이상의 모든 것을 할 수 있지. 다만, 숨어서!!

세속적이고 개혁적인 성향을 가진 사람일수록 가면의 두께는 두꺼워진다. 형식의 지배, 비어 있는 기표로 작동하는 이데올로기로서의 이슬람 앞에서 자아들은 다양한 방식으로 가면을 바꾸어 가며 자아를 표출한다. 따라서 불신 사회는 더욱 공고히 된다. 이렇게 은밀하게 이루어지는 사적 공간은 그 공간 내의 자유로움과 친밀함을 공유하지만, 그 공간의 경계와 장벽은 높고 두텁다. 그러므로 서로를 의심하고 타인에 대한 불안을 떨칠 수 없는 불신 사회라는 성격을 가지게 된 것이다. 이와 같은 불신의 문화는 긴 역사를 가지는데, 이슬람 혁명 이후 강력한 정부 차원의 규제가 개입되면서 더욱 고착화되었다. 불신 사회의 모습은 이란 역사를 좀 더 거슬러 올라가서도 확인할 수 있다. 비만(1986)은 이란의 심리 구조를 다룬 그의 논문에서 이란의 문학책에 끊임없이 등장하는 테마 중 하나가 사회 생활의 위험성과 불확실성임을 지적한다. 또한 수많은 문학과 비사에서 영리함, 꾀가 많음, 현명함(zerangi)이 강조되고 있음을 밝혔다. 비만의 분석을 따라가면 제랑기(zerangi)라는 단어는 이란 사람들의 커뮤니케이션을 이해하는 데서 중요하게 작용한다. 이란의 담화 분석에서 메시지 형태—어떻게 말하는가?—와 메시지의 내용—무엇에 대해 말하고 있는가—는 하나의 기준으로 해석될 수는 없고, 소통하는 행위를 하는 사람과 그것을 해석하는 이 사이의 긴장 속에서 이루어진다(Yurchak 2006: 27). 그러므로 비만의 주장은 위에서 살펴본 유착의 언어들의 코드적인 해석과도 연결 지을 수 있다. 담화 속 '제랑기'와 같은 언어적인 사례 이외에도, '기민하고 현명한 대처'가 문화적으로 제도화되어 있는 것이 바로 '타끼예(taqiye 가장, 위장, 위선)'이다. '타끼예'는 이러한 태도는 오래된 시아의 전통과 함께 이어져 내려왔다. 시아 이슬람은 16세기 이스마일 왕의 사파비 왕조 시대부터 이란 전역에 널리 퍼졌는데 그전까지만 하더라도 생명과 재산의 피해를 피하려고 시아 이슬람인 자신의 신앙을 숨기는 것을 뜻했다.

불안, 타인에 대한 불신이라는 이란 사람들의 심리적 특징과 강력한 이데올로기의 지배 앞에서 지젝이 논의한 냉소주의와 마주하게 된다. 지젝은 냉소적인 현실 속에서 시민은 이데올로기적인 가면과 현실 사이의 거리, 이데올로기적 보편성 뒤에 가려진 특정 이익을 알고 있으며, 이미 계산에 넣고 있다고 주장한다. 전체주의적인 이데올로기의 위상이 순수하게 외적이고 도구적으로 활용될 뿐, 진리에 의해서가 아니라 단순히 이데올로기 외적인 폭력과 이득의 가능성에 의해 지켜지는 것처럼(지젝 2002: 64), 유토피아적이고 절대선을 부르짖는 국가의 상징들 앞에서 이란 사람들은 냉소적인 이성을 가질 수밖에 없다. 일련의 강압적인 국가 정책과 강요된 이슬람화 정책은 오히려 "사람들의 가슴에서 이슬람을 멀어지게 했다."라는 서사들을 사적 담론으로 확장시킨다. 또한 공적 공간에서의 자유롭지 못함과 이슬람 규제의 사적인 삶까지의 확장은, 오히려 사적 공간을 넓히고 그 안에서의 인간관계와 힘을 견고하게 만드는 역할을 한다.

[사례 3-15] 26세 남자 대학원생

혁명 전에는 이슬람이라는 종교가 사람들의 마음속에 있었지만, 강요되고 정치화된 이슬람 규범으로 사람들의 마음속에서 떠나고 있어. 예전에는 이슬람과 이란 민족이라는 개념이 모두를 하나로 묶었지. 아리아족이 아니더라도 같은 이란인이라면 하나가 되었어. 하지만 종교가 정치화되고, 더 이상 사람들의 마음을 뜨겁게 울리지 못한 이후로, 그 구심점은 사라졌지. 사람들이 이제 자기 자신(kodesh)만을 생각하게 되었어. 요즘 이란 젊은이들은 다른 이들에게 관심이 없고, 자기 자신에게만 눈길을 돌리는 것이지. 정부와 정치에 실망한 젊은이들은 이제 조국과 민족을 생각하는 것보다 자기 자신만을 소중하게 여기고, 자신이 나아가야 할 길만 고민하지. 그리고 바깥세상에서는 어느 누구도 쉽게 믿을 수 없고, 누가 날 반역자로 신고할 수도 있으니, 만나는 사람하고만 만나지. 나 역시도 만나는 사람과 친한 친구는 매우 한정되어 있어.

이러한 사적 공간의 깊이는 북한사회를 비롯하여 구소련 체제와 동유럽 국가들의 모습에서도 그대로 발견된다(서재진 1995; 정향진 2005; Matza 2009; Yurchak 2006; Havel 1985; 지젝 2002, 2011). 정향진의 연구에서 보이듯, 공적·사적 영역에서의 감정 통제 및 연출이 극적으로 이루어지는 닫힌 사회일수록 사적 영역 안에서의 의사소통들의 힘은 강하고 견고하다. 또한 한 집단 내부에서 구성원들의 사회적 거리가 가까울수록 감정적 표현이 더욱 직접적으로 되는 경향이 있다(정향진 2005: 99). 이란 사회 역시 다른 계층 간의, 혹은 다른 종교적 성향을 가진 집안들끼리의 일상적인 교류가 빈번하지 않은 반면, 한 도우레 안의 사람들은 더욱 긴밀하고 직접적인 의사소통이 이루어진다. 또한 공적인 영역과 사적 영역의 간극들은 이미 이란사회에서 이슬람이라는 이데올로기가 '형식의 헤게모니(hegemony of form)'로만 남아 있다는 반증이기도 하다(Yurchak

2006). 이렇듯 국가는 공적 공간을 도덕적 공간으로 설정하고, 공적 공간에 들어서는 개인들에게는 이상적인 종교적 틀을 제시하여 그것에 따르기를 원한다. 이 과정을 통해 국가는 넓은 공적 영역을 통해 개인들의 자유와 감정을 통제한다. 감정적인 영역은 사적 영역에 머물러야 한다는 이슬람적 가치관, 개인의 감정에 대해서 말할 수 없게 하는 사회는 사람들을 냉소적으로 만들 수밖에 없는 것이다.

한편으로, 이란 젊은이들은 자신을 보호하기 위해 어쩔 수 없이 일상적인 거짓말을 택한다. 위험하면 자신의 색을 변화해 자신을 보호하는 카멜레온처럼[25] 젊은이들은 자신의 모습을 속여 자신을 보호할 수밖에 없는 것이다. 가짜 이메일 계정을 만들어 불필요하고 위험한 일을 자초하지 않는 등 자기검열을 거치게 된다. 또한 여성들은 다음의 인용문처럼 불편한 시선과 비밀경찰의 눈을 피하기 위해, 자기 복장 검사에도 철저하다.

> 나는 공적인 모습을 준비하기 위해서 하나의 의식을 개발했다. 나는 어떤 화장도 하지 않으려고 조심했다. 편안한 티셔츠에 큰 자루같이 생긴 검은색 바지를 입고, 그 위에다 기다란 검정색 겉옷을 걸친 다음 목을 감싸는 검정 스카프를 두르면 내 몸의 윤곽이나 선들이 모두 다 사라지곤 했다. 끝으로 나는 가방에다 대부분 필요 없는 책들이나 노트를 많이 쑤셔 넣어 그것들을 안전그물처럼 들고 다녔다(나피시 2003: 367).

이란에서 사람들이 자신의 감정을 잘 드러내지 않는 이유는 사회적 환경, 즉 통제된 환경 탓이 가장 크다. 자신들의 감정과 자아의 표출

25 2009년 11월 인터뷰에서 인용.

이 곧 범죄로 인식될 수 있고, 사회적 지탄을 받을 수 있는 현실에서 그들은 어렸을 때부터 부모로부터 거짓으로 자신을 연출하는 방식을 자연스럽게 습득한다. 특히 여성들은 히잡의 종류에 따라 다른 자아를 드러낸다는 서사들이 많았는데, 마흐다비(Mahdavi 2007: 107)에 의하면 이란에서 스타일은 역사적으로 정치적이고 사회적인 중요성을 갖고 있기 때문에 의복은 정치적인 의미를 가진다. 예를 들어 차도르는 이란 혁명 단계에서 왕정의 전복을 지지하는 상징적이고 정치적인 의미를 지녔다. 당시 차도르는 단순한 의복을 넘어 혁명을 지지하는 의미로 작동했고, 이후 친정부적, 보수적, 전통적이라는 이미지를 가지게 되었다.

하지만 젊은이들의 사적 모습과 공적 모습이 완전히 다르다고 할 수 있을까? 또한 가면 쓴 공적 영역에서의 나를 완전히 다른 자아라고 할 수 있을까? 이란에서는 개인에 대한 평가가 사적으로나 공적으로 매우 일반화되어 있고, 사적 영역에서의 대화 방식 역시 의례화되어 있다. 또한 자신의 외모와 타인의 시선에 대해 많은 신경을 쓰는데, 공적 영역에서는 자아를 숨기면서 사적 영역에서는 과장이라 느껴질 만큼 꾸며진 자신을 보여 주는 것도 흥미로운 부분이다. 이란 사람들은 겉모습에 신경을 많이 쓰고 타인의 겉모습에 대해서도 언급을 많이 하는 편이다. 겉으로 드러나는 모습이 매우 타인 의식적이고, 자신의 본 모습을 보여 주기보다는 과시욕을 드러낸다. 이와 같은 체면치레는, 특히 결혼식과 관련된 허례허식과 연결되며 사람들 간의 선물 교환 방식[26]에서도 관찰된

26 이란에서의 대표적인 선물 교환은 결혼식에서 이루어진다. 보통의 결혼식에서 가족과 친척들, 친한 지인들이 신랑 신부에게 주는 선물을 모든 하객 앞에서 공개하는 시간이 있다. 주로 여자 친척이나 여성 지인 중 한 명이 사회를 맡는다(저자가 참여 관찰한 세 번의 결혼식에서 사회자들은 각각 사촌 언니, 신랑의 형수, 신부 어머니의 친구였다). 사회자가 "자. 신부의 아버지가 신부에게 금화○○개와 다이아몬드 세트, 토지 ○○평을 선물합니다."라고 마이크

다. 앤 베터리지(Anne H. Betteridge 1985)는 이란사회에서 선물을 주는 행위를 자아 표상의 한 방식으로 보았다. 베터리지는 이란에서 선물 교환을 통해 개인들 간의 관계망이 반영되며, 또한 종교적인 기부 등을 통해 개인과 성인들, 신과의 관계를 규정한다고 보았다. 증여는 단순히 타자에 대한 사회적 의무의 수행이 아니라 사회 관계 속에서의 역할과 참여를 통해서만 자아를 구성하는 행위인 것처럼(오명석 2010: 33), 이란에서의 선물교환은 체면을 세우고 자신의 페르소나(persona, Mauss 1985)를 드러내는 가장 중요한 사회적 요소 중 하나이다.

이러한 일련의 모습들은 어느새 공적 질서가 내면에 체화되어 사적 영역에서도 재현되는 모습을 보여 준다. 이란사회의 사적 영역에서의 감정 교환이나 자아 연출 방식, 또한 가족의 의미 역시도 공적 사회 구조를 강화시키는 양상을 가진다. 젊은이들이 그토록 치를 떨며 비판했던 사회의 위선적이고 이중적인 모습을 자신들도 그대로 실천하고 있다는 점에서 아이러니하다. 국가가 전면적인 공식적인 이데올로기만을 강조하고, 높은 도덕적 가치를 강조했던 것처럼, 개인들도 어느새 이러한 이데올로기적 질서에 맞는 가면을 사적 공간에서도 쓰고 있는 것이다.

[사례 3-16] 28세 주부, 지방 대도시 거주자

어렸을 때부터 우리는 다른 세상에 살고 있었다. 자아 정체성을 가지기에는 이 사회는 너무나 혼란스럽고, 학교, 가정, 국가, 사람마다 너무나

에 대고 소개를 하면, 신부의 어머니와 아버지가 나와 신부, 신랑과 볼에 입맞춤을 나누고, 사진을 찍는다. 부유한 집안의 결혼일수록 선물의 수준의 정도와 수는 증가한다. 선물의 내용은 모든 하객에게 공개되기 때문에 선물의 수준은 선물하는 이의 경제력과 선물 받는 이와의 친밀도를 드러낸다.

다른 이야기들을 하고 있다. 신문, 방송과 위성방송, 가정과 사회에서 각기 다른 이야기를 하기 때문에, 도대체 '나'를 어떻게 규정해야 할지 모르겠다. 특히 나와 같은 이란 여성들은 국가뿐 아니라, 사회, 가족, 부모로부터 전통적인 사회 역할을 강요받는다. 아직도 이란사회는 전통 사회 구조 안에 있다. 나는 이 사회에서 늘 내 자신을 찾기 위해 노력했다. 하지만 이 부조리하고 보수적인 사회적 전통 안에서 나는 연기(filmbaji)를 해야만 했다. 특히 여기 지방과 같이 더욱 보수적인 사회에서는 더욱 더 다양한 역할의 연기를 해야 한다. 어쩌면 나는 나의 진실된 모습을 보여 주고 싶어 했기 때문에, 정체성을 찾는데 이렇게 오래 걸렸는지 모른다. 거짓 연기를 하기 싫어서 이 사회에서 적응하기가 더욱더 힘들었다. 히잡을 강제로 해야만 하는 이 현실이 싫어서, 한동안 외출을 하지 않았을 때도 있었다. 나는 지금 외국으로의 이민을 준비하고 있다. 왜냐하면 앞으로 태어날 내 아이가 나처럼 30세 가까이 되도록 '내가 누구인지, 어떻게 살아가야 하는지'를 늘 고민하면서 인생을 허비하는 것이 싫기 때문이다. 또한 미래의 나의 아이가 나처럼 학교에서 세뇌당하며 살게 하고 싶지 않다.

"어느 사회나 자신의 존재나 솔직한 감정을 다 드러낼 수는 없는 것이다. 하지만 이란만큼 그 간극이 큰 사회도 없을 것이다. 완전히 딴 세상이나 마찬가지이다. 두 얼굴의 사회인 것이다."라는 한 남성의 진술처럼, 현대 이란사회에서 안전하게 살아가기 위해서는 가면은 필수인 것이다.[27]

27 저자도 위의 사례의 여성처럼 현지조사 중에 끊임없이 거짓말을 하고, 자신의 모습을 연출해야만 했다. 누군가가 나의 조사 내용이나 주제에 대해서 물어보아도, 그 사람이 100% 신뢰할 수 없는 사람이면, 나 역시 거짓말을 할 수밖

국가는 젊은이들을 이미 잠재적인 범죄자로 취급하며, 국가의 안정적 유지를 위한 적 담론은 이 땅의 청년들에게 그대로 적용된다. 이러한 국가의 청년 세대를 보는 입장이 제3세대의 마음과 생활에서 이슬람을 멀게 만들었다. 제3세대에게 자유보다 더욱 절실한 것은 경제적 어려움이다. 그들의 목을 죄는 현실의 경제적 벽은 험란하고 높기만 하다. 부모들의 높은 관심 속에 대학 입시를 준비하고, 경쟁을 뚫고 학위를 받지만 그들이 일할 수 있는 곳은 없다. 이러한 경제적 인프라의 소실은 그들 스스로를 다 타 버리고 없는 '불타 버린 세대'라 명명하게 한다. 특히 낮은 계급의 하층의 청년들은 무섭게 몰아치는 신자유주의의 계급사회에서 극심한 가난과 열악한 일자리 환경에 절망할 수밖에 없으며, 그들은 여러 가지 혜택을 얻을 수 있고 세속적인 상류층 사람들에게 폭언과 권력을 휘두를 수 있는 바시지로의 활동을 선택하기도 한다. 중산층 이상의 고학력 청년들은 자신들이 접하는 전지구적 환경과 현실적인 일상의 통제 속 괴리에서 절망할 수밖에 없다.

한편 가장 안전하고 소중한 공간인 가정마저도 오늘의 젊은이들에게는 감정을 억압하고 수많은 비밀을 가질 수밖에 없는 공간이 된다. 부계적인 이슬람 공적 영역으로부터 가정은 이들 청년들에게 대안적인 공간이 되지만, 역시 부계적인 위계체계가 작동하고 젠더의 이상적인 역할을 가장 가까운 곳에서 배우는 곳이기도 하다. 그렇기 때문에 이란 젊은이들은 가정에서도 개인으로서의 열망들을 다 표출하기 어렵고, 그들의 자유연애는 비밀로 남겨질 수밖에 없는 것이다.

에 없었다. 왜냐하면 누군가 내 주제나 나의 목적이 이 사회에서 위험한 것이라고 생각할 수 있기 때문이다. 심리적 불안에 시달리면서 연구자도 끊임없는 자기 검열의 잣대를 들이대야만 했다. 이러한 과정에서 끊임없는 감시를 받는다는 것이 얼마나 사람을 옥죄게 하는 것인지, 왜 이란 젊은이들이 늘 쉽게 타인을 신뢰할 수 없는지를 몸소 경험할 수 있었다.

이란 젊은이들에게 '자아 찾기의 여정'은 결코 녹록치 않다. 이와 같은 구조적이고 심리적인 압박에도 불구하고 이들은 시민의식의 발전과 함께 진정한 '나'를 찾기 위해 누구보다도 노력한다. 젊은 세대를 비롯한 지식인 사회의 자기 반성적 성찰은 시민사회의 도래 이후 계속 발전해 나가고 있다. 이러한 자기반성적인 자성들은 지금까지 무관심과 냉소에 머물렀던 이란의 도시 젊은이들을 2009년 거리로 쏟아지게 만든 배경이 되었으리라 분석된다.

제4장

그들만의 세상 구축하기: 초국가적인 장(場)과의 조우*

전 지구화란 단어는 21세기 초 학계에서 하나의 전문적인 유행어로 쓰이면서도, 하나의 개념으로 정의 내리기에는 그 의미와 영역이 너무나 광범위하다. 전 지구화를 간단히 정의하자면, 신자유주의 자본주의의 확산과 혁신적인 통신 기술의 발전, 그리고 관광 산업 발달로 상품, 자본, 문화, 이데올로기와 사람들의 흐름이 국가적 경계를 넘나들며 정치, 사회조직 등 인간 생활의 제 측면에 거대한 변화를 일으키는 사회적 현상이다(구기연 2008). 또한 이것은 전 지구화 현상에 대한 지역적 적응과 이러한 흐름에 대한 저항까지도 포함하는 개념이다. 다른 학문에서 전 지구화 담론을 주로 거대한 경제적, 정치적 과정으로 주목해 왔다면, 인류학에서는 역사적, 문화적 맥락 안에서 세계화가 어떻게 작용하며 지역과 만나는지에 논의의 초점을 맞춰 왔다. 전 지구화에 대한 인류학적 연구는 자본과 사람들, 상품, 이미지 그리고 이데올로기의 전 지구적인 흐름뿐 아니라, 사람들이 일상 속에서 세계화 현상들과 우연히 만나는 과정과 그들의 개인적 경험에 주목하는 것이다(Lewellen 2002;

* 이 장의 일부는 『전략지역 심층연구 논문집 4: 중남미·중동·아프리카·터키』, 대외경제정책연구원(2013)의 「이란의 뉴미디어 수용 양상에 대한 질적 연구: 아마디네자드 정권 시기를 중심으로」라는 장으로 출판되었다.

구기연 2008). 다시 말해 인류학은 세계화와 각 지역의 문화적 특성들이 만나는 지점에 논의의 중점을 둔다. 이 장에서는 이란 도시의 젊은 세대가 초국가적인 문화와의 만남을 통해서 어떻게 그들만의 세상을 만들어 내는지를 살펴볼 것이다. 제3세대의 특징이자, 기성세대들에게 비판의 대상이 되는 부분은 바로 전 지구화된 소비문화와 대중 문화와의 만남이다.

도시 젊은이들은 버저르라 불리는 전통시장이 아닌, 가품이라 할지라도 세련된 외국산을 접할 수 있는 퍼서지(현대식 쇼핑상가)를 선호하고 '처이(Chāi 茶)'[1]를 즐겨 마시지만, 한편으로는 커피도 즐겨 마시는 세대이다. 한편 크리스마스와 밸런타인데이(Valentine Day)는 어느새 또래 문화가 양산시킨 젊은 연인들의 의례가 되고 있다. 이러한 환경에서 뉴미디어는 제3세대들의 문화지형도를 변화시키는 동시에, 젊은이들

1 현재 이란에서 '처이'라 불리는 홍차가 국민 음료라 여겨지지만, 매티(Matthee 1996)에 의하면, 16, 17세기 때는 오히려 차보다는 커피를 주로 마셨고, 가저르 왕조(1796~1925) 말기부터 커피에서 차로 조금씩 그 위상이나 보급률의 비중이 넘어갔다고 한다. 커피가 가저르 왕조 이전까지 상류층이 주로 즐긴 음료였다고 한다면, 19세기 말 러시아와 영국 중심으로 한 유럽 시장 체제가 이란에 영향을 끼치기 시작하면서, 홍차의 수입 및 보급이 급격히 증가했다. 20세기에 들어, 차는 전 계층을 아우르며 보편적으로 유통되기 시작했고, 러시아의 사모바르(물 끓이는 주전자)가 보급되면서, 차는 본격적으로 국민 음료로 자리매김하기 시작했다(이란의 커피와 차의 유입과 그 위상 변화의 역사적 논점을 살펴보기 위해서는 매티(1996) 참조). 이러한 배경에서, '차'를 마시는 행위가 전통적이고, 커피를 마시는 행위가 '현대적'이라고 표현하기에는 무리가 있다. 하지만 16, 17세기 보급되고 즐겨 마셨던 커피는 주로 아랍, 예멘 쪽에서 건너온 문화라고 한다면, 요즘의 젊은이들이 카페에서 찾고 마시는 커피는 스위스 네슬레 회사의 상품인 '네스카페'에서 이름을 따온 것으로, 좀 더 서구적인 문화적 의미를 지닌다고 할 수 있다. 2017년 테헤란에는 각 거리와 쇼핑몰마다 스타벅스식 카페가 더욱 많이 생겨남을 현지조사를 통해 알 수 있었다.

은 바로 이 전자 매체를 통해 전 지구적 환경과 끊임없이 커뮤니케이션을 시도한다. 젊은이들은 인터넷과 위성 방송을 통해 자신의 눈으로 세상을 보게 되고, 이란인 디아스포라가 생산하는 방송을 통해 대안적인 쉼터를 갖게 된다. 위성 방송은 전 지구적인 문화와의 만남을 이끌기도 하지만, 한편으로는 이슬람 혁명 이전의 기억들과 만나게 하는 장이기도 하다. 위성 방송의 유입은 전 지구화의 단편적인 장면들이 복합적으로 경합하는 장(場)으로서 이란 젊은이들의 독특한 세대 문화를 형성하는 데 가장 중심적인 배경이라 할 수 있다. 이 장에서는 수입된 소비재와 전 지구화된 문화가 젊은이들에게 어떤 의미로 인식되고, 또한 그들만의 문화를 구성하는 데 제 요소가 되는지 살펴보고자 한다.

1. '나의 눈'으로 세상을 보다: 뉴미디어의 위치와 역할

미디어는 현대 이란사회와 이란 젊은이들의 자아 정체성을 보는 데 어떤 위치에 있는가? 현대 이란의 미디어는 어떤 정치적 의미를 가지며, 미디어의 성격에 따라 어떻게 경합하고 있는가? 하타미 대통령 이후 '시민사회의 등장'은 여성, 청년, 노동 운동뿐 아니라 미디어에도 큰 영향을 끼쳤고, 그의 캠페인은 정치적 다원주의, 자유 그리고 시민사회에 집중되어 있었다(Basmenji 2005: 225). 특히 하타미 대통령 집권기에 잡지와 신문을 비롯한 미디어의 성장은 괄목할 만하다. 미디어는 하타미 대통령에게 개혁정책을 펼치기 위한 대중들의 지지를 이끌어 내는데, 무엇보다도 중요한 것이었다. 또한 국영 방송이 최고 종교지도자와 그의 보수 연합의 통제하에 있었기 때문에, 그의 의제들을 반대하는 보수적인 목소리들에 대항할 수 있는 미디어가 필요했던 것이다(Semati 2008: 6). 또한 당시의 미디어의 움직임과 학생운동과는 상당한 연관성을 가지며 상호적인 영향을 끼쳤다.

1997년 온건파 하타미 대통령의 당선 이후, 1999년까지 무려 168개의 새로운 잡지와 신문을 포함한 인쇄물들이 출판면허를 받게 되었고,[2] 언론매체들은 다양하고 급격하게 증가하게 되었다. 하지만 긍정적인 미디어 매체 발전에 대한 열망과 움직임에도 불구하고, 여전히 검열과 신문, 잡지의 폐간이라는 경계의 고리들은 개혁 언론의 확장을 견제하며 이루어졌다. 언론의 자기 규제를 장려함에도 불구하고, 개혁적인 성향의 자유 언론의 놀라운 성장은 이슬람 체제를 고수하는 정부에게 위협적인 것이었다. 온건개혁파 중심의 새로운 의회도 자유 언론의 잠재석인 위험에 대해 정확히 알고 있었으므로, 끊임없이 이슬람 공화국의 헌법에 전적으로 따르기를 요구했다(Khiabany and Sreberny 2001: 203-223).

사적 공간에서 암암리에 퍼진 위성 방송과 그에 따른 대중 문화의 확산, 온건파 정권의 등장에 힘입은 개혁적인 성향이 언론이 등장은 현 이란사회의 개혁과 보수파의 갈등을 증폭시켰고, 이와 같은 미디어 매체의 양상은 각 진영 사이의 가장 격렬한 토론의 장이 된 것이다. 1999년 7월 『살럼(*Salam*)』이라는 개혁적인 신문의 폐간을 시작으로, 의회는 새로운 언론 통제법을 추진하였다. 이 새로운 언론법은 개혁적이고 자유로운 사회에 대한 열망을 무시하고, 더욱더 미디어를 체제의 품 안에 두려는 시대 역행적인 것이었고, 이 사건을 계기로 1979년 이슬람 혁명 이후 찾아볼 수 없었던 거센 대규모 학생 시위와 이란 국내외적으로 큰

2 하타미 집권 당시의 '새로운 문화적, 정치적 길'에 대한 추구는 새로운 언론들의 이름에서도 나타난다(Khiabany 2008: 23). 보수적인 이름에서 탈피해, 다양한 제목들이 등장하게 되는데, Jāmeh(사회), Neshat(기쁨), Mellat(민족), Azād(자유), Fath(승리), Hughug Zanān(여성의 권리), Rah-e No(새로운 길), Hayat-e No(새로운 삶), Bahār(봄), Goonāgun(다양성) 등이 그 예이다.

정치적 파장을 가져오게 되었다(Abdo 2003; Ghamari-Tabrizi 2000: 33). 대규모의 학생 시위의 이면에는 혁명 이후 폐쇄적으로 고립되어 가고 있는 사회적 현실과 뒤처진 발전에 대한 고질적인 사회 문제가 있었으며, 이와 같은 불만들이 언론 탄압과 새로운 언론법 추진을 계기로 곪아 터진 것이다. 경제난과 실업난으로 허덕이는 사람들, 특히 정치적 문화적 제약으로 자유를 목말라하는 여성, 젊은이들, 지식인들이 시위의 가장 큰 지지자가 되었다.

언론 자유에 대한 요구로 촉발된 이 시위는 어떤 정치적 당이나 정식 학생 조직도 주도적으로 참여하지 않았고, 마치 1979년 혁명 당시 뚜렷한 주축 세력 없이 민중의 힘으로 이루어진 것처럼 이 사건도 자연스럽게 테헤란에서 타브리즈, 마슈하드, 라쉬트 그리고 이스파한과 같은 대도시로 번져 갔다. 이 시위 뒤에는 몇몇 학생 단체 이외에도 독립적인 학생 단체 신문인, 31개 대학의 2,800명 학생들이 리포터로 활동하는 ISNA(Iranian Students' News Agency)가 주축이 되었다(Khiabany and Sreberny 2001: 208-209). 당시 시위 도중 부상당한 동료의 피 묻은 셔츠를 높이 쳐든 21세의 대학생 아흐마드 바테비(Ahmad Batebi)의 모습이 이코노미스트지(The Economist)의 전면에 실리면서, 이란 국내뿐 아니라 수많은 이란 디아스포라들과 국제적인 관심을 이끌게 되었다(Gershowitz 2005; Alavi 2005: 141, 구기연 2008에서 재인용).

이후 시위가 종결되고 많은 학생이 수감되는 과정에서 바테비는 정부의 위험인물로 지목되어 처음에는 사형을 선도받았다가 15년으로 감형받았고, 이후 미국으로 망명했다. 당시 이 사진은 재외 이란인 방송과 인터넷 커뮤니티, 블로그를 중심으로 링크되어 있으며, 이란의 인권과 민주화를 상징하는 사진으로 사용되고 있다. 하지만 이 시위 당시에도 최고 종교지도자 아야톨라 하메네이는 녹색운동 때와 같은 반응이었다. 아야톨라 하메네이는 시위 학생들은 미국과 해외에 있는 반정부

세력의 지원을 받은 파괴자 혹은 침입자라 표현하며, 시위에 참석한 학생들을 비난했다(Khosravi 2008: 141).

이렇듯 매스 커뮤니케이션은 문화적 전통이 하나의 세대에서 다른 세대로 이어지는 데 있어서 중요한 역할을 하고, 한편으로는 한 개인이 사회 구성원이 되게 하는 매개자로서의 역할을 수행한다. 전 지구적 채널과 위성 텔레비전 이용을 통한 정보의 획득은 이슬람 정부에 의해 금지되었지만, 사실상 통제하기는 힘든 상황이다. 이와 같은 국제커뮤니케이션을 통해 민주화, 여성의 권리와 인권에 대한 움직임과 같은 전 지구적인 담론은 이미 이란사회 깊숙이 들어와 작용하고 있음을 알 수 있다.

1999년 이후 오늘날까지 많은 이란의 언론인들이 미국 언론과의 협력을 이유로 체포되었고, 반정부적인 논조를 펼치는 언론인들에 대한 체포와 언론 폐간이 반복되고 있다. 정부는 이들의 개혁적인 목소리를 반 이슬람적인 것으로 간주하면서, 이슬람 국가 체제를 위협하는 위험세력으로 몰아세우며 탄압을 계속해 오고 있다. 더욱이 보수주의자들은 BBC Persian 라디오와 미국의 목소리(Voice of America), 미국의 TV 프로그램들과 같은 뉴미디어와 위성을 통해 들어오는 외부의 목소리들이 이슬람 정신을 파괴하여 젊은이들의 정신 상태를 흐리게 하고 희망을 잃게 만든다고 비난의 목소리를 낮추지 않고 있다. 보수주의자들은 미디어를 통한 음모이론과 문화제국주의에 빠지는 위험성만을 강조하고 있는 것이다. 이러한 양상은 혁명 이전의 반왕정, 반서구 이데올로기 전개와 유사한 방식으로 이루어지고 있다는 점에서 다시 한번 미디어의 정치 이데올로기화의 모습을 보여 주고 있다.

2. 국영 방송의 의미

> IRIB는 혁명에 반하는 적(敵)들의 선전을 허용하지 않고, 그들에 대항해야 한다. 그리고 그들의 조작을 막기 위해, 강력하게 대응해야만 한다. IRIB를 혁명주의 이슬람 원칙을 가르쳐 주는 대학으로 삼고 시청하라. 이것이 IRIB에 대한 우리의 접근법이다. 오늘날 세계는 우리를 대상으로 선전을 멈추지 않고 있다. 우리는 IRIB와 함께 남아 있다(Khiabany 2010: 159).

이란사회에서의 미디어의 문화적 의미를 파악하기 위해, 국영 방송의 성격과 의미를 살펴보자. 현재 이란은 국영 방송인 IRIB(Islamic Republic of Iran Broadcasting)가 4개의 텔레비전 채널, 잠잠(Jam Jam) 1, 2, 3 이라는 3가지 위성 채널을 가지고 있으며, 뉴스 전문 채널인 IRINN, 영어 전문 채널인 Press TV 등을 소유하고 있다. IRIB는 물라(mullah, 성직자) 비전이라는 별명이 붙여질 만큼(Barraclough 2001: 26), 국가 체제의 선전적인 성격이 강하다. 또한 IRIB는 성직자의 권위를 합법화하기 위한 이데올로기적인 조직체이다. 그렇기 때문에 이란에서는 텔레비전이 가장 인기 높은 매체임에도 불구하고, 국영 방송은 가장 약한 매체로 여겨지고 있다. 개혁에 대한 목소리가 높아져 감에 따라, 독립 언론들이 등장하기도 하지만, 국영 방송은 여전히 권력의 핵심에 있고 강력한 사회적 영향력을 가지고 있다.

앞서 2장에서 살펴본 바와 같이 미디어는 교육 체계(교과서와 교육과정)와 함께 사회화의 주요 동인으로서, 엄격한 정부의 제한과 검열하에 있다. 이런 기관들은 젊은이들에게 이슬람적 가치관과 이슬람의 신실함 그리고 이슬람 공화국과 종교지도자에 대한 존경심을 심어 주고자 노력한다(Alikhah 2008: 103).

Television-e khodesh? (국영 방송?) 우리는 절대 안 보지. 그런데 막내는 이란 방송을 자주 보는 편이야. (놀리듯이 말한다.) 그래서 ○○는 주몽과 대장금에 대해서도 잘 알고 있어. 하지만 우리는 안 봐. 전혀 재미있지 않고, 맨날 지겨운 정치 얘기만 하고 있거든.

국영 방송에 대해 물어보는 나에게, 두 언니들은 막내가 나이에 맞지 않게 이란 국영 방송을 즐겨 본다고 놀리듯이 말했다. 그 옆에 있던 A도 언니들의 이야기에 얼굴을 살짝 붉히며 부끄러운 듯이 수긍한다.

A: 우리는 국영 방송보다는 위성 방송을 주로 시청하지. 이란 채널의 경우 오로지 지루한 인터뷰만을 보여 줘. 아침부터 밤까지 맨날 인터뷰만 해. 저것 봐. (채널을 이리 저리 돌리며) 여기도 좌담. 여기도 세미나, 여기도 인터뷰. 한국에서 텔레비전을 볼 때 주로 어떤 프로그램을 봐?

저자: 주로 드라마나 뉴스?

A: 그렇지? 그런데 여기는 맨날 떠들기만 한다니까. 지겨운 좌담만 하고 있어(라고 하면서 자연스럽게 위성 방송으로 채널을 돌린다. 주로 이란 음악들이 나오는 Persia 같은 음악 채널이나, 페르시아어 자막이 나오는 영화 채널들을 번갈아 가며 본다).

위의 인터뷰에서 말한 대로, 국영 방송의 내용은 종교적인 세미나나 이슬람적 가치나 생활방식을 강화하는 강연 등이 주를 이룬다. '혁명(enggellāb)'이라는 단어는 선전적 성격을 지닌 영상물과 프로그램을 통해 되풀이되고, 종전이 20년이 지난 2009년 텔레비전에서, 여전히 성전(聖戰)은 진행 중에 있다. 휴일인 금요일 오후 내내 정오에 있었던 금요 예배가 녹화 중계되고, 모하람 달 국영 방송은 하루 종일 로제 컨(Rowzekhān)[3]의 구슬픈 흐느낌만이 계속된다. 국영 방송에서는 끊임없이 혁명적 가치를 실현하기 위해 노력하고, 그들의 삶을 변화시키는 서구의 문화적 침입에 대항하기 위한 방어를 실천한다(Basmenji 2005: 28). 국영 방송에서는 슬프고 애통한 감정만이 남아 있고 기쁨과 사랑, 긍정, 그리고 즐거움의 감정은 찾아보기가 힘들다.

[사례 4-1] 26세 여자 대학생

이란의 텔레비전에서는 어떤 감정도 보여 주지 않는다. 특히 사랑은 볼 수가 없다. 애정도 볼 수가 없다. 특히 텔레비전의 경우 더욱 심하다. 사랑한다고 얘기하지도 않고, 부부가 손도 잡지 못한다. 우리는 그 어느 곳에서도 감정을 배우지 못한다. 감정을 통제하는 방법만을 배운다. 보통 다른 사회가 사회나 미디어에서 감정 조절이나, 성교육, 혹은 사랑하는 방법, 사랑을 표현하는 방법을 직·간접적으로 익힌다면, 우리는 그러한 감정들은 전혀 배우지 못하고 가정 내의 교육에만 머물러 있다. 하지만 가정마다 종교적, 세속적인 성향의 차이가 심하기 때문에, 교육받은 부분도 상당히 다르게 나타난다.

코스라비(2008)에 의하면 이란의 국영 방송은 젊은이들을 두 가지

3 로제 컨은 선지자의 가족들, 특히 이맘 후세인에 대한 열정적이고 애절한 서사시를 암송하는 사람이다. 로제커니는 조가(弔歌)를 부르는 의례이며, 금요 예배와 타지에 그리고 모하람 행렬과 함께 새로운 국가 권력을 상징적으로 결속시키고, '상상의 공동체'를 공고히 해 주는 상징적인 의례로 여겨진다. 로제 컨은 시아 영웅들의 고통과 일화들을 때로는 구슬프게, 때로는 격정적으로 흐느끼며 암송한다. 타지에가 극(劇) 형태라면, 로제커니는 성스러운 순교자의 고통을 담은 이야기의 낭송이다. 실제로 모하람 달이 시작되면, 거리 곳곳에서 로제 컨의 구슬픈 목소리를 들을 수 있으며, 국영 방송을 통해 연일 방영된다. 로제커니의 목적이 슬픔과 울음을 최대한 끌어내기 위한 것인만큼, 로제 컨의 절절한 목소리로 시를 읊으며 사람들의 감정을 최대한 고양시킨다.

범주로 나누어서 강조하는데, 한 범주는 나라를 구하고 좋은 미래를 건설하는 열렬한 혁명주의자나 신실한 이들이고, 다른 한 범주는 남을 기만하고, 철없는(bidard) 쾌락주의자(hedonist)들로 그려진다. 국영 방송이 만들어 내는 이상적인 이란 젊은이의 이미지는 희생할 준비가 되어 있는 의식 있는 전사, 가치를 지키는 이다. 반면, 철없는 젊은이들의 정체성 없고(bi-houviyati), 가족과의 연대나 규범에서 자유로운 특징을 지닌다(Khosravi 2008: 24). 이렇듯 국영 방송은 끊임없는 선전화 작업과 이슬람적 가치관을 강조하기 위한 통제와 검열이 반영된 프로그램을 방영하지만 많은 이들, 특히 젊은 세대의 철저한 외면 앞에서는 변화를 꾀할 수밖에 없다.

3. 뉴테크놀로지와 인터넷의 수용

"Lost 6 봤니? 소여 너무 멋지지 않아? 케이트도 너무 섹시한 것 같아."
"Lost 1부터 4까지 보느라, 지난 일주일 꼬박 샜잖아."

위 대화는 2009년 사적 파티장에서, 일상모임에서 많이 관찰되는 이란 젊은이들 사이의 자연스러운 대화 중의 하나였다. 20여 년 당시 이란 젊은이들에게 미국 드라마 '로스트(Lost)'의 배우들, 가수 비욘세와 리한나, 축구 선수 베컴은 더 이상 낯선 존재가 아니었다. 위성 방송, 스마트폰, 블루투스(bluetooth), 개인용 컴퓨터, 디지털카메라, 인터넷 등의 뉴테크놀로지의 도입은 이란사회, 특히 젊은 세대의 문화를 새롭게 규정짓는 중요한 문화적 장치가 된다. 최근 이란에서의 미디어 산업은 가장 눈에 띄게 성장하는 경제 영역이라고 할 수 있을 정도로, 그 성장 속도가 주목할 만하다. 또한 새로운 통신 기술의 도입은 비교적 단시간에 청년 문화와 대중 문화에 지대한 영향을 끼쳤으며, 젊은이들의 문화 지형도를 바꾸어 놓았다. 이란 사람들이 휴대전화에서 가장 중요한 기능으로 여기지는 것은 블루투스, 접근성, 카메라 기능, MP3 기능 등이다.[4]

특히 청년 문화와 관련하여 주목할 부분은 바로 인터넷 사용자의 폭발적인 급증과 위성 텔레비전을 중심으로 한 뉴미디어 영역을 꼽을 수 있다. 이란의 인터넷 사용자가 중동 지역의 56%를 차지할 만큼, 이 지역에서 가장 두드러진 확산을 보이고 있다(Amir-Ebrahimi 2009: 326).

[표 4-1]에서 보여진 바와 같이 인터넷 사용자수는 2000년 61만 421명에서 2011년 1,570만 7,706명 정도로 최근 10년간 25배 이상으로 늘었다. 최근 3~4년 사이에 널리 보급된 모바일의 사용 양상도 주목할 만한데, 2001년 휴대전화 이용자가 100명 중 3명꼴이라면, 2010년 기준 모바일 사용자가 약 6,750만여 명으로 인구의 100명 중 91명이라는 통계 결과[5]는 최근 10년간의 뉴테크놀로지의 보급과 이용이 얼마나 높아졌는지를 보여 주는 단적인 예이다. 또한 디지털 카메라의 도입으로 일부 젊은 세대는 페이스북[6]과 같은 인터넷 소셜 네트워크(social network)

4 2009년 6월 한국 모 전자기업 이란현지법인 직원과의 인터뷰를 참조하였다.

5 세계은행(The World Bank) 홈페이지, "Mobile cellular subscriptions(per 100 people)" 통계 자료 참조(http://databank.worldbank.org/indicator/IT.CEL.SETS.P2?page=1).

6 이란 내 페이스북 사용자수를 확인하기란 쉽지 않다. 이란 내에서 페이스북은 금지 사이트로 분류되어 접근이 쉽지 않다. 이러한 이유로, 페이스북 사용자들은 '필터를 뚫는 프로그램'을 사용하여 페이스북에 접근하기 때문에, 통계 자료를 내기가 힘들 것으로 분석된다. 2009년 기준 약 150만 명으로 추정되지만(Chen and Sali 2010), 2010년 이후로 눈에 띄게 가입자수가 늘었지만(이란 내에서의 정보제공자와 그들의 지인들 네트워크 양상을 살펴볼 때, 95% 이상 2010년 이후에 가입했음), 정확한 통계수치는 나와 있지 않다.

[표 4-1] 이란 인터넷 사용자수

연도	인터넷 사용자(명)	연도	인터넷 사용자(명)
2000	610,421	2006	6,182,991
2001	984,240	2007	6,764,942
2002	3,109,384	2008	7,402,423
2003	4,719,209	2009	8,096,282
2004	5,160,110	2010	11,835,781
2005	5,648293	2011	15,707,706

자료: 세계 개발 지표(World Development Indicators). http://data.worldbank.org/indicator/IT.NET.USER?page=2.

를 사용하기도 하고, 모바일을 통한 문자 보내기, 음악 공유하기, 또한 디지털 사진 공유하기가 유행처럼 번졌다. 도시를 중심으로 고등학생들까지도 거의 모두가 휴대전화를 소유할 정도로 널리 보급되었다. 또한 학교나 관공서를 비롯해 가정 내 개인용 컴퓨터, 인터넷 초고속망의 보급 확산은 수많은 블로거를 양산해 내었고, 인터넷은 통제된 이란 미디어를 통해 얻을 수 없는 정보를 획득할 수 있는 유용한 통로가 되었다. 워체식 등(Wojcieszak et al. 2012)에 따르면 젊은 세대(18~28세)는 다른 세대들의 정보 매개체[7]를 비교했을 때 다른 어떤 것보다도 인터넷, SMS 문자메세지가 중요한 정보전달의 매개로 사용된다. 2011~2012년 이란 미디어 소비에 대해 조사한 워체식의 연구에 따르면, 59세 이상의 세대들 중 단 4%만이 집에서 인터넷을 접속하고, 18세와 28세 사이의 젊은 세대는 약 61%가 집에서 인터넷을 사용한다고 한다.

7 예를 들어 40, 50대들은 주로 언론 매체와 라디오, 가까운 친척들과 가족 등을 통해 정보를 얻는다. 워체식 등(Wojcieszak et al. 2012)에 따르면 18~28세의 젊은 사람들 중 30%가 인터넷이 정보를 얻는 중요한 수단이라면, 59세 이상 세대 중에는 인터넷을 통해 정보를 얻는 이가 없었다. 반면 장년층들은 모스크나 종교적인 지도자를 통해 정보를 얻는 비율이 청년 세대보다 높았다.

[사례 4-2] 테헤란대학교 석사과정생들과의 대화 중에서(2009년 5월 26일)

신기술, 뉴미디어 도입은 곧 우리에게 정보의 바다를 직접적으로 보여 주게 된다. 예전에는 검열된 미디어와 자료를 통해서만 세상을 보았다면 지금은 '자신의 눈'으로 세상을 보게 되었다. 하지만 여전히 검열이라는 문제가 있다. 예를 들어 이란의 필터링 제도는 금기어를 설정해 놓음으로써 검열이 되는 것이다. 그러므로 한국의 사이트든 영국의 사이트든 검색어가 필터에 걸리면, 아예 열리지가 않는다. 아직까지도 국영 텔레비전 방송은 그들의 목소리를 그대로 담고 있고, 신문은 그나마 조금 낫다.

[사례 4-2]에서도 나타나듯이, 이슬람 정부는 끊임없이 정보를 제한하고 사회 통제를 내세운다. 정부는 국영 미디어를 통해 위성 미디어를 문화제국주의적 침략으로 규정하며, 끊임없이 위성 방송에 대해 비판을 가하고 있다. 또한 실질적인 통제 방법으로 강력한 필터링 시스템을 가동시키고 있다. 그러므로 정부 측에서 유해하다고 판단되는 사이트는 접근이 아예 불가능하고(주로 해외의 이란 반정부적인 단체나 해외 교포들의 사이트, 포르노사이트 등), 유명한 미국의 스타나 성적인 문구들(키스, 레즈비언, 게이, 섹스, 포르노 등)로는 검색과 접근 자체가 불가능하다. 강력한 검열 제도로 인해 실질적으로 이란에서 공적으로 구입하고, 읽을 수 있는 모든 미디어물과 서적은 정부에 비판적인 목소리를 담을 수 없다. 그러므로 정부의 검열과 통제 기준에 조금이라도 벗어나면 발행물의 폐간이나 관련자 구속은 드문 일이 아니다. 예를 들어 2007년 정부에 비판적인 시각을 가지고 대중적인 인기를 얻었던 『샤르그(*Sharq*)』라는 신문은 레즈비언으로 잘 알려진 한 재외 이란인 여류시인과의 인터뷰를 실은 대가로 하루아침에 폐간되어야만 했다.

이란의 인터넷 사용인구와 블로거가 급속도로 증가하고 있지만 인터넷상에서의 표현의 자유란 아직 없다. 최고 종교지도자인 아야톨라 하메네이와 다른 성직자들을 비판했다는 이유로 구속되어, 30개월을 선고받았다가 테헤란의 악명 높은 정치범 수용소인 에빈 감옥에서 스스로 목숨을 끊은(2009. 3. 18.) 오미드 레저 미르 사야피(Omid Rezā Mir Sayafi)의 경우처럼[8] 이란사회에서 정치적, 종교적 색채를 드러낸다는 것은 목숨을 위협받을 만큼 위험한 행동이다. 이와 같은 어려움에도 불구하고, 이란에서 약 6만 5,000명의 블로거가 활동하고 있으며, 2011년 기준 약 1,570만 7,706명(인구 대비 100명당 21명)[9]의 인터넷 사용자들이 있다. 이렇듯 디지털 기계의 도입은 이란의 여론 형성과 지식 정보의 새로운 장을 열고 있으며, 특히 제3세대들은 이 급격한 디지털 사회로의 이동의 주축이 되고 있다.

하지만 정보의 확장과 바깥세상을 볼 수 있는 이목이 생기면서, 뉴미디어를 다루는 젊은이들은 이슬람 당국에 의해 '위험한 존재'로 여겨진다. 인터넷과 각종 디지털 기기의 확산은 강력한 이슬람 정부를 지향하는 정부에게 가장 우려되는 세력으로 비춰질 수밖에 없는 것이다.

[사례 4-3] 26세 남자 대학원생

이란의 젊은 세대가 다른 세대와 달리 겪고 있는 커다란 문제 중 하나는 바로 인터넷, 위성과 같은 뉴미디어를 통해서 어렸을 때부터 '우리 눈'

8 2009년 3월 19일 BBC 뉴스 참조(http://news.bbc.co.uk/go/pr/fr/-/2/hi/middle_east/7953738.stm).

9 http://databank.worldbank.org/ddp/home.do?Step=3&id=4 기준.
정확한 인터넷 사용자수에 대한 자료도 찾기가 쉽지 않은데, 자료에 따라 수치의 차이가 많이 난다. http://www.internetworldstats.com/me/ir.htm에 따르면 2011년 기준 위의 수치의 약 2배인 3,320만 명(인구 대비 43.2%)이 인터넷 사용자로 추정된다.

으로 직접 해외의 문화를 접했기 때문이다. 10년 전부터 인터넷 인구가 점점 증가하면서, 검열 제도가 생기기 시작했지만, 젊은 사람들에게 검열 제도는 사실 문제될 것이 없다. 다들 필터링을 없애는 프로그램을 다운받아 사용하기 때문에 인터넷 접속하는 데에는 문제가 없다.

www.Farsizabun.blog에는 엄청나게 많은 이란인 사용자들이 활동을 하고 있고, 인터넷 속도가 매우 느리지만 페르시아어가 인터넷 사용자 언어의 영어, 중국어에 이어 3위, 4위를 차지할 정도로 인터넷 인구가 급증하고 있다. 정부와 공적인 장소에서는 공적인 자아를 보여 주지만, 친한 친구들과 가족들 앞 그리고 블로그에서 자신의 진정한 자아를 보여준다. 야후 채팅창, 개인적인 블로그(유명 블로그 사이트)를 비롯해 페이스북, 유튜브 등을 활발히 이용한다.

또한 테크놀로지의 도입은 사람들의 개인화에도 더욱 가속화를 가져왔다. 2002년 기숙사의 여자 대학생들은 여가시간에 같이 모여 잡담을 나누거나 음악을 듣곤 했는데, 2009년에는 각자 노트북 등의 개인화된 기계를 통해 혼자만의 세계를 가지는 모습을 보였다.

[사례 4-4] 24세 여자 대졸, 취업준비 중

우리도 젊은 세대이지만, 우리보다 어린 세대들과는 또 차이가 있어. 지금 고등학교 1학년인 H나 Y는 정말 우리 세대와는 또 달라. 그들은 우리보다 훨씬 개방적이고, 가슴과 머리가 열려 있다. 세상이 어떻게 돌아가는지 다 알고 있는 것 같아. 새로운 기술-인터넷, 위성의 역할이 가장 크다고 할 수 있지. 내가 고등학교 다닐 때만 해도 위성 텔레비전을 본다고 교실에서 이야기하지 못했는데, 이제는 자유롭게 말할 수 있지. 물론 친구들끼리 학생들끼리이긴 하지만. 그때 당시 우리 반에만 성직자의 자녀가 4명이나 있기 때문에 차마 말하지 못했지. 종교적인 성격이 세대로 내려가면서, 열어졌기 때문인 것 같아. 아! 우리만 하더라도, 인터넷이나 위성 방송이 없었을 때는 3~4달이 지난 후에야 세상에 어떤 일이 일어났는지 알았을 정도였으니까.

수많은 이란 젊은이들에게 인터넷은 필수가 되었고, 구글 톡이나 스카이프 그리고 페이스북을 애용했다. 특히 2009, 2010년 이후 인터넷 광대역망과 스마트폰의 확산으로 각종 소셜 미디어를 포함한 인터넷 문화가 빠른 속도로 발전하고 있다. 2016년 이후부터는 스마트폰의 보급으로 소셜 미디어 활용의 폭이 두드러지고 있다. 이러한 영향으로 인스타그램이나 텔레그램 사용자가 눈에 띄게 늘어나고 있다. 초기의 인터넷 활동이 주로 위에 나열된 야후나 MSN 채팅에 치중되었다면, 최근 몇 년 사이에 채팅 방에서 블로그로, 또한 소셜 미디어 사이트와 모바일 메신저로 그 궤를 옮기고 있다. 2000년 살만 자리리(Salman Jariri)에 의해 시작된 이란 블로그는 2001년 말에는 200개가, 2003년 초에는 수천 개로 늘어났고, 정확한 블로그 숫자를 파악하기는 어렵지만 현재 이란 웹블로그는 약 4만 개에서 11만 개 사이로 추정된다(Khiabany and Sreberny 2007: 564-565).

이란 젊은이들은 블로그를 통해 자신의 삶들을 그려 내고, 정치적인 이슈들을 토론하며, 동시에 이란인 디아스포라와의 사회적 네트워크 구축을 통해 또 하나의 '상상의 공동체'를 만들어 가고 있다. 이란 블로그는 국제 미디어에서 상당한 관심을 받아왔는데, 강하게 닫혀 있는 이란이라는 국가 이미지와 달리 수많은 블로거들이 '자신'을 드러내며 활동하기 때문이다. 사적, 공적인 삶의 괴리가 큰 이란에서 웹로그(Web Log)는 바로 가면 없이 '그들 자신'을 드러낼 수 있는 공간인 것이다. 개인 블로그에서 이란 젊은이들은 가족사진으로 개인적인 생활을 드러내기도 하고, 정치적인 사안이나 문화적 규제에 대해 가볍게 논

평하기도 한다. 블로그가 '자아'를 드러내는 장이며, 인적인 성격이 강하지만 대부분의 블로그는 링크를 통해서 보다 공론의 장으로서 특성을 가지기도 한다. 다시 말해 이란의 젊은이들이 주 사용자인 블로그와 SNS는 사적 자아를 드러내는 장인 동시에 그들만의 공적 영역을 형성해 내기도 한다. 개인적이고 사적 형태인 블로그가 친구들, 동료들 혹은 기타 관련된 블로그와 사이트와의 연대로 보다 결속력 있는 네트워크를 구축하는 것이다. 그것의 대표적인 형태가 바로 www.tahsilat.com과 같은 학생 블로그 연대나 www.womeniniran.net과 같은 페미니스트 블로그 네트워크이다.

집합적인 블로그는 개혁적인 언론의 역할을 대신하기도 한다. 아마디네자드 정권 이후 개혁 성향의 언론사들이 줄줄이 폐간되면서, 온라인에서 집합적인 블로그로 되살아나는 경향을 보이기도 한다. 2004년에 폐간되었던 개혁주의 신문 『엠루즈(*Emrooz*)』, 『부이더드(*Booydād*)』 그리고 『밤더드(*Baamdād*)』 등이 emrooznews.blogsopt.com, ooydadnews.blogsopt.com, baamdadnews.blogsopt.com 등의 웹 로그 형태로 다시 나타나는 것이다. 또한 여성 NGO와 페미니스트들의 블로그 연대인 www.herlandmag.com에서는 여성폭력 문제, 아프가니스탄 이주 여성 문제, 여성 직업 문제 등에 대한 토론의 장이 펼쳐지고, 이란이 유엔 여성 차별 철폐 협약에 가입할 것을 촉구하는 청원과 캠페인을 펼치기도 한다(구기연 2008). 인터넷과 블로그 활동의 급속한 성장은 사회 정치적 정보를 제한하려는 이란 권위자들에게 큰 도전일 수밖에 없다. 이란 정부는 이에 대응하여 강력한 검열 체계를 도입하고 있는데, 공식적으로는 이와 같은 인터넷 필터링이 포르노그라피나 비도덕적인 사이트에 대한 방어막이라고는 하지만 실질적으로는 정치적인 정보 등에 접근을 막기 위함이라는 것은 이란사회에서 공공연한 사실이다. 그래서 이란 정부는 개혁주의 신문 저널리스트들에 대한 탄압뿐 아니라, 전자 미디어에서 활동하는 이들을 대상으로 탄압의 고삐를 늦추지 않는 것이다. 그러므로 이런 의미에서 이란에서 인터넷과 블로그, 뉴미디어의 접속은 '작은 혁명', 그리고 '적극적인 저항'이라고 볼 수 있다. 또한 그들만의 공적 영역이 국가에 대한 대항이데올로기로 형성되는 장이라고 할 수 있다.

4. 위성 방송의 특성과 역할

이란의 대중들은 1993년 제6회 국제 책 박람회 때 위성 텔레비전을 처음으로 접하게 되었다. 국제적인 채널을 내려받은 박람회장의 수많은 모니터는 많은 군중을 매혹시키기 충분했다. 그 이후로 두바이에서 쏘아 올린 미니애폴리스(Minneapolis) 위성 수신 장치가 시장에 나오게 됨으로써 위성 수신기는 도시 상공에 급속히 확산되었다. 1995년까지 테헤란에서만 약 50만 가구에 위성 수신기가 설치되었고, 도시의 1,200만여 명이 국경을 뛰어넘는 초국가적인 위성 프로그램을 시청하게 되었다. 저렴하고 작은 크기의 위성 수신기가 시장에 도입되면서 위성 텔레비전의 확장은 더욱 가속화되었다.

약 150달러에서 200달러의 설치비를 내면, 위성 접시를 통해 두바이에서 송신되는 위성 방송이 그대로 방영된다. 위성을 통해 접할 수 있는 채널은 대략 2,000여 개이며, [표 4-2]의 위성 수신기가 대표적이다. 2005년 위성을 설치하는 데 300~400달러가 들었지만 2009년 당시 규제가 많이 완화되고, 수요가 많아지면서 가격 경쟁으로 설치 가격도 많이 내렸다. 불과 2000년 초만 하더라도 위성 접시는 '악마의 접시'로 규정되어 몰래 감추고 다시 단속하는 악순환을 겪었다. 이후 더 이상 걷잡을 수 없이 널리 퍼지게 되어 2009년 현지조사 당시 위성 텔레비전은

[표 4-2] 위성 수신기 및 송신국

위성 수신기	송신국	대표 채널
Hot bird	유럽, 미국	PMC, TV Persia, BBC Persian
Ku-intel sat	이란	
Entel sat	유럽	
Turk sat	터키	
Nile sat	이집트를 비롯한 아랍 지역	Dubai One, MBC 1, 2, 3, 4, MBC Persian

더 이상 숨길 수 없는 현실이 되었다.

현재 이란에는 위성 방송을 통해 약 3,000여 개의 채널이 방영되며, KBS World, CCTV, NHK, Fox TV부터 Tapesh, Persia Music Channel, MBC Persia,[10] VOA(Voice of America),[11] BBC Persian과 같은 페르시아어 사용자를 겨냥한 채널까지 그 종류는 매우 다양하다. 위성 방송의 페르시아어 채널은 약 40여 개 정도 된다. 페르시아어 채널 이외에도 쿠르드, 아르마니아, 유대계, 아프가니스탄 방언, 투르크어 방송 채널들이 있어, 이란 내 다양한 종족을 위한 공동체 구성에 도움을 준다. 위성 미디어를 통해 서구 문화와 디아스포라 문화를 접할 뿐 아니라 위성 방송은 종족적 특성을 강조하는 역할을 하기도 한다.

1979년부터 이란 디아스포라 언론의 역할이 두드러지는데, 키아바니(Khiabany 2010)에 의하면 그들은 주로 이란에서의 인권 문제 등에 대해 주로 다루고, 타국에서 이란인 공동체를 구성해 나갔다. 로스앤젤레

10 주로 미국이나 외국 영화들을 보여 주고, 페르시아어 자막을 넣어 주는 채널이다. 드라마, 영화 전문 채널이라고 할 수 있다.

11 VOA Persian은 '미국의 소리(Voice of America)' 방송 산하에 있는 페르시아어 뉴스 네트워크이다.

스에만 63개의 TV 방송국 그리고 18개 라디오 방송국 채널이 있다.

대략 400만 이란인 디아스포라들이 1,200여 개 이상의 간행물들을 출간해 왔고, 현재 351편이 발행되고 있다. 그중 85%가 미국, 독일, 영국, 스웨덴, 프랑스 그리고 캐나다에서 발행되고 있다(Bahrampour 2002: 89; Khiabany 2010: 80에서 재인용). 뉴스·정치관련 채널로는 BBC Persian이 가장 이란 사람들에게 인기 있는 채널 중 하나이며, 가장 공신력 있는 뉴스 채널로 꼽힌다. 국영 방송 IRIB의 대항마로 여겨지는 BBC Persian은 영국 런던에서 제작되어 핫 버드 위성(Hot Bird Satellite)을 통해 이란으로 송신된다.

한편, 이란 청년들은 이란 출신 가수들의 뮤직 비디오를 주로 틀어 주는 음악 프로그램을 주로 보는 편이며, MBC나 Dubai One과 같은 두바이 영화 채널을 많이 시청하는 편이다. 이란 음악 방송은 주로 외국에 거주하는 이란인 가수들의 음악(소위 이란젤레스 음악), 이란 국내의 지하 음악, 혁명 이전 가수들의 음악이 주로 방영되며 가끔 터키나 아랍 혹은 미국 가수들의 뮤직 비디오를 볼 수 있다. 또한 '아메리칸 아이돌(American Idol)'을 따라 만든 '넥스트 페르시안 스타(Next Persian Star)', 인기 여가수 구구쉬와 함께하는 '구구쉬 뮤직 아카데미(Googoosh Music Academy)'와 같은 오디션 프로그램이 큰 인기를 끌었으며, 2009년에는 Farsi 1이라는 두바이에 기반을 둔 드라마 전문 방송 채널이 개국하면서 다시 한번 이란 시청자들의 욕구를 충족시켜 주었다. 특히 Farsi 1은 미국, 콜롬비아와 함께 주로 한국 드라마를 페르시아어 더빙으로 방영함으로써, 이란 내 한류 열풍의 주역이 되고 있다. Farsi 1 채널에서만 2009년에서 2012년 사이 약 15편의 한국 드라마가 인기리에 방영되었거나 방영 중이다. 한국의 드라마를 통한 한류는 국영 방송 IRIB를 통해 먼저 시작되었다. 위성 미디어나 불법 유통되는 할리우드 영화와 드라마 등의 시청으로 취향이 까다로워지고, 점점 이란 방송을 외면하는 이란 사람들을 위해 국영 미디어에서는 주로 한국 드라마로 사람들의 시선을

[표 4-3] 이란 내 방영되는 페르시아어 방송 위성 채널

채널	송신국	내용	시작 연도
ITNI	미국	예능	2000
PARS TV	미국	정치	2001
CHANNEL ONE	미국	정치	2002
VOA PERSIAN	미국	정치	2003
NEW CHANNEL	영국	정치	2003
SIMAY-E-AZADI	영국	정치	2003
IPN	미국	예능	2003
JAME-E-JAM INT.	미국	예능	2003
TAPESH 1	미국	예능	2003
YOUR TV	영국	정치	2004
MAHAJER TV	독일	예능	2004
RANG-A RANG	미국	정치	2004
ICC	미국	영화	2004
TAPESH 2	미국	음악	2004
PMC	아랍에미리트	음악	2004
OMID-E-IRAN	미국	예능	2004
PEN	미국	예능	2004
DIDAR TV	미국	예능	2004
AZADI	미국	정치	2004
MTCI	미국	음악	2004
TASVIR-E-IRAN	미국	정치	2005
ITN2	미국	예능	2005
SALAM TV	미국	종교	2005
ARYANA	미국	예능	2005
EBC	미국	음악	2006
PERSIAN MUSIC	아랍에미리트	음악	2006
IRAN MUSIC	독일	음악	2006
MNTV	독일	예능	2006
TAPESH3	미국	스포츠	2006
MTC2	미국	패션	2006
WIND	아랍에미리트	교육	2006
NEJAT TV	미국	종교	2006
ANDISHE TV	미국	문화	2006
GEM TV	아랍에미리트	예능	2006

[표 4-3] 계속

채널	송신국	내용	시작 연도
ARYA TV	미국	예능	2006
ME SHOP	아랍에미리트	쇼핑	2005
GUNAZ	미국	정치	2006
ROJHELAT TV	스웨덴	정치	2006
KOMALA TV	스웨덴	정치	2006
Persia TV	아랍에미리트	예능	2006
BBC Persian	영국	정치	2008
MBC Persia	아랍에미리트	영화	2008
FARSI 1	아랍에미리트	드라마/예능	2009
MANOTO 1	영국	예능	2010
Euro News	프랑스	정치	2010
National Geographic Farsi	아랍에미리트	다큐	2011
Zemzemeh	아랍에미리트	예능	2011
GEM Life	아랍에미리트	영화	2012
GEM Junior	아랍에미리트	어린이	2012
RIVER TV	아랍에미리트	드라마	2013
MIFA	아랍에미리트	음악	2013
RUBIX TV	아랍에미리트	드라마 예능(HD)	2013
ONYX	아랍에미리트	영화 채널(HD/SD)	2013
GEM Travel	아랍에미리트	여행	2014
GEM Ballywood	아랍에미리트	인도영화	2014

자료: 아리카(Alikhah 2008: 100-101)가 2006년 11월을 기준으로 작성했고, 2008년 이후의 자료는 인터넷과 현지조사를 통해 보충함.

잡았다. 2009년 당시, '주몽'이 방영되는 화요일, 토요일 저녁 시간에는 거리에 사람이 없어 '주몽 타입'이라고 표현할 정도로 주몽의 인기는 상상 이상으로 높았다. 주몽에 대한 관심을 반영하듯 극 중에서 소서노의 역할을 했던 여배우 한혜진의 인터뷰가 2009년 이란의 새해인 노루즈 황금 시간대에 텔레비전에서 방영되고, 주몽의 등장인물을 표지로 장식한 잡지들이 가판대를 가득 채웠다. 이란사회 내의 한류 열풍은 2008년 대장금으로부터 시작되었고, 이후 '고맙습니다', '해신(2007~2008)', '주몽(2008~2009)', '하얀 거탑(2009)'에 이르기까지 한국 드라마에 대한 관심과 사랑이 날이 갈수록 높아 감을 피부로 느낄 수 있을 정도이다. 하지만 흥미로운 점은 한국 드라마는 국영 미디어를 통해 방영되므로 주로 보수층이나 30, 40대 이후 연령층에서 사랑을 받고 있으며, 개혁적인 성향의 젊은이들은 주로 불법 DVD나 위성 텔레비전을 즐겨 보는 편이므로 한국 드라마보다는 미국 드라마를 선호하는 경향이 있다. 이처럼 위성 방송을 통해 방영되는 이란 음악이나 프로그램들은 불법 제작되는 CD나 개인들의 이메일, 블루투스 불법 다운로드를 통해 급속히 대중 속에서 공유되고 있다.

그렇다면 이란사회에서 위성 방송은 어떤 역할을 하고 있는가? 먼저, 위성 방송은 이란의 새로운 대중 문화 형성의 창구가 된다. 이슬람 혁명 이후 이란 사람들의 생활 전반에 대한 통제가 지속되고, 문화적 탄압이 계속되면서 젊은 세대를 중심으로 무조건적이고 총체적인 이슬람화에 대한 저항이 시작되었다. 그 대표적인 예로 테헤란과 전국의 대도시에 소수 기업가를 중심으로 '지하 비디오 클럽'이 생기기 시작했다. 또한 젊은 세대를 중심으로 외국 영화와 텔레비전 쇼를 해적판으로 만들어 수수료를 받고 이웃과 친구에게 복사해서 빌려주고 있으며, 사회 전반적으로 해적판 비디오와 음반 사업은 광범위하게 퍼져 있다(구기연 2008). 위성 TV를 통해 왕년의 스타뿐 아니라 미국에서 태어나고 자란 1.5세대, 2세대 이란 교포 가수가 캘리포니아에서 가수로 데뷔하게 되면, 이들의 뮤직비디오와 노래는 불법적으로 이란 국내로 들어와 레코드 전문점에서, 혹은 친구에서 친구로 복사되어 유포된다. 이런 결과로 이란 내 공적인 통로를 통해서는 도저히 접할 수 없는 서구적인 냄새가 흠뻑 들어간, 전통적인 리듬에 테크노가 접목된 식의 일명 '이란 팝'이 암암리에 퍼지는 것이다. 이와 같은 테이프와 CD의 유통은 그 규모가 대단해서 그 여파는 비단 위성 접시의 설치 비율이 높은 대도시뿐 아니

[표 4-4] IRIB(이란 국영 방송사)에서 방영된 한국 드라마

방송 연도	드라마 제목, 방영 방송사	TV 채널	드라마 횟수	최고 시청률
2006～2007	대장금(MBC)	채널 2	54	86%
2007～2008	해신	채널 3	51	
2008	고맙습니다(MBC)	채널 5		
2008～2009	주몽(MBC)	채널 3	81	85%
2009	하얀 거탑(MBC)	채널 5		
2012	동이(MBC)	채널 3	60	
2014	철의 제왕, 김수로(MBC)	채널 3		
	브레인(KBS)	채널 5		
2015	해를 품은 달(MBC)	채널 3		
	수백향(MBC)	채널 5		
	해를 품은 달(MBC)	채널 3	22	
	신의(SBS)	Namayesh 채널	24	
	발효가족(JTBC)	Namayesh 채널	24	
	계백	Namayesh 채널	36	
	홍길동	Namayesh 채널	24	
	굿닥터	채널 2	20	
	제왕의 딸 수백향	채널 5		
	파스타	Namayesh 채널	20	
2016	바람의 왕국(재방송)	Namayesh 채널		
	동이(재방송)	채널 5		

자료: IRIB 홈페이지 및 위키피디아 "Korean Wave" 검색, https://en.wikipedia.org/wiki/Korean_Wave#Iran.

라 전국적인 범위에 이르고 있다. '불법적 개방성'은 중앙 정부의 정책과 광범위하게 퍼져 있는 일상적인 관행 사이의 불일치에서 나온 결과물이라 볼 수 있다(커런 2005: 290-291). 이렇듯 위성 프로그램을 통한 이민자 문화는 소수자들의 문화적 취향에 머무는 것이 아니라, 이란 내 새로운 대중 문화로 거듭나고 있는 것이다.

두 번째로 위성 방송을 대표로 한 미디어의 세계화 현상은 이란 내 정치에도 상호적인 영향을 끼친다. 미국을 중심으로 한 해외 이란 망명

[표 4-5] Farsi 1 위성 방송 채널 방영 한국 드라마 목록

방송 연도	드라마 제목
2009	환상의 커플, 내이름은 김삼순, 밤이면 밤마다, 불새, 누나
2010	내조의 여왕, 인어아가씨, 하얀 거짓말, 보석비빔밥
2011	결혼하고 싶은 여자, 내 곁에 있어, 아직도 결혼하고 싶은 여자, 아내의 유혹, 천사의 유혹
2012	내 곁에 있어(재방송), 아내의 유혹, 49일, 황금물고기, 내조의 여왕, 최고의 사랑, 케세라세라
2013	천사의 유혹, 백년의 유산, 선덕여왕, 보고 싶다
2014	선덕 여왕(재방송), 백년의 유산(재방송), 반짝반짝 빛나는, 천 번의 입맞춤, 노란 복수초
2015	당신 참 이쁘다, 욕망의 불꽃
2016	욕망의 불꽃(재방송), 폭풍의 여자, 당신 참 예쁘다(재방송)

자료: www.farsi1/tv 참조하여 재작성.

자들과 디아스포라들은 학생 민주화 운동을 지원해 주는 중요한 역할을 해 오고 있다. 하지만 이란 정부는 디아스포라들이 생산하는 위성 방송을 문화 침략이라고 경계하면서, 학생운동이 격렬히 일어났던 2003년에는 페르시아어로 된 라디오와 텔레비전 방송의 전파를 방해해 위성 방송에의 접근을 막기도 했다(Alavi 2005). 이란 디아스포라가 만드는 방송은 남녀평등, 종교와 정치의 분리, 인권 문제, 언론의 자유 문제 등 한마디로 현 이란 정부의 정책에 반하는 주제들을 주로 다루고 있다. 그러므로 이슬람 혁명 이후 혁명 이전 사상서나 문학들이 금지도서가 되고, 왕정시절을 회상하는 것만으로도 반이슬람적이라고 규정짓고 탄압받는 현실에서, '반혁명, 반정부주의자'라고 여겨지는 이들이 텔레비전에 나와 모국어로 연설한다. 현 이란 정부를 비판하는 위성 TV는 특히 현 정치체제에 갑갑함을 느끼는 젊은 세대에게 매혹적인 매체일 수밖에 없다. 젊은이들은 위성 미디어를 통해 영화 채널, 서구 드라마, 스포츠 채널을 시청하고, 'The OC'와 같은 미국의 드라마를 즐겨 보기도 한다. 이렇듯 위성 채널을 통해 서구의 프로그램과 디아스포라가 제작한

뉴스와 연예 프로그램을 보는 것은 단순히 서구 문화를 향유하고 싶은 욕망을 채우는 것을 넘어, 정부의 엄격한 검열 제도에 의해 제한된 담론들을 위성 방송을 통해 접하는 것이다. 또한 이민자 방송은 그들의 윤택한 생활과 높은 문화 수준을 보여 주면서, 이란 국민에게 현 정부와 체제에 대한 불만을 더욱 부추기는 작용을 한다. 미국과 이스라엘뿐 아니라 혁명 전후 해외로 망명한 이란 교포들을 적으로 규정하는 이란 정부의 입장에서 위성 방송을 통한 그들의 목소리는 반체제적인 선전 방송의 역할을 하는 것이다(Barraclough 2001: 34).

마지막으로, 위성 미디어는 정치적인 힘을 모아 '상상의 공동체'를 만들고 이를 정치적 실천으로 옮기게 해 주는 발판이 된다. 2009년 당시 이란 국내 젊은이들의 절대적인 지지를 받았던 한 위성 프로그램을 살펴보자. VOA PNN(Voice of America Persian Network System) 채널을 통해 방영되는 파라지트(Parazit, static)는 직역하면, '잡음' 혹은 '공전에 의한 전파방해'이다. 이 파라지트라는 프로그램의 이름은 이란 정부가 끊임없이, 위성 채널을 방해하기 위한 시도에서 따 온 것이다. 이 프로그램은 위성뿐 아니라 페이스북과 유튜브 등의 인터넷 사이트를 통해 선풍적인 인기를 끌고 있다. 이 프로그램은 기본적으로 뉴스 포맷을 한 텔레비전 풍자 쇼로, 그 소재는 주로 이란 내 정치에 관한 것이다. 2009년 전까지만 하더라도, VOA라는 채널 자체는 이란 내에서 BBC Persian에 비해 인기가 없었다. 왜냐하면 VOA 채널은 '미국의 소리'라는 이름처럼 반정부적인 목소리를 가지고 있을 뿐 아니라, 미국 정부의 시각에 편향되어 있기 때문이다. 하지만 이 프로그램은 달랐다. 파라지트 프로그램의 소재는 대부분 이란 정치 뉴스를 그대로 따왔으며, 정치인들의 목소리를 모아 가벼운 어조로 풍자해 냈다. 2009년 5월에 처음 방송이 시작되었지만, 이후 6월 대선과 녹색운동과 맞물려 지금까지 큰 인기를 끌고 있다. 특히 VOA PNN 채널뿐 아니라 2011년부터 페이스북을 통해 프로그램 영상 클립을 공유함으로써, 이 프로그램과 사회자들의 인지도는 이란 국영신문의 집중적인 인신공격을 당할 정도로 유명해졌다. 이 프로그램의 페이스북 팬 페이지[12]는 1,700만 방문자를 기록하고 있으며, 2012년 9월 기준으로 94만 명 넘는 사람들이 '좋아하는 페이지'로 등록했고, '이야기하는 사람들'이라 표현되는 이 프로그램에 대해서 게시물을 달거나 댓글을 다는 등 활동을 하는 이는 2012년 1월 기준 3만 8,143명에 달했다. 파라지트는 매주 금요일마다 30분 동안 방영되고 있으며 시즌 3이 35편까지 방영되었다(2012년 1월 기준). 또한 '페이지 인사이트'를 참고해 보면, '좋아요'를 택하고 '이야기하는 사람들'이 가장 많이 분포한 지역은 테헤란이며, 주 연령대는 25세에서 34세 사이이다.[13]

아직도 영어에 페르시아어 억양이 많이 남아 있는 이민 1세대의 대변자인 캄비즈 호세이니(Kambiz Hosseini)와 페르시아어에 영어 억양이 많이 섞여 있는 이민 2세대인 사만 아라비(Saman Arbabi) 이 두 30대 중반의 젊은이들이 진행하고 있다. 이란의 정치문화 풍자 프로그램의 가장 큰 소재는 바로 현 대통령인 아마디네자드이다.

> 이란사회의 사실 그대로를 보여 주고, 그 사실 속에서 보여지는 '위선'을 강조하는 것이 바로 우리의 일입니다.
> 나는 나의 조국에서 일생 내내 '나'를 통제하면서 살아왔습니다. 나는 자유롭게 이야기할 수도 표현할 수도 없었습니다. 집 안에서만 원하는 '자유'를 누렸고, 밖에서 매 순간 '거짓말'을 해야만 했습니다. 지금도 이란에서 나와 같은 젊은 세대는 분노와 반발심을 강하게 느끼고 있습

12 http://www.facebook.com/parazitparazit 참조.

13 http://www.facebook.com/parazitparazit/info#!/parazitparazit/likes 참조.

니다. 하지만 우리는(parazit) 이러한 분노와 복수심을 '유머'로 바꾸고 있습니다. … 우리는 인구의 높은 비율을 차지하는 젊은이들을 이 프로그램의 주요 시청자 대상으로 여기고 있습니다. 주로 페이스북을 통해 피드백을 얻고 있습니다(Kambiz Hosseini, The daily show의 인터뷰 중에서, 2011년 1월 20일 영상[14]).

이 쇼의 호스트인 후세인이 위의 인터뷰에서 밝혔듯이, 그는 과거 이란에서 '상상하지 못했던 일'들을 해내고 있다. 그의 인터뷰를 통해서 이란에서 어떻게 '자아'가 규제되고, 연출되는지를 가늠해 볼 수 있다. 그는 한 번도 자기 자신을 자유롭게 표현할 수 없었고, 국영 방송 앞에서 국가의 일방적인 목소리를 들어야만 했다. 하지만 지금껏 없었던 정치 풍자 쇼에서 그들의 블랙유머들은 빛이 난다. 그들의 해학 가득한 풍자와 때로는 직설적인 화법을 통해 이란 사람들은 국영 방송에서 절대로 들을 수 없는 정치비판을 듣게 되는 것이다. 파라지트 프로그램은 페이스북 페이지, 유튜브 채널, 개인 블로그, 파일 공유 페이지, 그리고 VOA PNN 공식 홈페이지에서 볼 수 있다. 그들의 비판과 유머의 대상에는 성역이 없다. 아마디네자드, 아야톨라 하메네이, 그리고 녹색운동의 지도자 무사비에 이르기까지 이란 정치와 관련된 사항이라면, 그 어떤 주제와 인물도 에피소드의 주인공이 된다. '정치(siyāsi)'란 단어만 들어도 지긋지긋하다고 표현하는 사람들에게 파라지트는 '피곤하게 만드는(khastekonande)' 프로그램이 아닌, 풍자와 유머를 통해 가볍게 하지만 날카롭게 정치 문제를 다루어 사람들을 TV 앞에서, 컴퓨터 앞에서 웃게 하는 것이다. 또한 파라지트의 성공 요인은 미국식 스탠딩 개그 방

14 http://www.thedailyshow.com/watch/thu-january-20-2011/exclusive---kambiz-hosseini---saman-arbabi-extended-interview 참조.

식에 이란식 유머들을 섞어서 만들기 때문이다. 다음의 인터뷰에서도 파라지트의 특성과 인기 요인이 그대로 드러난다.

[사례 4-4] 36세 주부

우리에게 이제 '정치'는 꼴도 보기 싫은 주제야. 더 이상 희망도 무엇도 안겨 주지 못하는. 하지만 파라지트를 보고 있으면 골치 아프지 않고 공감을 하며 웃어넘길 수 있지. 지금의 정치인들이 되지도 않는 말들을 떠드는데, 그런 장면들이나 발언들을 묶어 다시 보여 주면서 사람들에게 냉소를 이끌어 내는 것이다.

[사례 4-5] 32세 남자 대학원생

나는 사실 VOA 채널을 좋아하지 않아. 그야말로 '미국의 목소리'니까. 지금껏 VOA 채널은 거의 보질 않았어. 그래서 처음에는 몰랐지. 하지만 몇몇 친구들이 이 프로그램에 대해서 이야기를 나누고, 이슈가 되길래 한번 봤더니 재미있더라고. 그때부터 위성을 통해서 보기도 하고 친구들과 파일을 공유하기도 하고 유튜브를 통해 내려받아서 보았어. 이 프로그램이 이렇게까지 인기를 끈 이유 중 하나는 풍자 프로그램이기 때문일 거야. 사실 지금까지 이란의 '정치'는 심각하게만 다루어진 것이 사실이잖아. 원래 이란 사람들이 풍자, 농담과 코미디를 굉장히 좋아하거든. 그러니 이와 같은 요소가 잘 맞은 것이지. 이란의 정치 역사를 살펴보면 직접적인 비판 대신 블랙유머와 풍자가 많았었어.

비록 이 프로그램이 SNS와 인터넷, 위성 방송을 통해 상당한 시청자들을 가지고 있다고 하더라도 이 방송이 VOA 산하의 프로그램이라는 사실은 '미국의 선전' 방식으로 쓰이지 않겠느냐는 의문을 가질 수밖에 없다. 알자지라의 "Parazit: Voice of America or voice of the people?"[15]이라는 인터뷰 영상을 살펴보면, 이 방송이 VOA를 통해 방영된다는 점에서 미국의 목소리를 대변하는 — 이란 정부의 담론을 빌리자면 — '문화 침략(tahajom-e farhangi)'을 시도하는 프로그램이라는 비판을 피할 수 없다. 2011년 10월 26일에 있었던 힐러리 클린턴 국무장관과의 인터뷰 방영 등이 그 예이다. 하지만 호스트 중 한 명인 사만 아라비는 "우리는 이란의 인권에 대해서 말하고 있는 것이다. 만약 비폭력을 지지하고 인권 신장을 외치는 것을 선전이라 표현한다면, 나는 이 선전을 계속하겠다"고 말한다.[16] 그러면서 그들은 VOA라는 하나의 플랫폼을 이용한 것이고, 그들의 지원의 기회만 잡았을 뿐이라고 설명했다.

하지만 이란 정부에서는 여전히 위성 방송을 '공공의 적'으로 삼고 있으며, 이란 국영 텔레비전에서는 VOA와 같은 방송이 얼마나 이란의 문화를 왜곡하고, 정치적 목적으로 이용하고 있는지를 비난하는 프로그램을 방영하기도 한다.

[사례 4-6] 26세 남자 대학원생

젊은 세대는 뉴미디어를 충분히 다룰 줄 안다. 페이스북, 트위터 등 젊은 이들은 뉴미디어의 잠재력을 충분히 사용할 수 있다. 뉴미디어에는 정부의 제한이 들어올 자리가 없다.

15 영상을 통해 파라지트의 정치성에 대한 찬반의 열띤 토론이 벌어졌는데, 반대 의견을 낸 한 이란 사람은 이 프로그램이 결국엔 '미국의 소리'라는 편향적인 내용을 담고 있는 것이 아니냐고 쏘아붙였다(http://www.youtube.com/watch?feature=player_embedded&v= UVrGH2H9nys#! 참조).

16 http://www.economist.com/node/21536660/print, Have the VOA Persian News Network "Parazit" partners gone the way of Jerry Lewis and Dean Martin?2011년 12월 25일 참조.

신문, 잡지는 구속할 수 있지만, 인터넷은 발행인이 없지 않은가?

과거 정부 구속이 심했던 중국에서 최고의 해커가 나오는 것처럼 검열이 강해질수록 사람들이 더욱더 그 검열을 깨고 보기 위해 노력한다. 한편으로 이란 사람들에게 인터넷은 포르노를 보기 위해 시작되었다고 해도 과언이 아니다.

위성 텔레비전은 이란 역사에 대한 다른 해석을 내리고(예를 들어 왜 1979년 이슬람 혁명이 일어났는지), 민족정체성에 대한 해석 차이를 보이고(예를 들어 민족정체성에 대한 전(前) 이슬람적 요소), 마지막으로 대안적 정치철학(민주주의 가치/종교 원칙) 등을 강조하면서 이슬람 공화국의 헤게모니를 약화시키고 있는 것이다(Alikhah 2008: 103). 이와 같은 양상은 다음 절에서 살펴보듯이, 정치적인 불안과 갈등이 폭발적일 때 더욱 두드러지게 나타나기 때문에 이슬람 정부는 이 채널들의 주요 시청자인 젊은 세대의 움직임에 불안을 느낄 수밖에 없는 것이다.

5. 상상된 서구와 노스탤지어

매해 춘분인 3월 21일은 '노루즈(noruz)'라 불리는 이란의 새해이다. 이란 사람들에게 노루즈는 가장 큰 명절이며 보통 2주가 넘는 연휴를 맞게 된다. 2009년 3월 21일 오후, 이란의 한 가정에서는 새해맞이 준비에 분주하고, 위성 텔레비전에서는 새해를 맞는 설렘과 흥분이 고스란히 전해지고 있었다. "5, 4, 3, 2, 1! 새해를 축하합니다." 새해를 알리는 카운트다운이 끝나자마자, 위성 방송에서는 해외에 거주하는 혁명 이전 이란 텔레비전을 주름잡았던 연예인들이 떠들썩하게 새해 인사를 나누기 시작했다. 새해가 되었다는 자막이 막 지나자마자, 화면에서는 뜻밖의 인물이 이란 국민에게 새해 인사를 전해 주었다. 바로 2009년에 선출된 미국의 버락 오바마 대통령이었다.

> 오늘 노루즈를 맞이한 모든 분께 축하 인사를 드립니다. 전통적인 명절로서, 그리고 새로운 시작의 순간인 노루즈에 가족, 친구들과 함께 특별한 시간이 되시길 바랍니다. 저는 특히 이란 이슬람 공화국의 여러분과 지도자들께 직접적으로 말하고 싶습니다. … 거의 30년 동안 우리 두 나라는 팽팽한 긴장 속에 있어 왔습니다. … 하지만 이 명절에 우리는 '인류애'를 떠올리게 됩니다. 미국인들이 명절에 그러하듯이 여러분도 친구와 가족들과 함께 선물을 주고 받고 새로운 희망의 미래를 기대하며, 새해를 맞이 하겠지요. 우리는 국제사회와 함께 국제적 의무를 다하지 않는 이란 정부에 책임을 묻기 위해 노력하고 있습니다. 우리의 포괄적인 외교적 접촉과 대화 제안은 여전히 유효합니다. … 양국 간의 교류가 다시 시작되고 동반관계와 교역 등 우리 앞에 새롭게 펼쳐질 미래가 있다는 점을 이란 국민들과 지도자가 이해했으면 합니다. 새해가 밝았고, 우리가 공유하는 이 소중한 인류애를 다시금 상기시켜야 합니다. 새로운 시작의 희망을 찾을 수 있을 것입니다. 감사합니다. 그리고 에이데 쇼머 모버락(Eid-e Shomā Mobārak 새해 축하합니다)![17]

오바마 미국 대통령은 연설을 통해 희망과 화해의 메시지를 전했다. 연설이 끝난 후 그는 페르시아어로 "새해 축하합니다(Eid-e Shoma Mobarak!)"라고 짤막하게 인사했고, 같이 방송을 시청했던 이란 젊은이들과 그의 가족들은 박수를 치며 흥분했다. "오바마가 당선됐고, 이번

17 위의 영상은 직접 시청했고, 더욱 정확한 연설 내용은 다음 영상을 참조하였다. http://www.guardian.co.uk/commentisfree/2009/mar/20/iran-middleeast.

에 다가올 선거에서 아마디네자드가 선출되지 않으면 미국 비자 받기가 쉬워지겠지? 정말 잘 됐으면 좋겠다. 그런데 그렇게 비자 받기가 쉬워지고 국제관계에서 이란의 위치가 달라진다면, 아마도 이란에 남아 있을 젊은이들은 없을 거야. 하하하, 이란이 텅 비고 말 거야."라고 얼마 전 미국 비자를 거부당한 한 젊은이가 자조적인 목소리로 말했다. 이렇듯 이란에서 서구의 디아스포라가 생산해 내는 뉴미디어는 자국의 전혀 다른 어조의 콘텐츠를 이란 사람들에게 제공한다. 이와 같은 서구의 모습은 비난 일색인 국영 방송과 다른 사실들을 알 수 있지만, 한편으로는 이란 사람들에게 과장된 시각으로 서구와 만나게 하기도 한다. 또한 뉴미디어는 이란 젊은이들과 세속적인 성향의 사람들에게 '상상된 서구'와 더불어 '서구에 오염되었던 과거'와 마주하게 한다.

카베흐 바스멘지(Kaveh Basmenji)는 "한때 서구란 존재는 영화와 잡지 속에 있었지만 이제는 '집 안'에 있다."라고 표현하며(Basmenji 2005), 이란 사람들이 위성 방송이나 인터넷을 통해 '나의 눈'으로 바깥세상을 보게 되었다고 하였다. 하지만 '나의 눈'이지만 결국 매체를 통해 세상을 보는 것이기 때문에, 미디어가 가진 특성에 따라 서구의 모습은 다소 과장되게 때로는 또 다른 유토피아처럼 그려진다. 유토피아적인 '이슬람 세계'에서 실망한 젊은 세대에게, 서구의 모습은 또 다른 신세계이다. 그래서 '나의 눈' 역시 왜곡된 시선을 갖게 할 수 있는 위험성을 가진다. 또한 위성 방송 너머 너무나 자유로워 보이는 디아스포라들의 모습은 국내의 젊은이들에게 부러움과 선망의 대상인 동시에 자신들의 가혹한 현실과 마주하게 한다. 구소련의 삶 속에서 젊은이들이 미국과 독일의 영화들 속의 새로운 스타일들의 옷, 언어, 그리고 행동들을 '상상의 서구(imaginary West)'와 만나게 되듯이(Yurchak 2006), 이란의 젊은이들도 위성 방송이나 인터넷을 통해 상상의 서구와 만나게 된다. 상상의 서구와 만나는 방식은 앞에서 살펴본 금지된 것의 소비와 관련 있는데,

젊은 남녀들은 패션 잡지를 통해 유럽의 패션 코드를 모방하기도 한다. 이란에서도 위성 미디어의 다양한 채널은 실제의 모습보다 상상에 가깝게 사람들에게 다가온다. 특히 위성 미디어 속 미국 영화나 리얼리티 프로그램, 그리고 불법 유통되는 드라마 시리즈물 등을 통해 서구의 모습은 그들에게 외국으로의 도피를 꿈꾸게 하는 동시에 상대적인 박탈감을 느끼게 한다. 또한 서구의 영화나 드라마 속 자유로운 감정의 표출과 개방된 젠더 개념을 통해 특히 여성들은 대리만족을 느끼기도 한다.[18] 국영 방송과 교육 체계 속, 심각한 정치 구호 속의 '적', '제국주의'로 형상화되는 서구의 모습을 위성 미디어와 인터넷을 통해 확인함과 동시에, 미디어를 통해 편협하게 보여지는 상상의 서구를 그리고 있는 것이다.

한편, 위성 미디어는 '상상의 서구'를 구성하는 동시에, '상상의 노스탤지어'와 만나게 한다. 매년 노루즈 직전이나 크리스마스 시즌, 연말이 되면, 가수들의 콘서트 광고가 이란인 디아스포라 방송 채널에서 일제히 시작된다. 이란 디아스포라들을 위해 미국, 캐나다, 독일, 프랑스 등지에서 공연이 열리고, 이란 인근 국가인 아랍에미리트의 두바이, 아제르바이잔, 터키 등지에서는 이란에서 국경을 넘어오는 관객들을 위한 콘서트가 기획된다. 특히 아랍에미리트의 두바이에서 유명한 가수 콘서트가 열리면 공연 때문에 그 시기 비행기 표가 동나고, 콘서트 투어

18 이란에서 한국 드라마는 2009년 Farsi 1개국과 함께 본격적으로 방영되었다. 2009년 8월 위성 방송 채널 Farsi 1을 통해 방영된 '내 이름은 김삼순'은 큰 인기를 끌었는데, 인터뷰한 젊은 여성 중 상당수가 주인공 김삼순의 솔직함과 적극적인 성격에 긍정적인 반응을 보였다. 특히 솔직하게 자신의 성적 욕구를 표현하고 사랑에 대한 거침 없는 감정 표현을 하며 일에도 열정을 보이는 삼순이를 보면서, 이란 여성들은 "이란에서는 사랑을 말할 수 없어. 텔레비전 드라마 속에서 사랑은 없어"라며 이란사회와 비교했다. 한국 드라마는 특히 미국이나 남미 등의 드라마와 비교했을 때, 이란의 전통적 사고방식과 유사점을 공유한다는 점에서 이란 사람들에게 더욱 많은 인기를 끌고 있다.

관련 사기사건이 일어날 정도로 이란 국내에서도 관심이 많다. 공연하는 가수 중에는 혁명 이후 미주 지역이나 유럽에서 데뷔한 이들도 있지만, 사람들의 관심을 가장 끄는 가수는 혁명 이전 활동했던 왕년의 스타들이다. 그들은 주로 혁명 즈음에 외국으로 이민했거나 혁명 이후 전면 금지된 국내 활동으로 끝내 외국으로 이주한 사람들이었다.

아야톨라 호메이니 정권 이후 음악에도 검열의 잣대가 놓였고, 전쟁음악이나 연주음악만이 지금 이란에서 합법적으로 공공장소에서 연주될 수 있다. 특히 전통음악이 아닌 대중음악을 하는 여자 가수의 공연은 전면 금지되고 있다. 이 환경 속에서 인터넷과 위성 방송은 과거의 스타들을 만나고, 혁명 이전 이란을 그리워하는 사람들이 향수에 빠질 수 있는 매개체이다. 왕년의 스타들은 부모 세대에게만 인기를 끄는 것이 아니라, 전 세대를 걸쳐 사랑받고 있다. 부모 세대들이 위성 방송을 통해 왕정시대의 향수를 떠올리며 과거의 스타들과 추억을 나눈다면, 제3세대들은 위성 방송을 통해 부모가 좋아하던 스타들의 음악을 듣고 그들의 새로운 팬이 된다. 뉴미디어가 발달하기 이전부터 혁명 이전의 영화나 드라마, 가수들의 음악은 비디오나 카세트테이프 등의 스몰 미디어(small media)를 통해 사람들에게 암암리에 공유되었고, 현재 이란 내에서 활동이 완전히 금지된 혁명 전 가수들의 콘서트 녹화 방송이 위성 프로그램을 통해 고국에 있는 팬들에게 중계 방송이 되고, 그들의 음악은 인터넷을 통해 불법 다운되어 혁명 이후 세대 사이에서도 인기를 얻는다. 이와 같은 노스탤지어 문화를 이끌고 대표하는 사례가 바로 구구쉬(Googoosh)이다.

구구쉬는 한 시대의 디바이자 이란 사람들의 꿈이었다. 이란 사람들에게 구구쉬는 젊음의 활력, 전통과 그것의 금기사항에 맞선 도전의식으로 구현된다(Milani 2008: 993). 구구쉬는 파흘라비 왕정시대, 가장 인기 있었던 이란 팝의 여왕이었다. 미스 이란 출신으로 어린 나이에 데뷔해, 노

[그림 4-1] 구구쉬의 콘서트 포스터

래뿐만 아니라 영화배우로도 왕성하게 활동하기도 했다. 하지만 혁명 이후 대중 문화에도 엄격한 '문화 혁명'의 바람이 불자, 모든 여성 가수의 공연이 금지되었고, 국내에 거주했던 구구쉬도 20년 가까이 무대에 설 수 없었다. 여러 가지 절망적인 제약들과 열악한 대중 문화 환경 그리고 혁명 이후 20년 동안 단 한 번도 대중 앞에 설 수 없었음에도, 1979년 이후에 태어난 제3세대들은 부모들과 친척들의 전언을 통해서, 또한 그녀의 목소리가 담긴 테이프와 비디오를 통해서, 지금은 인터넷과 위성 방송을 통해서 그녀의 새로운 팬이 되었다. 구구쉬의 옛 노래를 들으며 부모 세대와 공감대를 형성하기도 하고, 혁명 이전 시대의 노스탤지어 문화는 제3세대에게 새로운 대안적인, 대중 문화로 다가온 것이다. 구구쉬는 2000년 캐나다 이주 이후 '구구쉬 컴백 투어(Googoosh Comeback Tour)'를 통해 본격적으로 공연 활동을 시작했다. 만오토 티브이(Manoto TV)를 통해 '구구쉬 뮤직 아카데미(Googoosh Music Academy)'라는 가수

오디션 프로그램을 최고의 인기 프로그램으로 만들어 내기도 했다.

한편 노스탤지어 속 스타들은 위성 방송을 통해 정치적인 메시지를 보내기도 한다. 이란 녹색운동 당시 위성 방송 속 스타들과 망명한 이란인 예술가들이 이란 녹색운동에 대한 지지성명을 냈다. 구구쉬 역시 녹색운동에 참여하는 사람들의 마음을 달래고 반정부 운동에 동참하는 메시지를 영상을 통해 보냈다. 그녀는 녹색운동이 일어나자마자, 이란 디아스포라들과 이란 국민을 울리는 뮤직 비디오를 발표하기도 했다. 구구쉬는 녹색운동이 일어난 다음 해인 2010년 '그린 엑스(Green X)'라는 새 앨범을 발매했다. "Man hammon Iranam(나도 곧 '이란'이다)"이라는 뮤직 비디오 시작은 애달픈 구구쉬의 시 낭송으로 시작된다. 그리고 뮤직 비디오 속 구구쉬는 극장에 앉아 녹색운동 당시 민병대와 진압대에 의해 무차별 폭행을 당하는 모국 젊은이들의 모습을 보고 눈물 짓는다. 자신을 모국과 동일시하여 부르는 노래는 이란인 디아스포라에게는 이란에 대한 관심을 호소하고 있으며, 어려움에 처한 조국에 대한 사랑을 보이고 있다.

(구구쉬 해설: 우리 조국은 지금 미래를 결정하는 예민한 시기를 거치고 있습니다. 우리는 조국을 걱정하고, 조국은 우리[디아스포라]를 걱정합니다. 모국은 상처받고 있습니다. 이 노래는 "너는 우리를 잊었다"이고, '이란'이라는 어머니가 자녀에게 보내는 애가입니다.)

가사: 그들은 그녀(모국)의 곁에 멀리 떨어져 삽니다. '이란'은 그들을 30년 동안 기다렸습니다. 당신(디아스포라)은 나를 잊었어요. 나는 '이란'입니다. 당신이 떠났을 때, 나는 울었습니다. 당신은 다시 돌아온다고 했었지요. 그것은 내가 가졌던 희망이었습니다. 당신과의 약속으로 나는 뜬눈으로 기다렸어요. 나의 아이들은 다시 만나자고 했지요. 우리의 약속은 어떻게 되었나요? 까만 밤, 과거의 기억들은

> 나의 몸과 마음을 채웁니다. 그날들을 어떻게 지내 왔는지 모두 기억합니다. 나는 스스로 자랑스러웠고, 자신감으로 가득 차 있었지요. 나를 잊지 말아요. 나도 내가 무너졌다는 것을 알고 있어요. 당신은 나의 울음을 듣고 있지요. 나는 '이란'입니다. 나에게 아무것도 남지 않았어요. 고양이처럼 생긴 새장[19]만이 나를 둘러싸고 있어요. 다들 떠난 이후로 난 단 하루도 행복하지 않았어요. 나를 잊지 마세요. …

이렇듯 이란의 젊은이들에게 디아스포라 문화와 뒤섞인 노스탤지어 문화의 유입은 국내의 공적 영역에서 누리지 못하는 대중 문화의 한 모습으로 사랑받고 있다. 동시에 사회 전반에 걸쳐 만연된 왕정시대의 풍요와 향수와 맞물려 저항적인 대중 문화를 구성하게 된다.

이란 제3세대의 대중 문화가 서구화 혹은 미국화되었다는 시각은 경계해야 할 점이다. 그들이 비록 미국의 패션을 추종하고 힙합, 랩, 그리고 헤비메탈을 즐긴다고 해서 그들이 전통적인 민족정체성을 등진다고 봐서는 안 된다. 예를 들어 아슈라 의례에 적극적으로 참여하는 젊은이들이 그 예이며, 누구보다도 메카로 떠나는 성지 순례에 가슴 설레는 젊은이들의 모습, 힘든 단식을 위해 꿋꿋이 해내는 청년들의 모습은 또 하나의 청년들의 모습이다. 그러므로 청년 문화를 서구 문화를 일방적으로 모방하기보다는 이란적인 색채를 더한 지역화된 문화를 만들어내며, 이러한 문화의 향유는 전통적이고 보수적인 집권과 자신의 구별하려는 젊은이들의 전략이 그대로 드러난다.

19 흔히 이란 국토의 모양이 웅크리고 있는 고양이처럼 생겼다는 데서 연유하는 가사이다.

제5장

자아 찾기를 위한 여정: 녹색운동을 중심으로

1979년 "자유! 독립! 이슬람 공화국"을 외치며, 거리로 쏟아진 이란 사람들에게 기대되었던 미래의 이슬람 국가란 하나의 이슬람 공동체, 움마(ummah)였다. 권위적인 부계사회 중심의 이슬람권에서 처음으로 아래로부터의 혁명을 스스로 이룩한 이란의 자유와 민주주의에 대한 갈망은, 1905년 입헌혁명이 일어났던 20세기 초부터 시작되었다. 하지만 사람들의 자유와 민주주의에 대한 바람은 한 세기가 지난 지금까지도 지켜지지 않고 있다. 특히 이슬람 혁명 당시의 이상적인 구호들은 사적 담화 속에서 비웃음과 풍자의 대상이 되기도 한다. 한편으로 이란은 미국의 중동 패권주의에 대항할 수 있는 유일한 국가로, 미국에 대한 강력한 정치적 수사학과 구호들을 고수하고 있다. 또한 보수적인 성직자 집단을 중심으로 군부세력과 버저르(전통시장) 상인층[1] 등 정권을 지지하는 보수, 전통적인 세력도 두텁게 존재하고 있다. 이와 같은 사회적 맥락에서 지난 2009년에 일어난 녹색운동(The Green Movement)[2]이라 불리는 민주화 시위를 어떻게 해석해야 할까? 이란사회에서 녹색운동이 일

1 파흘라비 왕정시대에서 이슬람 혁명기를 거친 이란 근현대사에서의 버저르와 버저르 상인들의 정권과의 관계와 상인조직들의 성격과 네트워크의 특징은 케셔바르지안(Keshavarzian 2007)의 책을 참조한다.

어난 문화적 배경은 무엇인가? 또한 젊은이들은 녹색운동에서 어떠한 역할을 하였으며 어떤 위치에 서 있는가?

"알라후 아크바르(신은 위대하다)!"

"마르그 바르 딕테로르(독재자에게 죽음을)!"

2009년 6월, 제10대 이란 이슬람 공화국 대통령 선거 결과가 발표된 13일 밤부터 이란 전역은 사람들의 애끓는 구호로 가득 찼다. 30년 전 이슬람 혁명을 성공으로 이끌었던 그 방식으로, 사람들은 또다시 자신의 거실과 옥상, 마당에서 신(神)을 향해 울부짖었다. 이렇게 녹색운동을 통해 2009년(이란력 1388년) 이슬람 혁명 30주년이 되는 해에 다시금 이란의 현대사를 써 내려갔다. 지난 30년 동안 꾹꾹 눌러 왔던, 아니 눌려져 왔던 사람들의 정권에 대한 불만과 분노가 대통령 선거를 계기로 폭발한 것이다. 30년 전 팔레비 왕정의 타도를 외치고, 혁명을 부르짖었던 이들로 가득 찼던 엥겔럽(혁명) 광장은 다시 지배 정권에 저항하는 사람들로 가득 찼다. 1979년 이슬람 공화국의 수립 이후, 시민의 국가에 대한 저항은 '일상적인 형태로서의 저항'(Scott 2008) 수준에만 머물러 왔다. 하지만 녹색운동은 이슬람 공화국 수립 이후 최초의 대규모 반정부 시위였고, 유혈 사태로까지 이른 적극적인 저항이었다. 또한 이란사회의 사적 공간에서만 공유되었던 고질적인 갈등의 요소들을 공적 영역으로 끌어내었다는 점에서 정치적, 사회적 의의를 가진다. 그렇

2 한국의 미디어에서는 주로 '이란 민주화 운동'이나 '이란 민주화 시위' 등으로 표현된다. 영어권에서는 이 일련의 시위들을 'The Green Movement'나 'The Green Wave' 혹은 'Green Revolution'이란 용어로 칭하고 있다. 하지만 혁명이란 단계에는 이르지 않았으므로, '녹색혁명'보다는 '녹색물결' 혹은 '녹색운동'으로 표현하는 것이 적절하리라 판단된다.

다면 무엇이 국가라는 도덕 체계 속에서 자신의 모습을 숨기고 있었던 그들을, 특히 젊은이들을 거리로 쏟아져 나오게 하였을까?

사실상 저자에게 녹색운동은 어느 날 갑자기 나타난 사회현상이자 역사적인 실체였다. 대통령 선거 한 달 전부터 녹색운동의 전조가 있었다. 저자는 녹색운동이 적극적으로 벌어진 주요 거리와 광장, 그리고 개혁파 미르 후세인 무사비(Mir-Hussein Mousavi) 후보자의 부인인 자흐러 라흐나바르드(Zahrā Rahnavard)가 직접 연설했던 지지유세현장을 중심으로 참여 관찰했다. 또한 투표 당일에는 한 지방 대도시에서 직접 투표하는 현장을 살펴보고,[3] 주요 정보제공자뿐 아니라 투표 참가자들과 인터뷰를 했다. 반정부 시위가 본격적으로 일어난 이후에는 직접 그 현장을 참여 관찰하기는 쉽지 않았다. 실제로 유혈 사태가 빈번히 일어났고, 사망자가 속출하는 상황에서 그 현장을 직접 조사하기는 불가능했다. 또한 녹색운동 발발 이후 모든 서구 외신은 이란에서 철수명령을 받았고, 이란에 체류한 외국인들이 민주화 시위에 참여하거나 시위와 관련된 사진이나 정보를 해외로 보냈다가 투옥되는 사례가 여러 차례 보도되었기 때문에 저자의 안전상의 문제는 더욱 심각해졌다.

3 선거 당일 투표장을 참여 관찰한 것은 선거 후 폭풍 때 일어난 반정부 측 사람들의 주장을 이해하는 데 도움이 되었다. 이란에서 투표는 선거 명부가 따로 없이 자신의 '셔너스너메'라고 불리는 주민 수첩에 도장을 찍는 형태로 신분을 확인했기 때문에, 선거의 정확성에 문제점이 많아 보였다. 또한 투표소가 따로 없이, 공개된 탁자 위에서 후보자의 번호와 후보자의 전체 이름을 직접 적어야 하는데 정해진 필기구도 없었다. 특히 기표대 없이 공개된 탁자 위에서 이름을 써야 하므로, 노인들은 자녀가 옆에서 써주거나 철자를 불러 주는 진풍경이 벌어지기도 했다. 이후 인터뷰에서 몇몇은 투표를 할 때 옆의 선거 관리인이나 경찰들이 옆에서 지켜보는 불편함을 감수할 때도 있다고 했다. 알리 안사리(Ali Ansari)는 이러한 이유로 이란의 투표방식을 비밀선거라 할 수 없다고 주장한다(Ansari 2010).

이란사회에서 개인들이 그들의 정부를 믿지 못하는 것에는 뚜렷한 이유가 없고, 경험이 그들의 냉소주의를 더욱 견고하게 만들었다는 안사리(Ansari 2010)의 진술처럼, 더 이상 사람들은 정부가 내세우는 명제에 대해 신뢰하지 못했다. 일련의 강압적인 국가 정책과 강요된 이슬람화 정책은, 오히려 "사람들의 가슴에서 이슬람을 멀게 했다."라는 서사들을 담론으로 확장시키게 했다. 이러한 힘들이 바로 녹색운동이라는 갑작스러운 사건을 가능케 한 사회문화적 배경이 되었다.

저자는 당시의 사적 영역의 서사들을 중심으로 이란 녹색운동을 재조명해 보고자 한다. 이란 민주화 시위에 대한 내부적인 담론들을 분석한 연구들이 거의 없는 상황에서 그들의 목소리를 담아내는 것은 무엇보다 중요하다. 이란의 젊은이들은 때로는 아날로그 한 방식으로, 때로는 가장 앞선 기술을 통해 녹색운동을 이끌었다. 이 장에서는 이란의 민주화 시위 과정에서 젊은이들의 위치와 역할을 살펴보고, 특히 녹색운동의 배경과 전개 과정에서의 스몰 미디어와 SNS, 위성 미디어 등 뉴미디어의 문화적 의미를 분석하기로 한다. 또한 녹색운동의 전개과정과 그 한계를 분석함으로써 향후의 상황을 전망해 보고자 한다.

1. 초록색의 의미와 상징화 과정

제10대 대통령 선거가 있기 한 달 전인 2009년 5월, 당시 대통령이자 보수 강경주의자인 아마디네자드, 이슬람 공화국 초창기 혁명 정부의 국무총리를 역임했던 온건개혁 성향의 미르 후세인 무사비, 개혁파 성직자인 메흐디 카루비(Mehdi Karrubi), 전 군사령관인 모흐센 레저이(Mohsen Rezaei)가 대통령 후보로 등록하면서 선거 열기가 뜨거워지기 시작했다. 선거운동 초반만 하더라도 아마디네자드 대통령의 순조로운 재선이 점쳐졌지만(Afshari and Underwood 2009: 6) 순식간에 분위기가 달라지면서, 무사비 후보는 갑작스럽게 개혁의 희망이 되었다. 대선이 있기 한 달 전부터 테헤란의 번화가나 지하철역 앞 등지에서 젊은이들은 "투표를 하지 않는 것은 반대하는 것이 아닙니다. 후퇴하는 것입니다." 라는 메시지가 적힌 전단지를 나누어 주며, 선거 참여를 독려했다. 지난 2005년 대통령 선거 당시, 개혁파 지식인들은 선거 보이콧을 선언했고, 계속된 정치개혁의 실패에 실망한 대부분의 개혁 성향의 유권자들이 선거를 외면했기 때문에(구기연 2008: 6-7), 2009년의 선거 참여 독려는 개혁파들에게 가장 큰 숙제였다. 2005년 당시 "오일 머니(Oil Money)를 모든 이란 가족의 식탁에 되돌려 주겠다."라는 아마디네자드의 선거 공략은 도시와 농촌 지역 빈민층의 적극적인 성원을 얻었고(Melman and Javedanfar 2007: 59), 부정부패를 뿌리 뽑고 빈익빈 부익부 현상을 줄이겠다는 그의 공약은 서민층과 보수전통주의자들의 지지를 받게 되었다. 그 결과 현 대통령인 아마디네자드 대통령이 비(非)성직자로서 처음으로 이란 대통령에 당선되었고, 그는 4년간의 재임 기간 동안 핵 문제와 관련된 국제 외교와 국정 운영에 대해 보수 강경 노선을 걸어왔다. 아마디네자드는 유가 상승에 힘입어 급격히 증대한 이란의 부를 통제하고, 그 돈을 이용해 도시와 농촌 빈민 사이에서 지지 기반을 다졌다. 2009년 대선 기간에는 빈곤층들에게 감자를 공짜로 나누어 주기도 하여 개혁층으로부터 '감자 정부'라는 비아냥을 듣기도 했다. 대선을 앞두고 개혁파 진영은 대중들의 선거에 대한 보이콧과 무관심이 아마디네자드의 재선으로 이어질 것을 우려하여(Ansari 2010: 39), 정치에 무심해져 버린 시민, 특히 청년들을 투표장에 오게 하는 것을 과제로 삼았다.

그렇다면 녹색운동 혹은 녹색물결은 어떻게 시작되었고, 어떻게 하나의 거대한 움직임을 이루게 되었을까? 또한 정치에 대한 대중적인 무관심이 어떻게 녹색운동을 계기로 변화하게 되었는가? 녹색운동의 역사적 배경은 1990년대 이란 내 개혁운동의 흐름과 맞닿아 있다. 1997년 하타미 대통령의 등장은 이란사회 내의 다양한 시민사회로의 이행을 의미하는 것이었다. 새로운 개혁의 바람은 바로 하타미 대통령 선출과 함께 시작되었다고 해도 과언이 아니다. 이와 같은 사회적, 역사적 배경 속에서 이란의 시민사회로의 움직임은 곧 민주주의와 자유라는 가장 보편적인 가치에 대한 요구로 이어지게 되었다. 이 시기에 다져진 개혁운동의 흐름과 시민 조직들—노동조합, 여성 조직들, 학생 조직, 언론 조직들—이 바로 녹색운동의 뼈대를 이루게 된다. 또한 조직적으로 활동하지는 않지만, '하타미 키즈'라 불리며 하타미 대통령 정권 8년 동안 유년, 청년 시절을 보내고, 아마디네자드 정권 이후 보수적인 정권에 불만을 품은 오늘날의 개혁적인 제3세대들도 뜻을 같이하게 된다. 이와 같은 배경 속에서 무사비 후보와 카루비 후보의 변혁의 슬로건과 입헌 개혁의 가능성에 대한 공약들은 사람들에게 자신의 투표권에 대한 실효성과 의미를 부각시키게 되었다(Ansari 2010: 40).

보수적인 이슬람주의자들과 개혁파들의 갈등은 이슬람 혁명 이후 문화, 정치를 아우르며 가장 치열하고도, 깊은 골을 보여 주고 있다. 일련의 정치적 갈등은 특히 선거를 앞두고 더욱 첨예하게 나타날 수밖에 없다. 대선을 둘러싼 이란 내부의 갈등은 선거 9일 전인 2009년 6월 4일 아야톨라 호메이니 서거 기념일에도 그대로 드러났다.

[사례 5–1] 아야톨라 호메이니 사원(2009년 6월 4일)

아야톨라 호메이니 서거 기념일, 호메이니의 무덤이 있는 사원에는 전국 각지에서 온 인파들로 가득 찼다. 호메이니 무덤은 '베헤쉬테 자흐러(Beheshit-e Zahra 자흐러의 천국)'라 불리는 국립묘지 옆에 웅장한 규모로 자리 잡고 있다. 아침 8시 30분쯤 도착해 보니, 이미 전국 각지에서 온 버스들로 가득 차 있고 곳곳에는 지방에서 온 참배객들의 텐트들이 즐비하다. 한쪽에서는 모하람 달 의례처럼 북을 치면서 행진하고 있었다. 또한 한쪽에서는 아마디네자드의 지지자들이 열광적으로 구호를 외치고 있다. 그 옆을 몇몇 청년들이 "무사비, 무사비…" 하면서 조용히 되내이며 지나간다. 정오쯤 되어 참배객 수는 절정을 이루었고, 입구 쪽 광장으로 나와 보니 무사비 지지파들과 아마디네자드 지지파들이 서로 지지하는 후보자 이름을 외치며 대치 상황에 있었다. 특히 아마디네자드 지지자들은 연신 구호를 외치며 광장 이곳저곳을 행진하고 있었다. 그러던 중 어느새 모여든 무사비 지지자들이 "무사비, 무사비!"를 외치며 돌다가, 아마디네자드 지지자들과 몸싸움을 벌이기 시작했다. 그 충돌을 바라보는 경찰들은 적극적으로 개입하지 않았다.[4] 양쪽에서 나눠받은 플라스틱 물통들을 던지기 시작했다. 무사비 지지파들과 아마디네자드 지지파들의 물통 싸움은 계속되었고 고성이 오가고 충돌도 있었다. 그 대치상황을 구경하는 사람들은 저마다 휴대전화의 카메라를 높이 들어 올리고, 혹은 디지털 사진기를 꺼내 찍기에 여념이 없었다.

이렇듯 2009년 당시 대통령 선거 기간에서 주목할 점은 신기술의 도입으로 인한 사람들의 사적 미디어 생산이었다. 개인 미디어로 촬영된 동영상들은 이메일이나 유튜브를 통해 사이버 공간에 올려지고, 해외에 기반을 둔 위성 방송들은 이 자료들을 통해 보도내용들을 채워나가고 있었다. 앞에서 본 것처럼 뉴미디어와 함께 새로운 기술의 도입은

4 선거일 전까지 복장검사를 비롯한 각종 규율에 대한 단속들이 많이 완화되었다. 정보제공자들은 자유로운 사회적 분위기를 어색해하며, 선거 이후에는 각종 단속이 강화되리라는 예상을 했다. 실제로 4년 전 대선 직전에도 단속이 완화되었지만, 아마디네자드 대통령 선출 이후 복장 단속은 심하게 이루어졌고 "한 거리의 젊은이들을 싹쓸이하듯 단속하여 쓸어 가기도 했다."라는 진술들이 나왔다.

[그림 5-1] 아야톨라 호메이니 사원 지하철역 앞에서 양 후보의 지지자들이 논쟁하는 모습

통제되고 닫혀 있던 사회에 새로운 장이 펼쳐짐을 예고했고, 늘 정보에 목말라하고 진실된 뉴스를 갈구하던 사람들에게 단비가 되었다.

또한 이번 선거에서 무엇보다도 주목할 것은 바로 색을 이용한 상징 정치의 힘이다.[5] 개혁파 후보였던 미르 후세인 무사비는 이슬람의

5 코스라비(Khosravi 2008: 53-55)에 의하면 전통적으로 이란사회에서 가장 상징적인 색은 검은색이다. 검은색은 혁명 문화에서 중요한 상징으로 작동했다. 예를 들어 검은색 차도르는 그 자체로 정치적인 힘을 가졌고, 특히 보수적인 집단-바시즈와 비공식 군부인 안사레 헤즈볼라(Ansar-e Hezbollah)는 검은색을 입는 것으로 자신을 드러낸다. 코스라비가 인용한 페미니스트 잡지 『자넌(*Zanān*)』은 색의 정치적 이용을 비판하기도 했다. 자넌에 의하면 "이란에서 어두운색을 입은 사람은 '우리 중 하나(khodi)'로 분류되고, 밝은색을 입은 이는 '우리가 아닌 사람(gayr-e khodi)'으로 여겨진다. 어둠(tiregi)은 이슬람 규범과 혁명 가치를 보호하는 의지를 상징하게 되었고, 밝음(roushani)은 부패한 서구 문화를 모방하는 수사나 순교자의 피를 존경하지 않는다는 의미를 가지게 되었다."라고 비판했다.
이란에서 붉은색은 피, 희생, 투쟁, 순교를 상징하는 동시에 이맘 후세인을 죽

상징 색인 초록색[6]을 자신의 이미지 색상으로 사용하였다. 이슬람권에서 초록색은 무슬림들이 가장 선호하는 색상으로 이슬람을 상징하는 색이다. 코란의 표지 색상으로 쓰이고, 사원을 장식하는 색으로 사용되며 이슬람권 대다수의 국기에 쓰일 정도로 선호되는 색이다. 이 국기들 속 초록색은 농업, 산림, 자연, 번영, 희망, 이슬람을 상징한다(한국콘텐츠진흥원 2011: 31-34). 초록색은 이란에서 이맘 후세인을 상징하는 색으로 여겨진다. 무사비 후보는 이란 사람들에게 초록색은 단순히 이맘 후세인과 이슬람을 상징하는 색이 아니라 다양한 민족, 종족으로 이루어진 이란을 하나로 묶을 수 있는 바로 '이란 사람'을 상징하는 것이라고 주장하였다. 이러한 초록색을 둘러싼 상징 투쟁은 그 여파가 퍼지면서 더욱 치열하게 나타났는데, 무사비 후보를 지지하는 사람들이 이 정치적 상징 색을 선점하면서, 초록색을 통해 현 이슬람 정권의 반대에 있는 또 다른 이란-이슬람 공동체를 구성하게 되었다. 색의 정치는 사적인 공간에 숨겨져 있던 존재들을 수면으로 끌어올리고 누가 나의 형제, 자매인지 알려 주는 동시에 누가 적인지를 구분하게 했다. 특히 젊은이들 사이에서 색의 활용이 두드러졌는데, 지금껏 자신의 의견을 마음껏 피력할 수 없었기 때문에 초록색을 통한 재현은 그들에게 더욱 큰 힘으로 작동하게 되었다. 2009년 대선을 앞두고 민주화와 자유를 갈망하는 초록색의 물결은 그들 자신도 놀랄 만큼 급속히 사회 전반으로 퍼져 갔

인 적을 상징하기도 한다. 무사비의 상징색 선점으로, 아마디네자드는 이란 국기 자체를 자신의 상징색으로 사용하였다. 흰색, 초록색, 빨간색은 이란 국기에 사용된 색이기 때문에 삼색 모두 이란을 상징하는 색이라고 할 수 있다.

6 초록색은 이슬람 전체의 상징 색이지만, 이란에서는 수니 이슬람과 구별되는 시아 이슬람들의 상징 색으로 초록색이 사용되고 있다. 예를 들어 아슈라(Ashura) 의례에서 시아 무슬림을 대표하는 이맘 후세인은 초록색 옷과 초록색 터번을 쓰고 있고, 이맘 후세인을 살해한 수니 무슬림들은 빨간색 옷을 입고 있다.

[그림 5-2] 테헤란 거리의 무사비 후보 지지자들

자료: 저자 촬영

다. 무사비 후보를 지지하는 시민들은 자발적으로 무사비 후보의 그림이나 사진이 담긴 포스터와 이 초록색 끈을 거리 곳곳에서 배포했고, 사람들은 자신의 자동차에 지지후보자의 사진이나 포스터 등을 부착하기도 했다.

개혁파 하타미 전 대통령의 1997년, 2001년 두 번의 당선을 이끌었던 20, 30대 젊은 여성층은 이번에도 무사비 후보의 가장 큰 후원자가 되었다. 젊은 여성들은 녹색물결을 이슬람 복장인 히잡에 적용시켰는데, 초록색 숄을 머리에 두르고 초록색 겉옷을 입고, 초록색 머리띠를 하고 열광적인 성원을 보냈다. 이와 같은 녹색운동의 열풍은 선거권이 있는 유권자뿐 아니라 일부 중학생, 고등학생들에까지 퍼져 유행처럼 초록색 끈을 손목에 매고 다녔다. 의복에서의 색의 활용은 그 어떤 선전도구보다도 가시적인 효과가 있었고, 서로에 대해 무언의 메시지를 보냈다. 초록색 의복과 액세서리의 적극적인 활용은 사람들에게 '무사비에게 투표하는 것이 실효성 없는 행동은 아니겠다.'라고 인식되기 시작했고(Fischer 2010: 520), 일상의 삶에서 마주치는 낯선 이들의 초록색 티셔츠와 손목 끈에서 불가능하게 보였던 변화의 가능성을 본 것이다. 앞의 장들에서 본 바와 같이, 지금까지 이란인들은 타인들에게 자신의 자아와 진솔한 감정을 드러내기를 꺼리고 두려워하기까지 했었다. 하지만 이 초록색의 공유를 통해 다른 이들과의 연대성을 상상하기에서 실천하기로 성공하였고, 감정의 공감대를 형성하게 된다.

한편, 인터넷과 SNS, 위성 미디어 등의 뉴미디어는 이번 대선운동의 가장 뜨거운 장으로 떠오르기 시작했다. 초록색 손목 끈과 같은 스몰미디어는 SNS를 중심으로 한 뉴미디어와의 조합으로 온라인에서도 초록색의 물결을 이루었다. 이후 트위터 혁명이라고도 불리는 '아랍의 봄(Arab Spring)' 사례처럼 이란에서는 2009년 대선 당시 인터넷 전쟁이라 불릴 만큼 뉴미디어의 위력은 대단했다. 특히 젊은층과 개혁층을 대상으로 한 무사비 후보 측은 트위터[7]와 페이스북[8]에 계정을 열어, 소셜 미디어를 통해 본격적인 선거운동을 벌였다. 무사비 후보를 지지하는 개혁 성향의 20, 30대들 역시 페이스북, 트위터와 같은 SNS,[9] 그리고 개인 블로그를 통해 무사비에 대한 지지를 선언하고 관련 글을 올리고, 동영상을 제작해 올리기 시작했다. 또한 젊은이들은 친구들과 지인들에게 아마디네자드 대통령의 지난 4년간의 실정(失政)을 풍자하는 자료들이나 블랙유머들을 서로의 이메일로 보내기도 했다. 뉴미디어를 통해 이란 내 유권자들뿐 아니라 세계 각지에 흩어져 있는 이란 디아스포라의 참여도 적극적으로 이루어져, 해외 이주자, 망명자들을 포함한 개혁파들은 가상공간에 운집하게 되었다. 이란 디아스포라들이 외국에서 제작하여 이란 국내로 송출하는 위성 미디어, 특히 BBC Perisian과 같은 시사 뉴스 프로그램은 국내 개혁 성향의 이란인들에게 주도적인 역할을 하는 매체였다.

선거 한 달 전부터는 목요일 밤마다(이란의 주말) 젊은이들은 무사비나 또 다른 개혁파 후보인 카루비 사진으로 도배된 차들을 몰고 나와, 새벽까지 자동차 스테레오의 리듬에 맞춰 경적을 울리면서 환호했다. 선거를 앞둔 2주 전부터는 특히 개혁층과 부유층들의 주 거주지인 테

7 http://twitter.com/#!/mousavi1388 참조.

8 http://www.fecebook.com/#!/mousavi 참조.

9 하지만 이란의 녹색운동을 SNS 혁명이나 트위터 혁명으로 평가하기에는 무리가 있다. SNS나 인터넷을 통한 지지운동은 이란 국내의 유권자들보다는 국외 디아스포라들이 중심이 되어 이루어졌다. 이러한 배경에는 이란 내 열악한 인터넷 환경의 이유도 있겠지만, 무사비 열풍이 거셌던 페이스북이나 트위터, BBC Persian 등의 사이트에 대한 접근이 선거 전부터 정부에 의해 차단된 이유도 있다. 또한 통제되고 닫힌 사회 속에서 살아왔기 때문에 SNS에서마저 자신의 정치적 성향을 드러내는 데 주저하는 이들이 많다. 2011년에 이르러서야 이란 국내 네티즌들의 SNS 활용이 급속도로 증가했다.

헤란 북부 지역에서 새벽까지 젊은이들의 경적 소리와 함성이 울려 퍼져, 경찰들이 파크웨이(Parkway)라 불리는 테헤란 북부의 가장 중요한 중간 교차로를 밤 9시 이후 바리케이드로 막아 버릴 정도였다. 선거가 있기 4일 전 테헤란 도심에서 대규모 무사비 지지 집회가 있었는데, 이것은 집회라기보다는 도시 전체를 뒤덮은 축제 행렬과 다름없었다. 도로를 마주하고 젊은이들은 사진과 포스터를 들고 각종 구호를 외쳤고, 초록색 대형 천을 흔들었다. 테헤란 북부의 타즈리쉬 광장에서 남부 기차역 광장에 이르는 20킬로미터 가까이 되는 발리아스르 대로에서 수천 명의 지지자가 '초록색 띠(zanjeer-e sabz)'라 불리는 인간 띠를 만든 것이다. 바낙과 타즈리쉬와 같은 주요 광장 곳곳에서는 20~30명씩 무리를 지어 함성을 지르고 구호를 외치며 노래를 부르며 흥을 돋우었다. 이 지지자들은 페이스북, 트위터, 위성 방송, 이메일, 무사비 후보 홈페이지를 통해 자발적으로 나온 사람들이었다.

이와 같은 광경들은 개인의 이동전화나 캠코더에 저장되어, 곧바로 유튜브와 같은 사이트에 올려졌다. 이렇게 국내에서 일반인들에게 촬영된 영상들은 이메일과 소셜 미디어를 통해 웹에 올려지고, BBC Persian을 비롯한 이란인 디아스포라들의 위성 채널을 통해 다시금 국내에 방영되는 형식으로 정보들은 초국가적으로 순환하게 되었다. 정부는 선거 이전 급속도로 확산되는 뉴미디어 전쟁을 막기 위해 인터넷 필터링을 통해 페이스북이나 유튜브 사이트의 접근을 일시적으로 막기도 했지만 그런 경우 휴대전화의 문자로 커뮤니케이션을 대신하는 등, 쫓고 쫓기는 정부와 사람들 간의 정보 전쟁은 계속되었다.

하지만 선거 전, '녹색물결'에 참가한 모든 젊은이가 저항적인 정치적 주체로 참가했다고 보기는 어렵다. 사실상 그들은 초록색이라는 하나의 색으로 표현되기 어려울 정도로 행위 주체들의 일상은 중층적 모순으로 가득 차 있었다(임지현 2007: 557). 임지현은 근대 권력의 전체주의하에서 행위 주체들은 꾸불꾸불한 전략을 쓰고 있다고 지적한다. 이들의 저항 전략은 회피나 수동적 방어, 심지어는 포섭된 것처럼 보이는 적응과 순응까지 포함하는 지저분한 노선을 전략으로 삼고 있다는 것이다. 그래서 "일상의 비순응적 저항은 체제의 작동 원리로서의 합의와 공존하기도 하고, 체제에 포섭된 것처럼 보이는 일상의 불만이 총체적인 저항의 불씨를 안고 있는가 하면, 체제 전복을 기도하는 정치적 저항 전략이 지배 담론의 헤게모니에 포섭되어 있기도 한다."라고 강조한다(임지현 2007: 555-557). 이러한 임지현의 논조에 기대어 본다면, 녹색운동에 참여한 이란의 젊은 세대 역시 권력이 바라는 기계적으로 돌아가는 톱니바퀴(임지현 2007: 557)가 아니라, 적응과 순응을 반복하지만 동시에 거짓말하거나 가면을 써서 진정한 자신의 모습을 숨겨 버리는 등 '꾸불꾸불하게' 일상을 전유해 나간다.

녹색운동 기간의 젊은이의 행위들을 살펴보면 빅터 터너(Victor Turner)가 제시한 임계성(liminality)을 연상시키는데, "세속의 사회적 관

[그림 5-3] 2009년 인터넷 필터링을 통한 특정 사이트 접근 금지 이미지

[그림 5-4] 2015년 인터넷 필터링을 통한 접근 금지 이미지

계들이 단절되기도 하고 그 이전의 권리와 의무가 중단되고, 사회적 질서가 전도되는 양상을 보이며, 전복적이고 놀이적인 사건들을 포함할 수 있다."라는 터너의 주장과 이어진다(터너 1996: 45). 어떤 젊은이들은 정치적 목적이 있을 거라 보기 어려울 정도로 음악을 크게 튼 차를 몰고 나와 새벽까지 거리에서 춤을 추고 괴성을 지르며 거리를 질주했다. 그래서 일부 사람들은 "정치에 관심도 없는 이들이 놀기 위해서 거리로 나온거야."라고 비판하기도 하였다. 하지만 이들의 의미 없는 질주 역시도 '체제에 대한 저항이 현실적인 대안을 분명하게 표현하지 못하고, 최소한의 유토피아적 전망도 없는'(지젝 2011: 118) 그들에게는 최선의 선택이거나, 열악한 상황에 대한 반증이라 볼 수 있다. 다양한 층위의 이 녹색물결은 거리에서 사회적 질서의 분리와 일탈 감정을 공유함으로써 '개인들 사이의 자유롭고 혁신적인 관계들이 결국에는 규범에 지배되는 사회적 페르소나들 사이의 관계로 전환되듯'(터너 1996: 78), 하나의 커뮤니타스가 된 것이다. 녹색운동에 참여한 이들은 무지개 색이라 표현될 정도로 각자의 정치적 이념과 입장, 그리고 종교적 성향은 다양

한 색을 내포하고 있었다.

저자의 주요 정보제공자였던 중·상류층의 테헤란 북부, 북서부 청년들에게도 변화의 모습이 관찰되었다. 대선운동이 본격화된 이전까지는 "정치든 이슬람이든 정부든, 난 관심 없어!" 하던 젊은이들도 자신이 지지하는 무사비나 또 다른 개혁파 후보였던 카루비의 정치 포스터들을 자신의 차에 붙이고 거리로 나가기 시작했다. 사실 그들 중 일부는 이와 같은 녹색운동의 열풍을 회의적으로 바라보기도 했다. 하지만 온 국가와 온라인, 그리고 위성 미디어에서 대중적인 열풍이 감지되고 나서는 그들도 조금씩 희망을 걸어 보는 듯했다. 지금껏 투표에 한 번도 참여하지 않았다고 했던 그들은 "이번에는 한번 바꿔 보자!"라며 다짐했고, 그들을 통해 희망의 모습이 보였다.

[사례 5-2] 30세 남자 대학원생이자 가족 사업을 경영 중(2009년 5월)

이란 사람들은 1,000년 동안을 왕정하에서 살아왔다. 민주주의라는 정치 제도가 도입된 지 30년이 채 되지 않았다. 그러므로 국민이 '정부를 바꿀 수 있다'라는 인식이 없었던 것이다. 예를 들어 대통령 후보로 세 후보가 나왔다고 가정하자. 한 명은 아주 싫고 다른 한 명은 보통이고 마지막 한 명은 썩 마음에는 들지 않지만 그중에 낫다면 한국 사람들은 누구를 뽑겠는가? 마지막 사람들을 뽑지 않겠는가? 하지만 이란 사람들은 아예 투표를 포기해 버린다. 덕분에 아마디네자드가 선출되어서 이렇게 고통받고 있지. 하지만 이번에는 조금 달라질 것 같다. 내 친구들도 가만히 있으면 안 되겠다는 생각이 드는지, 아마디네자드가 되는 것을 막기 위해서라도 다들 투표에 참여한다고 한다. 두고 볼 일이다.

테헤란은 더 이상 순교자들을 기리는 엄숙한 죽음의 도시가 아니었다. 젊은이들은 카니발처럼 선거를 즐겼다. 이전까지 이란의 젊은 세대는 파편화 현상(테일러 2001)을 겪어 왔다. 2009년 녹색물결이 일어나기 전, 현대 이란사회의 모습은 바로 찰스 테일러가 고찰했던 '불안한 현대사회'의 전형이었다. 정치적 무관심이 팽배하고, 갈등과 저항보다 더 위험한 정치적으로 무기력한 사회의 길을 걷고 있었던 것이다. 그 중심에서 이란 젊은이들은 정치적 동질감을 잃어 가고, 동시에 더욱 자아에 집중하는 모습을 보였다. 의복과 연애 같은 가장 사적인 부분까지 이슬람의 이름으로 처벌받고, 자기 자신을 쉽게 드러내지 않았던 젊은이들이 초록색 끈을 매고, 지지의 구호를 외치기 위해 거리로 나섰다는 점에서 이 녹색운동은 무채색의 도시에 색을 불어넣었다. 녹색운동을 통해 보았던 젊은이들의 모습은 더 이상 정치에 무관심하고, 적극적인 저항에는 관심 없었던 과거의 모습이 아니었다.

거리에 쏟아져 나온 젊은이들에게 이미 관심은 정치가 아니라, 이와 같은 지지운동이 가능하게 된 자유로운 분위기였을지도 모른다. 하지만 그 순간 그들이 진실로 정치적인 목적으로 거리로 나왔는지는 중요하지 않았다.[10] 어느새 젊은이들 사이에서 무사비를 지지하는 것은 멋있는 것, 즐거운 것, 세상을 바꿀 수 있는 것을 의미했다. 일부 아마디

10 2008년 촛불 시위를 하나의 사회극으로 단정하고 그것의 '경계의 변화와 유연성'에 대해 논의한 조일동(2009)의 글은 여러 가지 시사점을 준다. "고도로 계산된 행동이어도 전혀 그렇지 않은 분노여도 상관없다. 수십만의 사람들이 각자의 까닭이 무엇이건 한 장소와 시간을 공유하며 극적으로 모임을 가졌다는 사실이 중요하다."라는 조일동의 시선처럼 이란의 젊은이들도 개개인의 의도가 무엇이었든 간에 "이미 각자의 생각과 삶의 궤적에 따른 다른 문제들을 지적하고" 있으며, "그 다름 속에서도 이들은 공공의 장에 모여 기존 사회의 법체계에 반하는 행동을 함께한 것"이 더 중요해 보인다. 이뿐만 아니라 "2008년 촛불 집회 현장뿐만 아니라, 다른 지역, 심지어 해외에서도 인터넷이라는 매체를 통해 같은 체험을 경험하고 있다고 느꼈다."라는 진술처럼 이란의 녹색운동의 모습은 디아스포라들에게도 뜨거운 변화의 희망을 느끼게 하였다.

네자드 지지자들은 "요즘 젊은 사람들은 정치에 대해 알지도 못해! 자기네들끼리 즐기기 위해서 저러는 거야. 정말 무사비를 알고 지지하는 것이 아니라 …"라고 비판하기도 했다. 하지만 선거 기간 내내 거리에서 만나고 인터뷰한 젊은이들은 고조된 선거전 분위기에 완전히 흥분해 있었고, "정말 끝내주지? 이란에서 이렇게 거리에서 즐길 수 있다고 생각해 봤어? 나도 처음이야!"라고 말할 정도였다. 마치 거리는 월드컵 예선전에서 승리를 거두었을 때처럼 흥분으로 가득 찼고, 구호의 소리는 점점 높아져만 갔다. 젊은이들과 개혁 성향 계층들은 "무사비에게 표를 던지는 것이 아니라. 나와 나의 미래를 위해 표를 던지는 것이다."라고 할 정도로 이번 선거에 대한 기대가 컸다. 무사비 후보는 정부 규제 완화와 언론 자유 보장, 여성 차별 철폐, 대서방 관계 개선 등 개혁적인 공약들로 개혁층과 젊은 세대에게 공감대를 형성해 갔다. 무사비 후보자의 부인인 자흐러 라흐나바르드(Zahrā Rahnavard)[11]의 유세장의 연설에서 알 수 있듯이, 무사비 후보의 생각의 자유에 대한 요구는 제3세대에게 큰 울림이 되어 퍼졌다.

저자는 2009년 6월 9일 테헤란 북서부 지역의 한 복합시설에서

11 무사비 후보자의 부인인 자흐러 라흐나바르드는 2009년 5월 24일 CNN 뉴스에서 '이란의 미셸 오바마'라고 불릴 만큼 획기적인 등장이었다(기사 제목: "Thousands gather to hear, cheer Iran's Michelle Obama," http://edition.cnn.com/2009/WORLD/meast/05/24/iran.wife/index.html?iref=mpstoryview). 무사비 후보자의 유세 현장에서는 그의 부인인 자흐러 라흐나바르드가 늘 동행했는데, 지금까지 이란 역사상 정치가의 부인이 전면으로 나온 적은 처음이었다. 작가이자 교수인 그녀의 검은색 차도르 안의 화려한 꽃무늬의 스카프는 공직자의 부인으로서는 튀는 옷차림이었고, 라흐나바르드는 '생각의 자유, 표현의 자유'를 공공연히 외쳤다. 이러한 부인을 전면으로 내세운 무사비의 행보는 이란사회에서 신선한 충격이었고, 특히 젊은이들과 여성들에게 좋은 이미지를 주었다.

열린 무사비 후보 유세장에 참가했다. 오전 10시쯤이 되자 극장 안은 발 디딜 틈 없이 꽉 찼다. 거의 90%가 20대 젊은이들이다. 여성들은 초록색 히잡과 옷을 입고, 초록색 머리끈과 팔찌를 맸다. 젊은이들은 춤을 추고, 깃발을 흔들고, 노래를 부르는 등 흡사 콘서트장을 방불케 했다. 10시 30분쯤 사회자가 등장해서 살러버트를 읊고, 국가를 다 함께 부른 다음 기도 인도자가 쿠란을 낭독하기 시작했다. 공식적인 행사가 끝나자마자 본격적으로 빠른 리듬의 선거 홍보 노래가 계속해서 나오자, 젊은 여성들은 흥겨워 일어나서 춤을 추기 시작했다. 곧바로 행사 요원들이 그녀들을 제지했다. 하지만 젊은 여성들은 마치 파티에 온 것처럼 앉아서도 춤사위를 멈추지 않았다. 탤런트, 가수들이 나와 무사비 후보에 대한 지지연설을 하고, 유세장에 모인 사람들은 다 같이 지지 구호를 외쳤다. "무사비! 무사비! 헤머야테트 미코남(나는 당신을 지지한다.)", "옛 여 호세인 터 미르 호세인(이맘 호세인에서 미르 호세인까지)."

지원 인사들의 지지 연설도 잇달았는데, 특히 무사비 지지자의 대다수를 차지하는 젊은 세대에 대한 연설이 많았다. 대부분 아마디네자드 정권 이후 어려워진 경제와 국제적인 이미지를 무사비가 바꾸어 줄 것이라고 연설했다. 연설자들은 일명 하타미 세대가 이것을 뒷받침하고 세상을 바꿀 수 있도록 힘을 모아 줄 것을 강조했다. 무사비 후보는 일정이 바뀌어서 갑자기 오지 못했고, 정오가 가까이 되어서야 무사비 부인이 등장하자 극장은 순식간에 환호와 열기로 가득 찼다.

> 왜 우리 젊은이들이 실직자가 되어야 합니까? 왜 그 어려운 대입시험(콩쿨)을 치르고 나서도, 젊은이들은 부모님 곁에 실직자로 머물러야만 합니까? 왜 능력 있는 여자들이 집에만 있어야 합니까? 왜 여성들은 동등한 사회적 지위를 가지지 못합니까? … 나는 이러한 여성들과 젊은이들

[그림 5-5] 무사비 후보 유세장의 젊은이들
자료: 저자촬영

에게 하나의 상징이 되고 싶습니다!(2009년 6월 9일 자흐러 라흐나바르드의 연설 중에서 녹취)

한편, 아마디네자드가 다시 정권을 잡게 하지 않기 위해서 투표에 참여한다고 한 고백들이 이번 선거에 참여하는 개혁층들의 솔직한 속내이기도 했다. "어쩌면 우리는 무사비에게 지지를 보낸 것이 아니라, 나의 미래를 위해 무사비에게 표를 던졌다."라는 26세의 한 여자 대학원생의 말처럼, 이란 젊은이들은 초록색 끈을 손목에 묶고 다니면서 투표를 통해 나를 표현하고 싶어 했던 것이다. 또한 처음 시행된 대통령 후보자들의 텔레비전 토론에서 보여진 아마디네자드 대통령의 상대후보와 그의 가족에 대한 인신공격성 발언들과 실패로 돌아간 경제정책들은 여론을 움직이게 한 결정적인 요인이 되었다(Abrahamian 2010: 63; Afshari and Underwood 2009: 3).

그렇다면 혁명 이후 태어난 지금의 세대들에게, 무슬림 키즈로 자라난 제3세대에게 아마디네자드 정권은 어떠한 의미였나? 'A New Greeting to the World'라는 무사비 지지층의 선거 문구에서도 힌트를 얻을 수 있듯이, 국제무대에 알려진 아마디네자드의 강경한 이슬람 근본주의의 정치 노선에 대해 이란의 개혁적인 젊은이들은 큰 불만을 가졌다. "아마디네자드가 우릴 테러리스트로 만들었다."라고 표현할 정도로, 국제 무대에 소개된 아마디네자드의 강경보수적인 정치적 발언들은 젊은이들의 자존감에 상처를 입혔다. 강력한 이슬람 원리주의에 기초한 아마디네자드의 행보는 개혁적인 성향을 가지고 있고, 전 지구적 문화에 익숙해진 이란 젊은이들의 의향에 반하는 것이었다. 오히려 국제적인 장에서의 아마디네자드 대통령의 담화들로 인해 이란의 젊은이들은 국제적으로 근본주의자의 이미지를 갖게 되었고, 그래서 그들이 입는 상처는 너무나 컸다. 그들에게 한 나라의 대표성을 띠는 대통령의 강경한 연설 내용은 반 이스라엘 감정이 없고, 오히려 이슬람으로 대표되는 아랍 문화에 반감을 가지는 세속적인 성향의 사람들에게는 분노로 다가왔다. 그들은 아마디네자드로 인한 이란에 대한 부정적인 이미지와 그에 따른 국제적인 정치적, 경제적 고립에 대해 절망했다.

[사례 5-3] 22세 여자 대학생

(BBC Persian 채널에서 아마디네자드의 홀로코스트가 거짓이라고 했던 과거의 진술에 대한 보도를 시청하면서)

아마디네자드의 연설대로, 홀로코스트(holocaust)가 만들어진 신화이고, 다 거짓이라면, 역으로 다른 나라 사람들이 아슈라를 만들어진 것 혹은 소설이라고 한다면 어떻게 반응할까? 당연히 '지하드(성전)'를 들먹거리면서 난리를 칠거야. 신화로 얘기한다면 1,300년 전의 이맘 후세인의 죽음이 더 신화 같지 않아? 다른 민족의 아픈 상처와 역사적인 사실을 거짓말로 매도해서는 안 되지.

아마디네자드 집권 이후 치솟은 물가 문제, 높은 실업률, 엄격해진 복장 검사를 비롯한 각종 문화적인 탄압으로 인한 불만들은 결국 80%가 넘는 투표율을 가능케 한 힘이 되었다. 대중들은 그 어느 때보다 적극적으로 선거운동에 참여한 만큼 무사비 지지자들의 선거 결과에 대한 기대는 한껏 높아졌고, 서로에게 선거 참여를 독려할 정도로 선거에 대한 관심은 절정에 다다랐다. 선거 당일 각 투표소는 투표하기 위한 사람들로 긴 줄을 이루었고, 그중에는 이슬람 공화국 수립 이후 처음으로 투표에 참여한다는 사람들도 다수였다.[12] 하지만 선거 당일부터 모든 휴대전화 문자서비스가 차단되고, 휴대전화 및 시외 통화가 어려워지기 시작했다. 대선 전후로 저자가 참여 관찰한 한 대가족은 '라디오 파르더(Radio Fardā)'와 같은 해외 라디오 주파수를 맞추어 선거 결과에 촉각을 곤두세웠고 위성 뉴스 채널을 통해 대선 결과를 기다렸다.

12 선거 전 선거 유세장과 선거운동에 대한 상황은 테헤란에서의 참여관찰 및 인터뷰로 파악했다. 선거 당일 바로 전날, 지방의 한 대도시로 내려가 선거 당일의 투표장과 이후의 상황들을 참여 관찰하였다.

2. 알라후 아크바르, '신(神)'을 찾는 사람들

1) 희망, 분노와 절망으로 되돌아오다

개혁파들의 변화에 대한 희망은 곧 울분과 실망으로 돌아오게 되었다. 영국에서 송출되는 BBC Persian 뉴스 채널은 이란 전역에서 전해지는 분노의 목소리로 가득 찼다. 테헤란에서 전화를 걸어온 한 젊은 여성은 울면서 "이란의 민주주의는 죽었어요. 누가 그에게 표를 던졌단 말입니까?"라고 울분을 토했다. 무사비의 당선을 점쳤던 개혁층들과 젊은층들은 약 63% 득표라는 아마디네자드의 대통령 당선 결과를 받아들이지 못했다.[13] 온 가족이 함께 BBC를 보면서 탄식과 안타까움을 같이 나누고, 희망적인 소식 — 예를 들어 재검표할 수도 있다는 소식이나 재선에 대한 가능성 — 이 전해질 때마다 박수와 환호를 보냈다. BBC Persian이 전파 방해로 나오지 않으면, 라디오에 주파수를 맞추었다.

결과가 발표된 선거 다음날부터 수도인 테헤란을 비롯해 쉬라즈, 이스파한, 타브리즈, 마슈하드 등 대도시의 거리에는 자동차 경적 소리가 울려 퍼지고, 성난 군중의 함성이 들리기 시작했다. 선거 무효와 부정 선거를 외치며 많은 인파가 거리로 나왔다. 선거 전 축제 분위기였던 테헤란 대로인 발리 아스르 거리는 성난 군중으로 가득 찼고, 거리의 쓰레기통들은 불더미에 휩싸였으며, 길가의 상가들과 버스 정류장 유리들은 파손되었다. "알라후 아크바르(신은 위대하다)!", "마르그 바르 딕테

13 이란 국영 방송에서의 선거 결과는 여느 때보다 빨리 발표되어 사람들의 의심을 받았다. 결과 발표 초기에는 각 지역의 득표수가 아니라 후보별 득표율만 공개했다. 총 득표수는 약 2일이 지나서야 보도되었다. 이것을 본 정보제공자들은 "며칠 동안 저 득표율 맞게 계산한다고, 이렇게 오래 걸렸나?"라며 목소리를 드높였다.

토르(독재자에게 죽음을)!"라는 외침들이 선거 다음날부터 온 도시의 밤을 뒤덮었다. 이 거리의 군중들의 분노는 단순히 부정 선거 의혹 때문이 아니었다. 누구도 정확한 사실은 알지 못했지만, 치밀한 계획하에 이루어진 부정선거의 결과라는 소문은 순식간에 온 이란 전역을 덮었다. 소문은 불안한 상황일수록 응집력을 가질 수 있다는 노이바우어(1992: 156)의 주장대로, 평소 정부에 대한 불신이 많은 집단일수록 선거를 둘러싼 소문들은 더욱 강하게 퍼졌다. 갖은 소문과 반발에도 위성 방송을 통해 보여지는 것은 바시지나 경찰, 군인들에게 잔혹하게 폭행당하는 남녀 시위대의 모습이었다. 이 장면을 같이 시청한 청년 정보제공자들은 끝내 눈물을 흘렸고, 격한 감정들을 숨기지 못했다.

[사례 5-4] 26세 여자 대학원생

아마디네자드는 이슬람을 망치고 이슬람을 이용하고 선지자 무함마드마저 이용하고 있어. 그는 우리를 장님으로 만들었지만 우리의 마음조차 안 보이게 만들 수는 없지. 다들 알고 있어. 대도시에서는 누구나 다 무사비를 지지했는데 도대체 누가 누굴 뽑았다는 거야?[14] 입헌혁명 시기[15] 당시에도 이런 시가 있었어. "우리를 장님으로 만들고, 귀머거리로 만들고 벙어리로 만들 수는 있다. 하지만 우리를 당나귀로(바보로) 만들 수는 없다"고. 이럴 수는 없는 거 아니야? 이렇게 민심을 보여 주었는데도, 그 결과를 속이고 오히려 죄 없는 사람들이 구타당하고 있잖아. 어떻

14 아마디네자드의 선거에서의 승리를 두고, "시골에서는 아마디네자드에 대한 지지율이 높았다."라는 주장에, 많은 이란 사람은 도시 거주율이 70%가 넘는데, 시골에서 아무리 투표를 많이 했다고 해도 말이 안 된다고 반박했다.

15 이란의 입헌 혁명 시기는 1905년에서 1911년 계속되었고, 이 시기 최초의 헌법과 의회가 생겨났다. 입헌혁명은 봉건사회가 폐지되고, 근대화로 이행하는 최초의 역사적 사건으로 인식되고 있다.

게 불쌍한 평범한 사람들을 저렇게 때릴 수가 있냐고? 우리는 바보가 아니잖아. 사람들은 아마디네자드를 '태수'[16]라고 해. 제정신이 아니라고.

이 치열한 논쟁의 뿌리는 바로 이슬람 공화국의 역사 속에 깊숙이 자리 잡고 있었고, 사람들의 함성은 이슬람 공화국의 정의와 방향성으로 향했다(Ansari 2010). 흥미로운 것은 시민들이 바로 정확히 30년 전 이슬람 혁명이 일어났을 때와 똑같은 시위 방식을 택한 것이다. 이슬람 혁명이 일어나기 직전 계엄령이 내려지고, 오후 4시 이후 통금이 시행되자 밤새도록 가가호호 '알라후 아크바르'를 외치며, 왕정에 반대하는 목소리를 냈다고 한다. 선거 당일부터 사람들은 똑같은 방식으로 '알라후 아크바르'를 외치기 시작했다. 온 전역에서 '알라후 아크바르(신은 위대하다)!', '마르그 바르 딕테토르(독재자에게 죽음을)!'을 비롯한 시위 구호들이 집의 담장 안에서, 창문 너머로 들려왔다. 선거 전, 개혁과 변화의 소망들이 가득했던 무사비의 홈페이지는 이제 민주화 시위를 도모하는 글들로 가득 찼다.

تا مشخص شدن تکلیف انتخابات هر شب سه نوبت بانگ الله اکبر
24 - 23 - 22 در ساعات

선거 문제가 확정될 때까지, 하루 세 번 '알라후 아크바르'를 외치시오.
밤 10시, 11시, 12시[17]

16 '태수'는 드라마 '주몽'에 나왔던 주몽 이복형의 이름으로, 권력에 눈 먼 광적인 캐릭터를 가지고 있다. 2009년 당시 한국 드라마 '주몽'이 많은 인기를 끌었기 때문에, 종종 사람들은 자신의 지지자를 영웅인 '주몽'에 비유했고, 악인은 주몽의 라이벌이자 주몽을 괴롭히고 곤경에 빠뜨리는 이복형 '태수'로 비유하곤 했다.

17 이문구는 2009년 6월 당시 무사비의 공식 인터넷 홈페이지에서 복사해 왔다.

이슬람 혁명 당시 정치 집회 때 썼던 노래가 다시 불리기 시작했고, 승리를 나타내는 브이(V) 자를 머리 높이 드높이는 방식이 30년 이후 그대로 재현되었다. 녹색운동에서는 뉴미디어가 적극 활용되지만, 뉴미디어 활용에서 얻어진 전 지구적인 문화 감성과는 괴리를 이룰 정도로 시위 방식은 30년 전 그대로를 답습했다. 달라진 점이라면 시위를 개인 휴대전화기나 카메라로 저장하고, 그 파일을 다시 배포하는 모습이었다. 이란의 젊은층을 비롯한 개혁파들은 이슬람 담론에 반(反)하기보다는 오히려 그 내용과 방식을 차용하고 전복시켰다. 이슬람 혁명의 민주주의에 대한 갈망과 저항의식과 같은 문화의 틀 안에서 과거를 소환해 당시의 혁명성 기운을 이어 가고자 했다.

선거 결과가 발표된 날부터(6월 13일) SNS를 비롯한 뉴미디어는 선거 결과에 대한 분노로 들끓었다. 하지만 시위가 본격화된 이후로는 정부의 적극적인 개입으로 국제전화를 비롯한 거의 모든 시내, 시외 전화가 불통이 되고 인터넷망이 차단되었으며, 위성 채널은 강력한 전파 수신 방해를 받아 시청할 수 없었다. 하지만 사람들은 정부에서 차단하려고 하면 차단할수록 더욱 치밀하고 적극적으로 자신들의 목소리를 세계로 전하고자 했다. 때로는 아날로그 방식으로 서로의 가족들과 친척, 친구, 지인들과 정치적 상황과 진실들을 나누었다. 70세가 훌쩍 넘은 한 여성은 지인들과의 모임에서 "나는 분명히 선거함에 무사비를 적어 넣었는데, 선거함에서 나올 때는 아마디네자드가 적혀 있었다."라고 뼈 있는 농담을 했다. 젊은이들 역시 친구들끼리 단체 메일을 통해 소식들을 전했다. 주로 이메일은 선거 관련 사진들과 재검과 관련된 것이었다. 친구로부터 메일을 읽던 B는 막 웃어댔다.

> 그들은 정말 바보야. 재검한 사진을 보여 준다고 하면서 어쩌면 투표용지가 완전히 새 종이처럼 빳빳한 사진을 보여 줄 수가 있어. 당연히 투표

> 용지가 접혀 있어야 하는데 하나도 접히지 않았잖아. 우리를 바보로 몰고 있어. 독재정치로 사람들을 실망시키고 정치에 희망을 품지 못하도록 하는 것 같아. 지난 4년도 참고 견디기 어려웠는데 앞으로 4년은 견딜 수 없을 것 같아. 앞으로 독재자들이 또 집권한다면 … 난 더 이상 이 땅에서 살아 갈 수가 없어.

인터넷은 약한 자들의 최대의 무기가 되어 정부는 정보의 제한을 위해 통신망 차단을 시도했다(Ansari 2010: 7). 30년 전, 이슬람 혁명 직전 프랑스 파리에 있던 아야톨라 호메이니는 전화로 당시 왕정을 반대하고 혁명을 선동하는 연설을 전했고, 그의 통화 내용은 혁명 지지세력에 의해 오디오 카세트로 녹음되어 이란 전역에 수천, 수만 개의 테이프로 전해졌다. 전국의 모스크마다 그의 음성이 울려 퍼졌고, 테이프 속 그의 육성은 정치적 메시지로 전환되어 많은 사람의 입에 오르내리게 되었다. 스몰 미디어(small media)를 통해 형성된 민중의 힘은 이후 파흘라비 왕정을 끌어내리고, 이란 이슬람 혁명을 성공으로 이끈 교두보가 된 바 있다(Sreberny-Mohammadi and Mohammadi 1994: 1-40). 파흘라비 왕정 시대에 라디오, 전화, 복사물, 팩스, 녹음기 등은 당시 왕정에서 제한했던 정보와 사상, 특히 이슬람 근본주의에 접근 가능할 수 있게 한 매개체로 작동했다. 이슬람 혁명 역사 속에서 농담, 노래, 테이프, 전단지, 만화 그리고 포스터와 같은 스몰 미디어는 의식의 변화와 사회적 위치를 대변하는 것이었다(Fischer and Adedi 1989; 구기연 2008에서 재인용). 녹색운동에서 트위터와 페이스북의 역할이 주도적으로 부상했음에도 불구하고, 과거 성공했던 혁명의 방식을 그대로 답습했다는 점에서 공적 공간에서 스몰 미디어는 묘한 긴장감을 형성하고 동시에 역사적 의미를 재현하는 매개물이었다. 거리의 건물 벽 곳곳에는 초록색 스프레이로 승리(victory)의 표식인 V자가 쓰여 있고, 화폐에는 각종 정치 구호들이 낙서처럼 쓰여 하나의 메시지로 전해졌다. 버스 좌석에는 "○○에게 죽음을!"이라는 외침이 낙서로 남겨져 있었다, 거리에는 녹색운동과 관련된 전단지와 홍보물들이 여기저기 뿌려져 있었다.

낙서, 전단지, 사적인 장소에서의 농담, 노래, 포스터 등의 스몰 미디어는 디지털화되고 동영상으로 옮겨져, 뉴미디어와 소셜 미디어의 데이터 형태로 전환되었다. 바로 이 과정을 통해 사적 서사들은 데이터로 축적되고 공적 담론으로 발전하고 공유되었다. 초록색 끈은 가장 낮은 수위의 매개물이었지만, 가장 위험한 상징으로 인식되어 버릴 정도로 큰 힘을 갖게 되었다. [그림 5-6]에 보이는 것처럼 '마법의 초록색 팔찌'(Alavi 2010)라고 불린 이 초록색 끈은 인터넷에서 다양한 형태로 재생산되고 있으며, [그림 5-7][18]과 같은 다양한 포스터, 아이콘들이 페이스북과 블로그에서 자신의 '프로필'을 대신하고 있었다. 특히 [그림 5-6]은 시위 현장에서 민병대의 총에 맞아 죽어 간 모습이 유튜브를 통해 전 세계로 알려져 이란 녹색운동의 상징인 된 네다(Nedā)의 40일 장례행사[19]에 대한 포스터이다. 튤립은 이란의 국기에도 나와 있는 국화(國花)로 순교자를 상징한다.

"당신이 미디어이다."라는 정치 구호처럼 개개인의 1인 미디어들은 하나의 큰 목소리를 만들어 내고 있었다. 전 지구적 뉴미디어와 모바일, 개인 컴퓨터, 디지털 사진기 등의 개인 미디어들은 쌍방향으로 시위

18 발라기(Balaghi 2002)는 이란의 시각예술에 대해 분석한 글에서 [그림 5-7]과 같이 주먹을 높이 올린 그림은 이미 이란의 1960, 1970년대 포스터에서 많이 사용된 것으로, 미국 시민권 운동의 상징에서 가져온 것이라 밝혔다.

19 이슬람 장례 풍습에서 사망한 지 40일째 되는 날(페르시아어로 ruz-e chehel), 죽은 영혼이 영의 세계로 떠난다고 인식된다. 루제 체헬(ruz-e chehel)은 중요한 장례 의식 중 하나로, 40일째 되는 날 고인의 무덤이나 모스크에 가서 추모 의식을 지낸다.

[그림 5-6] 그린 튤립

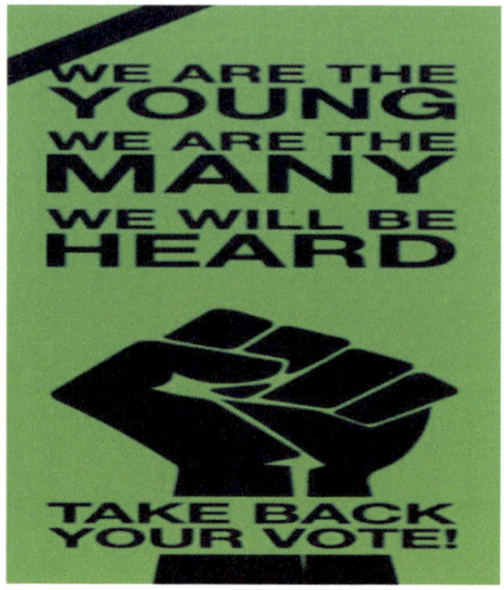

[그림 5-7] 페이스북의 녹색운동 아이콘

정보를 전달했다. 위성 채널들을 통해 비추어진 실체적 진실은 충격적이었다.[20] 시민들은 위성 방송과 인터넷과 같은 뉴미디어를 통해 국영 방송에서 절대 알려 주지 않는 뉴스들의 진정성을 알게 되었고, 앞으로 있을 시위 장소와 시간에 대한 정보를 접하게 되었다. 선거 후 폭풍 속에서 사람들은 거의 24시간 국영 방송이 아닌 위성 방송을 틀어 놓고 정보를 접했다. 이란의 국영 방송은 강력한 정권의 제재하에 있으므로 많은 이들의 죽음은 거의 알려지지 않았고, 녹색운동에 참여한 사람들은 그저 폭동을 주도하는 군중으로 묘사되었다.

국영 방송에 대한 불신은 특히 2009년 6월 대선 후폭풍, 녹색운동 이후 더욱 뚜렷이 나타나게 되었다. 녹색운동 당시 국영 방송과 뉴미디

20 예를 들어 당시 위성 채널을 통해서 민병대나 사복경찰들의 시민에 대한 무자비한 폭행을 본 사람들은 "같은 이란 민족이 저렇게 폭행을 가할 리 없다."며, "저들은 레바논에서 온 헤즈볼라 소속의 아랍인들이다. 그들이 아랍어를 한다더라."라는 소문이 돌았다(이와 관련해서는 Ansari 2010에서도 논의되어 있음).

어와 위성 방송에서의 논조는 너무나 달랐다. 국영 방송에서는 시위 도중 부서진 버스 정류장이나 불타오르는 거리의 쓰레기통, 관공서의 깨진 유리문 등을 보여 주면서, 시위에 참여한 사람들을 비판하는 인터뷰들로만 구성하여 방영했다. 또한 방송 화면에 잡힌 시위대의 얼굴을 확대해 보여 주며, 전화로 신고하라는 방송을 하기도 했다. 날이 갈수록 반정부 시위자에 대한 비난의 강도를 높였다. 이 과정에서 국민들은 국영 방송에 대한 불신과 불만으로 "낭게 머 세더 오 시머예 머(치욕스러운 것은 이란 국영 방송이다)!"라는 구호를 외치기도 했다. 시위의 강도와 탄압의 수위가 높아질수록 국영 방송은 민족주의와 애국심을 강조하는 영상들을 내보내기 시작했다. 특히 이란-이라크전 관련 영상들이 애국주의와 민족주의를 강조하는 목적으로 주로 방영되었는데, 주로 군인들의 주검이나 군인들이 사막에서 기도하는 모습, 쿠란에 입을 맞추고 전장으로 떠나는 모습 등의 영상이었다.

선거에 대한 불복과 아마디네자드에 대한 분노로 시작했던 사람들의 시위는 최고 종교지도자인 아야톨라 하메네이가 외세 관련설을 언급하고 이번 민주화 시위를 폭동으로 모는 연설을 하자, 이슬람 정권 자체에 대한 문제 제기로 돌아서게 되면서 사태는 걷잡을 수 없이 심각해졌다. 거리로 사람들이 쏟아져 나오고 "알라후 아크바르" 소리가 온 도시를 덮을수록, 정부는 반정부 시위가 곧 정권을 뒤흔드는 반역 행위라며 사람들을 몰아붙였다. 2009년 6월 18일에는 [그림 5-8]처럼 이란 전역에서 50만 명이 넘는 사람들이 평화 침묵시위에 참여했다. 젊은이들은 선거 결과에 분노하고 저항하기 위해 평화 시위에 참여했지만, 한편으로는 신분이 노출되어 신변의 위협이 가해질까 봐 두려워했다. 그래서 시위 참가자들은 초록색 천으로 얼굴을 가리고, 선글라스를 끼거나 가면을 쓰기도 했다.혹은 침묵을 뜻하는 빨간 엑스(X) 자가 그려진 마스크를 썼다. [그림 5-8]은 주요 정보제공자 중 한 명인 W가 2009년 6월

[그림 5-8] 2009년 6월 18일 침묵의 시위[21]

자료: 익명의 정보제공자 촬영 및 제공.

18일, 고가대로를 가득 메운 시위 인파를 찍은 사진이다. 사진에도 보이듯이 시위의 초기만 하더라도 평화롭게 이루어졌기 때문에 남녀노소 모두가 서로의 손을 잡고 나왔다. W는 이 사진을 비롯한 수십 장의 사진

21 이 침묵의 시위에 저자는 참여하지 못했다. 외국인은 신분 노출의 위험성이 높은 까닭에 시위에 참여할 수 없었다. 시위 현장을 찍은 외국인들의 카메라

들과 동영상을 찍어 가짜 이메일 계정과 가명으로 BBC Persian과 VOA PNN으로 사진, 동영상 파일을 보냈다.

W: 정말 감동적이었어. 할머니도, 부모의 손을 잡고 나온 아이들도, 날라리 아가씨들도, 아저씨들도, 모든 계층의 남녀노소가 다 함께 브이(V) 자를 치켜들고 거리를 걸었어. 다들 침묵했지만 서로의 눈빛으로 우리가 '하나 됨'을 충분히 느낄 수 있었지. 혁명이 일어나고 나서, 이렇게 많은 사람이 솔직하게 자신의 모습을 거리에서 드러낸 경우가 없었거든.

Y: 하지만 무서워. 혹시나 시위에 참여한 것이 들통이 나서, 대학원 입학시험에 영향을 줄까 봐. 그런 거 조사하고도 남을 놈들이라니까.

사회의 다각도에서 녹색운동은 이어졌다. 유혈 사태 직후 2009년 6월 17일 월드컵 예선 때 이란 국가 대표 선수들은 손목에 초록색 끈을 차고 있었고, 이 장면은 국영 방송을 통해 생중계되었다. 그날 이란 국가대표팀은 한국에 경기는 졌지만 그 장면을 본 사람들은 "비록 지긴 했지만 괜찮아. 그때 선수들이 초록색 밴드 찬 거 봤어? 우리가 이긴 것과 마찬가지야."라며 한층 고무되기도 했다.

"정부는 새빨간 거짓말쟁이지, 이번 선거는 확실한 부정선거야, 하지만 신정주의가 계속되는 한, 4년 뒤 다른 사람이 대통령이 되어도 지금이랑 다를 바 없어."라는 절망적인 서사처럼, 이후의 상황은 더욱

가 압수되거나, 그 자리에서 모든 사진을 삭제해야만 했고, 많은 외국인이 조사까지 받았다는 소식들을 접했기 때문이다. 또한 가까운 정보제공자들도 저자 때문에 자신들의 신분이 노출되지 않을까 불안해했기 때문이다. 대신 직접 시위에 참여한 정보제공자들의 인터뷰를 통해 시위의 모습들을 재구성해야만 했다.

심각해졌다. 시위대를 향해 총격이 가해지고, 유튜브를 통해 녹색운동의 상징이 된 '네더(Nedā)'라는 여자 대학생의 죽음처럼 많은 젊은이가 민병대의 총과 곤봉에 쓰러져 갔고, 각 대학교들은 기말고사도 연기한 채 휴교령이 내려졌다. 30년 전 이슬람 혁명의 상징적 장소였던 테헤란 대학교와 인근의 혁명 광장은 다시 한번 녹색운동의 본거지가 되었다. 수백 명 이상의 사상자가 발생하고, 1,000명 이상의 사람들이 단순히 시위에 참여했다는 이유만으로 정치수용소에 잡혀가면서, 침묵과 평화시위는 더 이상 지켜지지 못했다. 이때부터 "독재자에게 죽음을" 외치던 사람들의 입에서 최고 종교지도자를 향한 낯선 구호들이 쏟아지기 시작했다. 녹색운동을 계기로 지금까지 '신의 대리자'로 신성시되었던 아야톨라 하메네이는 그 신성함을 잃기 시작했고, 거짓말쟁이로 낙인되기 시작했다. 이란의 현실에서 공개적으로 최고 종교지도자 아야톨라 하메네이나 이슬람 혁명의 아버지라 불리는 아야톨라 호메이니를 비판하는 것은 목숨을 내놓고 하는 일이나 다름없다. 하지만 사람들의 분노는 점점 아마디네자드뿐 아니라 그의 선출을 공식적으로 인정하고, 시위대를 폭동과 적의 앞잡이로 비난한 아야톨라 하메네이에게 향했다. 그러한 점에서 이번 시위는 여러 가지로 큰 의미가 있다. 아야톨라 하메네이에 대한 비판은 곧 신정정치에 대한 비판으로, 또한 정권에 대한 정면 도전에 대한 의미가 있는 것이다. 2009년 8월 아야톨라 하메네이가 공식적으로 아마디네자드의 대통령 임명을 공식 선언하자, 국민에게 이번 사태는 이란 정치구조의 근간인 공화국 대 벨러야테 파키(이슬람 법학자 통치) 사이의 불균형을 의미하는 것이었고, 지배구조의 정당성에 대한 문제 제기로 이어졌다. 한편 보수진영에서는 선거 논쟁에 대한 시민의 분노를 벨러야테 파키에 대한 도전으로 받아들이며, 진실을 원하는 시민을 이슬람 공화국을 흔드는 반역자로 몰아갔다.

한편 젊은 세대를 중심으로 이번 사태와 관련해 개인 정보 유출 등

[그림 5-9] 노키아, 시멘스 고마워요. 우리 부모님 감옥에 넣어 줘서
자료: 구글(2009년 8월 검색).

[그림 5-10] 둘 다 쓰지 말자! IRIB, SMS(문자)
자료: 구글(2009년 7월 검색).

으로 정부에 가담한 기업들에 대한 보이콧 운동이 벌어지기도 했다. 2009년 7월 21일 페이스북에는 밤 9시에 모든 가정의 전기를 최대한 사용해서 정전을 유도하자는 캠페인이 벌어졌다. 젊은이들 사이에서 이와 같은 구호들은 소문으로 전화로 메일로 문자 메시지로 페이스북, 트위터로 전달되었다. "밤 9시가 되어서 일제히 전기를 쓰는 거야! 에어컨도 쓰고 다리미도 돌리고 세탁기도 돌리고 식기 세척기도 돌리는 거지. 전기를 한꺼번에 나가게 해서 우리의 작지만 하나 된 의지를 밝히는 거야."라고 하면서, 요즘 텔레비전에서 광고하는 모든 물건을 사지 말자는 보이콧 운동도 전개되고 있다고 한 정보제공자는 전했다. 그날 밤 모든 방에 불을 다 켜고, 식기 세척기를 동시에 돌리고 냉방기도 최대한 돌렸지만 끝내 정전은 되지 않았다.

이렇게 '일상 생활에서의 소극적인 저항(Scott 2008)'도 끝이 났다. 국가라는 거대한 괴물 앞에서 이란 젊은이들이 할 수 있는 저항이란 정전 유도나 보이콧과 같은 것이다. 이후 정부 통제의 끈은 더욱 조여져 왔고, 젊은이들은 점점 시위의 회의를 느끼며 포기해 나가기 시작했다.

[사례 5-5] 31세 엔지니어, 이민 준비 중(2009년 10월)

(공과대학 출신인 L은 엔지니어인 여자 친구와 사귀고 있고, 호주로의 이주를 계획하고 있다. 자신이 다니는 회사의 매니저 2명이 이미 호주 시민권을 획득했고, 자신도 변호사를 고용하여 이민절차를 밟고 있다고 했다.)

저자: 왜 이민을 생각했나요?

L: 이 나라에서는 더 이상 희망이 없어요. 여기에서 나의 젊은 에너지를 낭비하고 싶지 않습니다. 이미 이민을 결심했기 때문에 정치적 위기에 대해서도 관심이 없어요. 선거 이후 다들 거리로 뛰쳐나갔지만, 난 집에서 이민 관련 준비에만 매달렸습니다.

저자: 참, 안 된 일이에요. 이번 일에 대해 굉장히 유감이에요.

L: (냉소적인 표정을 지으며) 아니요! 나에게는 전혀 슬픈 일이 아닙니다. 나는 더 이상 이 정부에 관심도, 희망도 없어요. 나는 내 꿈을 펼칠 수 있는 호주로 떠나서 도전적인 삶을 살고 싶어요. 이 나라는 변화하는 데 굉장히 많은 시간을 필요로 할 겁니다. 아마도 한 50년은 걸릴 것 같아요.

(저자가 "50년이 더 필요하다구요?"라고 했더니, 이 남자는 무표정한 얼굴로 고개만 끄덕인다.)

국립 테헤란대학교는 또다시 상징적인 혁명의 장소로 떠올랐다. 테헤란대학교 정문 근처에는 혁명 광장(메이두네 엥겔랍)이 있는데, 1979년 이슬람 혁명 이후 혁명 광장이라는 새로운 이름으로 바뀔 정도로 테헤란대학교 일대는 민주주의와 집회의 상징적인 장소이다. 또한 테헤란대학교는 이란에서 가장 정치적이고 종교적인 상징성을 가지는 금요예배가 열리는 장소이기도 하다. 그러므로 테헤란대학교와 그 일대는 친정부 시위가 이루어지는 장소[22]이자 반정부 시위가 일어나는 장소이기도 하다. 2장에서 전술하였듯이 1999년 테헤란대학교 기숙사 유혈 사태가 전국적인 시위로 번진 바 있고, 테헤란대학교의 정치적, 정신적 상징성은 이번 녹색운동 속에서도 예외는 아니었다. 2009년 녹색운동 기간 동안 테헤란대학교 남자 기숙사는 누구인지 알려지지 않았지만—하지만 모두 다 아는—괴한들의 습격으로 쑥대밭이 되었다. 2009년 가을, 6월 선거 직전에 만났던 테헤란대학교 석사 과정생들과 다시 만나게 되었다. 3명 모두 지방 출신으로 테헤란대학교 남학생 기숙사에 사는 이들이었다. 몇 개월 만에 만난 그들은 많이 수척해 있었고 불안해 보였다. 그들과의 인터뷰를 기록하고자 작은 수첩을 꺼내자, 긴장감이 더해졌다. 탁자 위에 있던 수첩과 펜을 치우고 나서야 그들의 지난 여름 동안의 이야기를 들을 수 있었다.

[사례 5-6] 24~26세 남자 3명, 테헤란대학교 석사과정생

저자: 요즘 테헤란대학교 기숙사 분위기가 어때?

J: 학교에서 많은 학생을 기숙사에서 내쫓았다. 기숙사에 많은 학생을 기거하게 하지 않는다. 특히 이번 신입생들은 테헤란대학교 내부의 기숙사에서 살지 못한다. 대부분 학교와 떨어져 있는 교외 기숙사에

22 특히 금요 예배가 끝나고, 금요 예배에 참석한 사람들이 거리로 나와 자연스럽게 시위에 참여하는 것이 그 대표적인 예이다. 테헤란대학교의 금요 예배 참가자들을 둘러싼 소문들도 많은데 가장 대표적인 것이 '동원된 인원'이라는 것이다. 첼코프스키(Chelkowski 1989)가 참여 관찰한 바를 직접 인용하면, "무료 버스를 타고 수천 명의 사람이 테헤란대학교로 집결한다. 여기서 그들은 같이 예배를 드리고 기조연설을 듣고 동원되고 그리고 같이 흥분했다." (Ram 1994에서 재인용) 저자도 2009년 시위가 반정부 시위와 친정부 시위가 맞부딪혔던 '루제 고드스'날 엥겔랍 광장 근처에 줄지어 주차된 수십 대의 대형 버스를 보았다.

서 거주하고 있다. 기숙사 대부분의 방이 많이 비었다. 선거 이후 기숙사가 한 번 크게 발칵 뒤집어진 적이 있었다. 5명이 죽음을 당했다는 얘기가 있다. 당시 학교에는 약 800~1,000명 정도가 있었다고 한다. 그날의 습격은 새벽 2시 반에 일어났다.

(당시 기숙사 습격 시 현장에 있었던 J, H가 한숨을 쉬면서 "그래도 우리는 정말 운이 좋았어."라고 얘기한다. 미소가 순간 번지다가 불안한 얼굴로 바뀐다.)

H: 습격이 일어나자마자 다들 미친 듯이 도망갔다. 학생들은 2층 높이에서 뛰어내리고, 어떤 친구는 2층에서 뛰어내리자마자 건물에서, 곧장 터미널로 가서 내려갔다. 나는 2층에서 뛰어내려 정신없이 다른 기숙사 건물 친구의 방으로 몸을 피했다.

J: 나는 잡혀서 직접 폭행을 당했다. 이후 일주일 동안 기숙사에 머물렀는데, 도저히 잠을 이룰 수가 없었다. 기숙사 학생들은 그 뒤에도 잠을 잘 이루지 못했다. 새벽 5~6가 되어서야 겨우 잠이 들곤 했다. 웃긴 것은 정작 데모에 참여했던 친구들은 도망가 버리고, 시험기간이라 도서관에서 남아 공부하거나 기숙사 방에서 잠이 깊이 든 친구들이 잡혀서 엄청나게 폭행을 당하고, 경찰서에 잡혀갔다. 그 다음날이 기말고사 시작이라 도서관에 수많은 학생이 있었다. 학생들은 영문도 모른 체 무자비한 폭행을 당하고 연행되어 갔다.

H: 한 친구는 깊은 잠이 들었다가 영문도 모르고 폭행을 당해 머리에 피를 흘리면서 2층에서 뛰어내렸는데, 마침 지나가던 경찰차에 걸려 잡혀갔다. 2일이 지난 후 풀려나가긴 했지만 그 친구는 불구속 상태로 되어, 지금 학교는 다니지만 언제든지 경찰이 마음만 먹으면 잡아갈 수 있는 처지에 놓여 있다. 그 친구 이름에는 빨간 줄이 그어져, 이제 공무원이 될 수도 없다. 이제는 편하게 이야기하지만 우리는 아직도 악몽에 시달린다. 어제도 자다가 폭행당하는 악몽을 꾸었다. 그날의 기억은 너무나 충격이었다. 여기저기서 사람들이 쏟아져 나와 학생

들을 무자비하게 폭행하고, 학생들은 피를 엄청나게 흘렸다.

J: 지금은 많이 나아졌지만, 아직도 계단에 올라갈 때마다 다리가 아프다. 선거 이후 많은 학생이 흰머리가 많이 날 정도로 엄청난 스트레스와 공포심을 느끼고, 우울함과 절망감을 호소하고 있다.

H: 예전부터 이란사회는 불신의 사회였다. 예를 들어 당시 이슬람이 전적으로 들어왔을 때, 이란 고유의 종교인 조로아스터교 교인들은 무조건 죽음을 당해야만 했지. 사파비조 때에는 시아 무슬림들은 수니 무슬림들에게 죽음을 당했지. 그때부터 목숨을 부지하기 위해서 거짓말을 해야만 했어.

서사: 나도 이란 사람들처럼 내 연구주제에 진실로 얘기하지 않고, 무조건 모른다고 거짓말하고 있어.

I: 잘했어. 예전에도 그랬지만, 요즘은 더욱더 말조심해야 해. 실제로 무사비 캠프에서 활동했던 우리 학교 교수는 강제로 퇴직해야만 했어. 조금이라도 정치 색을 보이면 학교에서 퇴학을 당하는 일도 부지기수이고, 기숙사에서도 쫓겨나기 때문에 정말 조심해야 해. 정말 믿을 수 있는 사람이 아니면, 정치적인 사안은 절대로 이야기하지 않아.

H: 정말 끔찍했어. 우리는 살아난 것만 해도 정말 행운이야. 너무 괴롭고 잠을 이루지 못해 난 체중이 6킬로그램이나 빠졌어. 이란사회 전체가 우울감에 빠져 있어. 하지만 우리의 싸움은 끝나지 않았어. 당장 13일 대학생의 날에도 대규모의 데모가 계획되어 있지. 루제 고드스(ruze qodus)[23] 때에도 갈까 말까? 한참을 고민하다가 갔었는데, 손

23 루제 고드스는 1979년부터 이란에서 시작된 '팔레스타인 지지의 날'이다. 이 날은 예루살렘의 날(Jerusalem Day)이라는 이스라엘 국경일에 대항한 연례행사로 이스라엘의 예루살렘 점령에 항의하는 날이다. 이란에서는 루제 고드스에 팔레스타인에 대한 지지를 보내고, 시오니즘에 대한 항의 시위를 벌인다.

목에 초록색 끈을 맨 사람들이 엄청나게 모여 있었어. 다른 무리가 반 이스라엘 구호를 외치면 옆에서 마르그 바러 루시(러시아에게 죽음을), 마르그 바러 친(중국에게 죽음을)을 외쳤어. 그래도 이번 사건이 우리에게 나쁘게만 작용한 것은 아니야. 시위할 때 사람들은 공짜로 물을 나누어 주고 같이 구호를 외치며 정말 하나 됨을 느꼈으니까 …

(헤어질 때 저자가 그에게 "몸조심해!"라고 했더니, "당신도 조심해! 쉿!" 하며 손가락을 입으로 갖다 댄다.)

이란의 녹색운동은 이 땅의 정치에 무관심하고 자기 자신밖에 모른다고 사회적 비판을 받아왔던 젊은이들에게도 정치에 대한 새로운 인식을 심어 주게 되었다. 또한 정치적인 무력감에서 깨어나, "바로 내가 바꾸어 보자!"라는 의식적인 동요가 있었다는 점에서 큰 의미를 가진다. 집권 말기 하타미 전 대통령은 경제개혁에 대한 실정으로 많은 질타를 받았다. 하지만 아마디네자드 정권이 들어온 이후 사람들은 "하타미 대통령을 비난할 것이 아니라, 우리 스스로 변화해야 한다."는 것을 절실히 느꼈다고 고백해 왔다. 또한 민주주의의 의미와 중요성에 대해 인식하고, 다시 투쟁할 힘을 얻게 되었다는 점에서 녹색운동을 이란 현대사의 전환점이라고 평가했다. "이번 유혈 사태를 통해서 오히려 민주주의 의식이 생겨났다. 스스로 목소리를 내고 자신을 방어했기 때문이다."라는 진술에서도 볼 수 있듯이 녹색운동은 젊은 세대에게 하나의 혁명과 다름없었다.

[사례 5-7] 28세 주부

나와 같은 이란 여성들은 국가뿐 아니라 사회, 가족, 부모로부터 전통적인 사회 역할을 강요받는다. 아직도 이란사회는 전통사회 구조 속에서 있다. 하지만 지금이 어떤 세상인가? 글로벌 시대 아닌가? 지금 이란 사람들은 기회만 된다면 이 사회에서 도망가려고 한다. 이번 사태에서 우리는 사람이 아니라 고깃덩이로 취급당했다. 녹색운동 이후 참담한 결과가 나왔지만, 오히려 잘 되었다고 생각한다. 왜냐하면 그 수많은 사람의 표가 무시되고 무의미해졌기 때문에, 사람들은 확실히 국가가 어떻게 국민을 기만했는지 알 수 있었다. 사람들의 의식을 깨워 스스로 느끼게 하고 화나게 했기 때문에 오히려 잘 된 일이다.

[사례 5-7]에서 나타난 것처럼 녹색운동은 이란의 젊은이들에게 스스로 행동해야 함을 일깨웠다. 하지만 수백 명 이상의 사상자가 발생하고, 1,000명 이상의 사람들이 단순히 시위에 참여했다는 이유만으로 정치수용소에 잡혀가면서 침묵과 평화시위는 더 이상 지켜지지 못했다. 순식간에 테헤란은 계엄령 직전의 위기까지 갔고 매일 밤 각 집 안에서 들리는 아이의, 여성의, 남성의, 노인의 애절한 "알라후 아크바르" 소리만이 저항의 목소리를 대신할 뿐이었다. 개혁적인 목소리를 내었던 수많은 지식인과 반대파에 있던 사람들이 구속되었고, 그해 여름 텔레비전에서는 시위 가담자들의 재판이 온종일 중계되었다. 텔레비전 속 시위 참가자들은 하나같이 "나는 영국과 미국의 스파이였노라, 이 정권을 전복시키기 위한 벨벳 혁명을 위해 외국의 도움을 받았노라." 고 증언했다. 그 장면을 보는 사람들은 혀를 차며, "거짓말이야 다 거짓말." 하며 화면을 돌려 버렸다.

2) 녹색운동의 의미와 전망

녹색운동이 혁명으로 이어지지 못한 결과는 여러 가지 원인으로 분석할 수 있다. 첫째, 과거 30년 전 왕정 체제가 몰락하고 이슬람 혁명으로 이어질 수 있었던 것은 이슬람 세력뿐 아니라 공산주의자, 사회주의자를 비롯한 조직적인 혁명 세력이 있었고, 그 중심에 아야톨라 호메이니라는 강력한 정신적 정치적 지도자가 존재했기 때문이다. 반면 녹색운동 당시, 이란에는 역사를 뒤집을 만한 강력한 지도자가 존재하지 않았다고 판단된다. 10대 대통령 선출 당시 돌풍을 일으켰던 무사비 역시 '우연한 지도자'(Afshari and Underwood 2009: 5)라 표현된다. 다시 말해, 무사비 열풍은 무사비 개인에 대한 지지라기보다는 아마디네자드를 포함한 보수층에 대한 반대자의 의미로 해석된다. 즉 녹색운동 당시 실질적으로 반정부 세력을 이끌 강력한 지도자가 존재하지 않았다. 라프산자니 전 대통령을 중심으로 하타미 전 대통령, 그리고 개혁파 후보였던 카루비와 무사비가 정권에 대해 정면으로 비판했지만, 이 구심 세력들은 선거 이후 끊임없는 정치적 압박과 테러의 위협을 받고 있으며 출금조치가 취해져 있다. 특히 카루비, 무사비 후보와 선거기간 중 새로운 무슬림 여성상으로 떠올랐던 무사비 부인인 자흐러 라흐나바르드가 가택연금 상태라는 것은 공공연한 사실이다. 이집트 시민 혁명이 반미, 민주화라는 큰 획을 중심으로 이슬람 공동체의 힘으로 성공했다면, 현재 이란에는 변화와 개혁에 대한 목소리가 하나의 응집력을 갖기에는 구심점이 약하고 반정부 세력 내에서도 다양한 목소리들이 상충한다는 문제점이 있다.

둘째, 실질적인 생명의 위협을 느꼈기 때문이다. 비공식적으로 녹색운동으로 인한 사망자는 200여 명에 이르고, 수천 명의 사람이 감옥에 투옥되고, 아직도 생사가 확인되지 않는 실종자들도 다수이다. 또한 감옥에 투옥되었던 이들의 사형이 집행되었다. 전경이나 군인뿐 아니라 사복을 입은 바시지의 무차별적인 사살과 공격은 사람들을 더이상 거리로 나오지 못하게 했다.

셋째, 녹색운동의 한계는 현 이슬람 정권을 지지하는 보수파들과 근본주의자들의 권력이 여전히 막강하기 때문이다. 특히 바시지들과 군부 세력들, 성직자들을 중심으로 한 보수 세력들이 여전히 국가 주요 보직을 차지하고 있고, 기득권을 쉽게 포기하려 하지 않기 때문이다. 또한 전통 버저르 상인 계층과 중하층의 전통적인 보수 세력들 역시 이슬람 정권의 든든한 지원자이다.

마지막으로, 혁명 자체에 대한 일반 대중들의 두려움이 컸다. 개혁파 지지자들은 "우리는 혁명을 원하는 것이 아니다. 변화를 원하는 것이다."라고 말한다. 지난 30년 동안 이란 사람들은 하나의 혁명이 가져온 엄청난 결과를 몸소 경험했기 때문에, 혁명에 대해 두려움을 느낀다. 특히 혁명을 성공으로 이끈 지금의 부모세대마저도 이슬람 혁명을 역사적 실수라고 표현한다. 혁명 이후 수많은 사람이 연일 숙청되고, 재산을 몰수당하고, 수십만 명의 사람들이 고국을 등져 해외로 망명하였다. 더 이상의 희생과 사회적 혼란을 원치 않는다고 고백했다. 면담자들은 혁명에 대해 이렇게 언급했다.

[사례 5-8] 23세 여자 석사과정생

당장 히잡을 벗겠다는 것이 아니다. 그리고 이슬람 체제 자체를 뒤엎자고도 말하지 않아. 새로운 혁명을 위해서는 또 수많은 사람이 피를 흘려야겠지. 또한 사회적으로 변화와 혼란을 겪어야겠지. 나는 안정된 정국 안에서의 변화와 세계정세에 발맞추는 정치, 그리고 자유를 원할 뿐이야. 우리는 이미 실패로 끝난 혁명을 겪었고, 또 다른 혁명은 원하지 않아. 이라크나 아프가니스탄처럼 미국이 개입된 개혁도 원치 않아. 우리 이란인들의 힘으로 민주주의를 성취하고, 우리의 힘으로 자유를 얻는 것이 중요해.

2009년 이후 아슈라, 이슬람 혁명 기념일, 학생의 날 등 각 기념일은 자연스럽게 정치 집회로 이어질 정도로 이란사회의 불안한 정국은 한동안 계속되었다. 또한 이집트 카파야 운동과 튀니지의 재스민 혁명의 성공과 같은 '아랍의 봄'이 이란 내에서도 또 하나의 기폭제 역할을 하기도 했다. 하지만 정부의 탄압과 감시의 강도는 더욱 높아져서 사람들은 또다시 침묵할 수밖에 없고 더 깊숙이 자신을 숨겼다.

녹색운동에 대한 지지자를 세속적이고 중산층 이상, 지식인층, 특히 젊은이들로 국한시켜, 마치 계급 간의 분열로 분석하는 것에 대해서는 경계해야 한다. 이와 같은 시도는 녹색운동의 본질을 너무나 단순화하여, 녹색운동이 가지는 역동적이며 복합적인 사회적 의미망을 설명해 줄 수 없다(Dabashi 2010; Ehsani, Keshavarzian, and Moruzzi 2010). 또한 일부 중하층 계급과 성직자들이 녹색운동에 적극 참여한 사실과, 특히 개혁파 성직자들의 반대 의견들을 담지 못하는 맹점을 지니고 있다(Afshari and Underwood 2009: 4). 그러므로 이란의 녹색운동은 장기적인 정치 투쟁으로 보아야 하며, 역사적 맥락을 통해 다양한 각도에서 분석되어야 한다.

3. 혁명 담론의 대항 담론으로서의 이슬람

그렇다면 녹색운동과 이슬람은 어떤 관계에 놓여 있는가? 녹색운동에 적극 참여하고, 거리로 뛰쳐나간 젊은이들을 서구적, 비이슬람적이라고 말할 수 있는가? 기존의 이란 젊은이들을 다룬 일부 사회과학적 연구들과 미디어 분석들은 그들을 단순히 반정부, 반체제 성격을 가지고 있어 반이슬람적이라고 해석해 버리는 경향이 있다. 미국 팝송을 듣고, 유럽 축구에 열광하고, 할리우드 영화에 열광한다고 해서 서구적이고, 반이슬람적이라고 단순하게 결론지을 수 없다. 좀 더 깊게 이란 젊은이들과 이슬람의 관계를 살펴보면, 매우 다양한 방식과 결들이 존재하고 있다. 개혁 성향을 가진 이란 젊은이들은 정부가 주장하는 이슬람과 민중들의 마음속에 있는 이슬람은 다르다고 진술한다. 젊은이들은 현 사회 구조 속에서의 이슬람은 '신의 이름(be nāme khodā)'으로 근본주의 이슬람 형식만을 강조하고 있다고 비판한다. 녹색운동을 통해 보인 그들의 정부에 대한 저항 방식을 살펴보면 그들은 반(反)이슬람적이 아니라, 오히려 이슬람을 가장 전면에 내세워 반대 세력의 주장을 반박한다. 2장에서 전술(前述)했던 바와 같이, 녹색운동에서의 담론 내용과 형식은 정부의 그것과 다르지 않다. 정부에 의해 끊임없이 영웅시되는 이맘 후세인의 순교는 정부의 반대편에 있는 사람들에게도 그대로 연행의 서사로 쓰이게 되는 것이다. 그들은 시아 이슬람의 상징적 인물인 이맘 후세인을 더욱더 소리 높여 부르짖고, "여 후세인! 미르 후세인!", "대선 후보 미르 후세인" 이란 전통의 영웅서사구조를 가져왔다.

또한 녹색운동 이후 사람들에게 다시 주목받은 이가 바로 시아 이슬람의 정치 이데올로기화를 실현한 사상가 알리 샤리아티(Ali Shariati)였다. 샤리아티는 그의 저서들을 통해 이맘 후세인의 저항의식을 가장 중요한 모토(moto)로 강조하였고, 사회의 정의 실현과 위정자, 독재자들에 저항하기 위해서는 바로 이맘 후세인의 저항 정신을 반성적으로 고찰하고 따르는 것이 최선이라고 강조했다. 또한 샤리아티는 종교로만 머물러 있던 시아 이슬람의 정치적 성격을 강조하며, 이란 내에서 이슬람이 정치 이데올로기화되는 데 가장 큰 역할을 하였다. 흥미로운 것은 이슬람 혁명이 30년이 지난 이 시점에서 이란의 민중들과 개혁파 지식층, 종교인들이 다시금 이맘 후세인의 저항 정신을 적극적으로 끌어 오는 것이었다. 예를 들어 선거 전후와 지금까지 진행되고 있는 반정부 시위의 상징인 초록색이 바로 그것이다. 초록색은 무사비를 대표하는 정치색이 아니라, 전통적으로 이슬람을 상징하는 색이었다. 하지만 무사비의 표현에 의하면, 이란인들에게 이 초록색은 단순히 이슬람을 상징하는 색이 아니다. 다양한 종족, 부족으로 이루어진 이란 사람들을 하나로 묶을 수 있는, 바로 이란인을 상징하는 것이라고 하였다. 다시 말해 이 녹색혁명과 반정부 운동을 상징하는 초록색의 물결은 샐러드 볼처럼 구성되어 있는 이란을 하나로 엮어 주는 상징의 역할을 하는 것이다. 현재 이란 내 초록색은 이슬람과 이란인들을 상징하는 것을 넘어, 저항과 투쟁의 의미를 가지게 되었다. 이란 정부는 녹색운동 이후 마치 초록색 콤플렉스에 걸린 것처럼 대학교에서 초록색 겉옷을 입은 여학생들을 강제 하교시키고, 프로축구가 열리는 운동장 앞에서 초록색 티셔츠 입은 사람을 출입금지하는 해프닝을 벌이고 있다.

그렇다면, 오늘의 이란 젊은이들에게 이슬람이란 무엇일까?

[사례 5-9] 1971년생 여자 대학생

우리는 무슬림으로 태어나서 선택권이 없지. 하지만 나는 이슬람이란 종교가 좋아. 종교는 종교야. 하지만 그들이 말하는 이슬람은 다르지. 나는 그들이 말하는 조건, 즉 이상적인 무슬림이라는 조건에는 하나도 맞질 않아. 기도도 하지 않지, 단식도 하지 않지. 밖에서는 어쩔 수 없이 히잡을 쓰지만 너마흐람(결혼 가능한 이성) 앞에서도 히잡을 쓰지 않지. 그렇게 따지면 나는 무슬림으로서의 의무나 소양을 제대로 갖추고 있지 않지. 하지만 그것이 중요하다고 생각하지는 않아. 젊은이들이 아무리 정부에 반하는 시위에 참여한다고 할지라도 그들이 이슬람을 거부하는 것은 아니야. 정부가 말하는 종교와 사람들 마음속에 있는 종교는 너무나 다르기 때문이지. 사람들에게 정부가 이슬람을 주입하려고 하고, 세뇌하려고 하기 때문에 오히려 이슬람과 멀어졌지. 사람들이 그렇잖아. 무엇이든지 강제적이면 더욱 하기가 싫고 멀어지는 거. 그렇듯 정부가 강요하는 이슬람의 형식적인 면을 거부감 있게 생각할 뿐, 이슬람 자체도 거부하거나 그렇지 않아. 태어나자마자 이슬람의 전통은 우리

뼈 깊숙이 내려왔기 때문에 이슬람을 나쁘다고 생각하지는 않아. 오히려 이슬람을 욕되게 하고, 이슬람을 이용하는 정부가 정말 문제가 있는 것이지.

[사례 5-9]의 진술처럼 종교로서의 이슬람을 옹호하는 젊은이들은 정부 주도의 정치화된 이슬람에 부정적이다. "나는 무슬림 신자라고 할 수 없다. 무슬림이 아니라고 말할 수는 없지만, 나는 신자라고 할 수 없다."라는 냉소적이었던 28세 청년 진술처럼 종교에서 아예 멀어진 청년들도 많이 볼 수 있다. 현대 이란사회의 젊은이들에게 이슬람은 때로는 상요하는 성권의 목소리로, 때로는 자신의 슬픔과 고민을 들어주고, 자기완성을 이루어 주는 평화의 종교로 다가온다. 현대 이란사회에서의 젊은 세대는 체재의 담론들을 자신의 행위 기제로 사용하기도 한다. 다시 말해, 개혁적인 성향의 젊은 세대는 정치로서의 이슬람이 아닌, 종교로서의 이슬람으로 자신의 저항 이데올로기를 구성하는 것이다.

2009년 8월 최고 종교지도자인 아야톨라 하메네이의 임명으로 아마디네자드가 제9대에 이어 제10대 이란 대통령으로 결정되었다. 하지만 개혁적 성향의 시민들과 젊은이들은 '우리는 아직 끝나지 않았다'고 단언하였다. 오히려 녹색운동을 이란 현대사의 중요한 전환점이라고 입을 모았다. 비록 실질적인 쿠데타나 혁명으로 연결되지 못했지만, 이 민주화 운동은 이란 현대사에 큰 획을 그은 사건이었다. 녹색운동은 어느 날 '우연히' 발생한 사건이 아니라 다양한 정치적, 역사적인 맥락이 얽혀 있는 일련의 역사적 과정이다. 녹색이라는 하나의 공통된 상징색으로 구성되었지만, 이들 반정부 세력들의 목소리는 무지개색이라고 표현될 정도로 그들의 입장은 다양하고, 때로는 상충하였다.

아직 끝나지 않았어요. 패배라고는 하기는 아직 이릅니다. 그들의 승리라고 할 수 없습니다. 이번 기회를 통해 우리는 더욱 단단해졌고 숨어만 있던 서로의 마음을 확인했으므로, 오히려 우리의 진정한 승리라고 할 수 있습니다. 반드시 승리할 것이고, 시간이 걸린 만큼 더욱 화려하게 꽃을 피울 것입니다.

-학생운동에 참여하는 대학원생과의 인터뷰 중에서-

2009년 12월 아슈라가 다가오기 몇 달 전부터, "이번 아슈라는 분명히 다른 방식으로 격렬히 일어날 것"이다. 소문들이 여기저기에서 들려 왔다. 역사의 고리는 돌고 돌아, 30년전 이슬람 혁명 직전 왕권에 대항하던 시민들이 외치던 '여 후세인(후세인이여)!'은 또다시 다른 의미를 부여받고, 제3세대들은 반정부 시위 때 목숨을 잃은 젊은이들의 죽음이 진정한 순교라고 외쳤다. "과거 아슈라는 이슬람 혁명을 위해 사용되었지만, 사람들은 이 의미를 아주 멋지게 반전(反轉)시켰다."라는 한 정보제공자의 진술처럼, 2009년의 아슈라는 녹색운동에 참여한 젊은 세대에게 현 정권에 반하는 저항의 기제로 작동했다. 우려했던 것과 같이, 2009년 12월의 아슈라는 피로 물들었다. 8명의 사상자가 나올 만큼 반정부 시위에 대한 정부의 강력한 탄압이 이루어졌고, 슬픔과 비통함의 의례기간인 모하람 동안의 테헤란은 또다시 '죽음의 도시'로 변했다. 정부는 연일 "이 신성한 모하람 기간에 불손 세력이 불법집회를 감행했다."고 국영 방송을 통해 비판하였으며, 전국적으로 녹색운동을 반대하는 친정부 집회가 열려 텔레비전을 통해 생생하게 중계되었다. 정권에 반대하는 녹색운동을 찬성하는 민중들은 "다른 기간도 아닌 애도 주간이자 금욕기간인 모하람에 정권이 사람을 죽였다. 이 기간에 지은 죄는 2배로 벌 받는다는 사실을 모르는가!"라며 울분을 터트렸다. 아슈라의 밤, 또다시 테헤란의 전역은 "알라후 아크바르(신은 위대하다)", "여 후세인(아! 후세인)"을 외치는 함성들로 가득 찼고, 모하람 기간 내내 테헤란 전역은 긴장으로 가득 찼다.

샤흐라케가릅의 2009년 아슈라 행렬 앞에 걸려있던 순교자는 이라크 전쟁 때의 순교자가 아닌 녹색운동에서 목숨을 잃은 순교자였다. 샤흐라케가릅의 모스크 입구 전면에는 이라크 전쟁 순교자들의 사진들이 대형 걸개로 걸려 있었고, 사람들은 매년 그랬던 것처럼 검은색 상복을 입고, '씨네자단' 행렬을 따라다니며 구슬프게 울부짖었다. 그들이 마음으로 떠올린 슬픔은 누구를 향해 있었을까? 1,300년 전 이라크 카르발라 지역에서 목마름을 애타게 호소하며, 적의 칼에 처절하게 죽은 이맘 후세인을 위한 눈물이었을까? 아니면 이란-이라크전 때 잃은 자신의 아버지, 남편, 또한 아들이었을까? 혹은 애도 주간인 모하람에 총을 겨눈 정권에 대한 눈물이었을까? 그에 대한 답은 역사의 흐름에 따라 다르게 내려질 것이며, 2009년 아슈라의 그 기억은 세대와 성향 그리고 매체에 따라 다양한 방식으로 해서되며 또한 서로에 대한 대항담론으로 사용될 것이다.

제6장

나오며:
개혁의 희망, 이란 도시 젊은이들

도서관 사서: 이란에서 살기가 어때요?

저자: 솔직히 얘기하자면, 힘들어요.

도서관 사서: 그래도 당신은 '살고' 있네요. 우리는 사는 것이 아니라, 그냥 '숨만 쉬고' 있는 거예요.

-2009년 12월 현지조사 노트 중에서-

근대사회에서 자아와 감정에 대한 연구들은 개인과 사회라는 두 축을 중심으로, 각각의 방향에 따라 다른 내용으로 채워졌다. 실제로 개인 중심의 사회든, 사회 중심의 사회이든 자아의 문제는 녹아들어 있는 형태만 다를 뿐이다. 이데올로기적 통제가 강하다 하더라도 자아는 정치적 통제에 대해 때로는 저항하고 때로는 순응하면서 자의식을 구성하게 된다. 또한 자아가 독립적인 개체로 여겨지는 개인 중심의 사회라 할지라도, 독립적인 위치가 부여되기 위해서는 내적인 자아의 영역으로까지 사회적 통제의 잣대가 성찰성이라는 이름으로 놓여 있음을 살펴보았다. 그러므로 근대사회에서 자아와 감정의 문제를 다룰 때, 사회적 영향과 문화를 고려하면서도 자아의 능동적인 적응기제와 자아가 자신의 정체성을 채워 나가는 데 어떤 상징을 전략적으로 사용하는지를 추적하는 것은 무엇보다 중요하다. 오늘날 탈 근대적 사회에서 감정의 지배적인 구조는 불확실하고 자아 정체성의 실재를 분석하는 것은 더욱더 어렵게 느껴진다. 특히 국가적, 사회적 경계를 무너뜨리는 전 지구적인 흐름 속에서 자아의 정체성 확립 과정은 사회와 개인 사이의 긴장 속에 있으며, 이데올로기적 통제는 상상보다 자아의 내면에 더욱 깊숙이 들어온다. 이와 같은 시점에서 현대사회에서 국경을 넘나들며 매개된 경험을 하는 새로운 자아에 대해 분석하는 것은 오늘날 인류학에 또다시 주어진 과제이다. 저자는 이 책을 통해 개인들이 국가의 감정 통제와 이상적 사람됨의 정의에 대해 어떻게 협상하고 또한 유기적인 관계를 맺는지에 대해 살펴보았다.

조르조 아감벤(Giorgio Agamben)은 "현대의 전체주의는 '예외상태를 통해 정치적 반대자뿐 아니라 어떠한 이유에서건 정치 체제에 통합시킬 수 없는 모든 범주의 시민을 육체적으로 말살시킬 수 있는 (합)법적 내전을 수립한 체제'로 정의될 수 있다. 이때부터 항구적인 비상 상태의 자발적 창출이 현대 국가의 본질적 실천이 되었다. 물론 소위 민주주의 국가까지도 포함해서 말이다."라고 하며, "예외상태는 민주주의와 절대주의 사이의 확정 불가능한 문턱"이라고 주장한 바 있다(아감벤 2009). 아감벤의 '예외상태' 논의에 기대어 이란의 사례를 다시 살펴보자. 혁명 시기부터 이란-이라크전, 2009년 녹색운동에 이르기까지 현대 이란사회는 언제나 항구적인 적이 존재하였고, 늘 비상 상태와 다름없었다. 이슬람 정부는 '신성한 방위(defāye moqaddas)'라는 담론을 통해 전쟁이 끝난 지 20여 년이 지난 지금까지도 국민에게 항시적인 신성한 방위에 참여할 것을 촉구한다. 이러한 신성한 방위는 서구나 반정부적인 정치적, 문화적 침략에 대한 방어도 포함된다. 긴급 상태는 한 예외상태로 비합법적이지만 절대적으로 '법률적이고 합법적인' 하나의 조치로 모습을 드러내고, 새로운 규범의 생산으로 구체화된다는 점에서(아감벤 2009: 59), 이란은 혁명 이후 늘 예외 상태라 할 수 있다. 국가는 비합법적으로 젊은이들을 규제하였고, 결국엔 합법적인 방식으로 포장되어 그들을 또 다른 적으로 만들고 억압했으며, 지금도 이와 같은 예외 상태는 진행 중이다. 오늘날의 이란 젊은이들이 자아를 구성하고 개인 정체성을 형성하면서 이슬람이라는 이데올로기는 고정된 상태로 머물지 않고 때로는 자신들을 억압하는 기제로, 때로는 자신들을 보호해 줄 수 있는 보호막으로 때로는 그들 영적 세계관을 지배하는 종교로 함께하고 있는 것이다.

신이여 깨어나소서(Khoda Pāsho)

-래퍼 히치카스(Hichkas)-

신이여 깨어나소서, 여기는 테헤란
모든 곳이 매력적인 도시지, 당신의 영혼을 유혹하지.
당신은 인간이 아닌 쓰레기. 당신의 귀와 눈을 뜨게 하지.
여기는 테헤란, 농담이 아니오. 여기는 정글, 먹거나 먹히는.
반 이상의 사람들이 전전긍긍하는. 반 야만인.
계급투쟁은 가혹하지. 사람들의 정신을 파괴시키지.
가난하고 아픈 사람들은 택시를 타고 요금을 내지 않지.

신이여 일어나소서. 내가 할 말이 있소.
내가 말하는 것에 대해 화내지 마시오.
어떤 부분? 내가 방금 시작했지. 신이여 깨어나소서.
나는 쓰레기!

부랑자가 벤츠 옆에 서 있어. 그는 벤츠를 빌릴 수조차 없지.
나, 당신, 그는 같은 한 방울에서 왔지. 우리 사이의 간극을 보시오.
세상을 돌게 하는 것은 중력이 아니야. 돈이 세상을 돌게 하지.

> 오늘, 모든 이에게 돈이 첫째, 신은 두 번째, 농부나 사장에게도.
> 아이는 고아와 놀고 싶어 하지만, 아버지는 안 된다고 하네.
> 그 아이가 가진 것은 누더기 옷뿐.
> 우리는 모두 이 문제를 알고 있지. 하지만 천사들도 여기 오지 않을걸?
> 우리가 이 문제를 해결할 때까지. 우리는 도움을 원하지 않아, 눈물이 떨어져.
> 그 역겨운 영혼은 내가 무엇을 뜻하는지 알아.

이란 지하음악의 대표적인 힙합 래퍼 히치카스의 거친 랩 가사처럼 이 책은 이란의 한 세대의 이야기를 넘어 치열한 계급 문제와 정치적인 이슈로 귀결된다. 이 젊은 세대에 대한 연구는 결국 오늘날 전통 대 세속, 보수 대 개혁이라는 현대 이슬람 국가의 필연적인 논쟁의 뿌리로 환원된다. "사실 자유보다도 빵 문제가 더욱 시급하다."라는 한 남학생의 말처럼 이란의 젊은 세대에게 가장 심각한 현실은 자유, 민주화 등의 문제보다도 당장 일할 수 없다는 것이다. 오랫동안 핵 개발로 인한 국제관계에서의 외교적 갈등, 전방위적인 경제제재조치 그리고 세계금융위기의 거센 바람은 이란 젊은이들을 실업자로, 우울증 환자로 절망 끝에 서게 했다. 특히 중·하층 젊은이들의 삶은 히치카스의 날이 선 랩처럼 사회 양극화 속에서 더욱 암울하고 치열하다. 그러므로 그들 중 일부 다양한 혜택이 있고, 도덕규범 준수와 반이슬람적 행위에 대한 단속이라는 빌미로 상류층을 지도할 수 있고 때로는 폭언을 퍼부을 수 있는 바시지 활동을 선택하는 것은 어쩌면 당연한 결과일지도 모른다. 앞으로 이 계급 문제는 이란사회의 불안감과 갈등을 더욱 증폭시킬 중요한 요인이 될 것으로 전망된다. 지금까지 살펴보았던 도시 젊은이들의 '그들만의 세계'는 중·상류층의 계급 문화와 상당 부분 겹쳐지고, 세속적이고 개혁적인 성향의 계급 문화는 엄격한 이슬람 도덕 공동체 안에서 자신의 모습을 드러내지 못한다. 감추고 숨길수록 문제들은 해결되지 못하고 오히려 악화될 것은 자명하다. 오늘의 개혁 성향의 이란 젊은이들이나 하층의 젊은이들 모두 신과 가장 가까운 곳에 있는 듯하지만, 더욱 절절하게 신을 찾는다.

언제, 무슨 이유로 경찰에 잡힐지 모르는 두려움은 현재 이란사회에서 젊은이들이 적극적인 저항을 할 수 없는 심리적 이유이며, 스스로 자기 검열에 들어가는 배경이 되기도 한다. 그렇기 때문에 젊은이들은 늘 부모에게 "그러다 큰일난다!"라는 일상적인 경고를 받을 수밖에 없고, 부모는 부모대로 자식들의 신변에 대해 걱정한다. 일상적인 제재뿐 아니라, '악을 금하고, 선을 권하라'는 이슬람 규범과 그에 따른 응징은 사람들을 더욱더 서로 신뢰할 수 없게 한다. 이와 같은 상황에서 자신의 사적 자아를 보호하기 위하여 이란 젊은이들은 카멜레온처럼 보호색으로 자아의 모습을 완전히 감추거나 자신의 색을 희석시켜야 하는 것이다.

2013년 개혁파 후보였던 하산 로하니가 대통령으로 선출되고, 2015년에서 2016년에 걸쳐 경제적, 정치적 고립을 야기했던 지루한 핵 협상이 극적으로 타결되면서 이란은 국제사회에서 다시금 부상하고 있다. 특히 이란 내부에서는 시장 개방과 핵 협상 완전 타결에 대한 기대가 높긴 하지만, 여전히 빈익빈 부익부 문제는 심각하며, 문화 개방에 대한 경계는 여전히 높다. 2016년 12월 아에스페(A.S.P)라고 불리는 이란 테헤란 부촌의 세련된 카페와 레스토랑마다 크리스마스트리와 장식이 드리워져 있었다. 테헤란의 세련된 쇼핑몰과 길모퉁이마다 새로운 커피숍들이 생겨나고, 이미 고인이 된 조지 마이클의 '라스트 크리스마스'가 흘러나왔다. 핵 합의를 통해 제재가 풀린 지 1년, 다시 찾은 테헤란은 대기오염이 극심했다. 학교엔 휴교령이 내려졌고 승용차 2부제가 시행되고 있었다. 대기오염 특별 단속 지역 주민들은 아침에 차를 몰고 나오면 제한시간이 풀릴 때까지 주차를 해놓고 저녁 귀가를 기다려야 했다. 제재가 풀려 해외에 묶여 있던 돈이 들어가고 유럽과 중국, 일본 투자가 이란으로 몰릴 것이라는 관측이 많았으나 아직 시민들에게는 먼 이야기였다.

10년 만에 경제 제재가 풀리고 새 희망을 품었던 이란 사람들에게 도널드 트럼프 미국 대통령 당선은 엄청난 충격으로 다가올 수밖에 없었다. 트럼프가 승리하자 이란 환율시장은 출렁거렸다. 지난해 1월 경제 제재가 풀릴 무렵 1달러에 35,000리알쯤이던 환율은 트럼프 당선 직후 하루 만에 10,000리알 넘게 치솟았다. 테헤란을 비롯해 쉬라즈, 이스파한 등 대도시 환전상들이 들썩였다. 임금 체불이 속출하고 민심이 들끓자 정부가 적극 개입해 환율을 조절해야 했다. 2016년 말 미국 상원은 이란제재법(ISA)의 시한을 10년 연장했다. 이란사회는 큰 충격을 받았다. 워싱턴에서 법안이 가결되자 테헤란에서는 임시 국회가 소집됐고, 환율이 42,000리알까지 치솟았다. 금값도 동반상승했다. 이란 사람들은 핵 시설을 모두 공개함으로써 자신들이 가진 카드를 다 내주고 얻은 성과가 도널드 트럼프 미국 대통령 당선으로 인해 모두 수포로 돌아갈 수 있다는 두려움을 안고 있다.

경제가 나빠질 것이라는 불안이 커지면서, 핵 합의를 파기해야 하는 것 아니냐는 격한 반응까지 나오고 있는 게 사실이다. 20여 년 외국에서 살다가 몇 년 전 돌아온 40대 후반의 남성은 "새 정부가 출범해도 트럼프가 독단적으로 판단할 수는 없을 것이며, 또 트럼프는 기업인 출신이니 이란 시장을 쉽게 포기하진 않을 것"이라며 희망 섞인 전망을 했다. 그럼에도 불구하고 10년 만에 희망을 본 이란 국민들에게 트럼프 정부는 불안의 대상일 수밖에 없다. 오랜 제재와 침체로 고통받은 이란 청년들은 그들의 모국에서 희망을 지켜낼 수 있을까? 이란의 개혁 시계는 움직이기 시작했지만, 그 속도는 그 내부의 열망에 미치지 못한다.

그러므로 이란에 대한 문화적 이해도를 높이고, 이란사회 내의 심리구조와 사회망의 지도를 그려 내는 작업이 그 어느 때보다도 필요한 시점이라고 생각된다.

이 책은 젊은이들의 문화를 매개로 이란사회의 문화 심리적 모델을 구상해 봄으로써, 이제껏 정치이데올로기나 이슬람 사상이라는 거대 담론에만 파묻혀 있었던 이란사회의 실생활을 가장 가까이에서 파악할 수 있다는 의의를 가진다. 이란인들의 공적, 사적 영역에서 연출되는 자아의 모습이나 감정구조와 갈등 양상들을 파악함으로써, 그 문화의 배경이 되는 사회, 경제, 종교적 환경을 총체적으로 연구할 수 있다. 또한 역으로 그들의 문화심리모델을 통해 이란사회의 갈등과 사회문제도 풀어 나갈 수 있는 중요한 실마리가 될 수 있을 것이다. 제임스 윌리스(James M. Wilice)는 무슬림 정체성을 다룬 『에토스(*Ethos*)』 26 특집호(1998)에서 이슬람 사회가 무슬림이라는 하나의 덩어리로 인식되지만, 사실 세분화된 정체성을 가지고 있고, 사회경제적, 문화적 변화에 따라 이 정체성이 끊임없이 다른 정체성들과 경합하며 변화하는 모습에 주목해야 한다고 논한 바 있다. 그는 이란이 이미 정치적 주체들과 사람들 간의 차이의 불화를 심각하게 경험하고 있으며, 보수적인 이슬람주의자들의 공식적인 수사에서 바로 이 차이에 대한 두려움이 그대로 드러나고 있음을 지적한다. 현대 정치화된 이슬람의 수사에서 차이에 대한 두려움이 드러나는 동시에 개인들이 '차이의 윤리학(the ethics of difference)'에 접근하는 것마저도 봉쇄하려는 움직임을 찾을 수 있다는 것이다(Wilice 1998: 116). 바로 이것은 변화와 자유를 외치는 젊은이들을 서구의 앞잡이 혹은 서구 문화에 오염된 존재로 부정해 버리는 이란 내 보수 세력들의 논리의 배경을 설명해 낸다. 다시 말해, 차이에 대한 부정은 개인적인 차이를 가진 개인들의 움직임에 대한 거부를 나타내는 것이며, 동시에 개인의 감정에 대한 철저한 무슬림 국민으로서의 사회화 의지를 보여 주는 것이다.

지금 이란사회의 내부는 곪을 대로 곪아, 언제 터질지 모르는 시한폭탄처럼 여겨진다. 사회 체제 자체가 불안해 보일 만큼 대중적인 우울함과 불만으로 가득 차 있다. 그 불안한 사회 구조 안에 바로 이란 젊은이들은 개혁의 희망이자 동시에 이란 내부적으로 위험한 존재로 인식되어 이란사회의 개혁, 보수에 대한 논쟁의 중심에 있다. 이와 같은 시점에서 이 연구는 사회라는 통제된 굴레에서 신음하거나 아니면 사회화되어 순응하는 사람들의 대중적인 심리적 양상을 파악할 수 있는 좋은 예라고 할 수 있을 것이다. 그런 면에서 이 연구는 이란 사람들, 특히 이란 젊은이들의 사회화된 사아와 본능적인 자아가 충돌하는 지점을 잘 나타낼 수 있는 주제일 뿐 아니라 정부 위주의 강요된 이슬람 시민으로의 사회화가 어떤 불완전성을 가지는지를 보여 줄 수 있는 계기가 된다. 또한 사회화 과정 자체의 본질이 그 불완전성에 있음을 나타내는 주제가 될 것이다. '전체주의를 향한 꿈은 공공 영역을 구상하는 이성의 경계를 넘어 내면의 은밀한 사적 공간을 구성하는 개개인의 마음과 감정의 영역까지 지배하려는 야심 찬 프로젝트를 진행'하였으나, "그것은 권력이 꿈꾸는 유토피아'일 뿐이다(임지현 2007: 556). 행위 주체가 처절하게 저항하지 않고 때로는 일상에 순응한다고 해서, 그들의 마음과 감정까지 권력이 얻을 수 있는 것은 아니다. 때로는 모순되고, 자신을 드러냈다가도 다시 숨어 버리는 이란의 젊은 세대의 모습들에서 오히려 거대한 벽처럼 서 있는, 자신을 유토피아로 포장한 헤게모니의 균열을 찾는 것은 그리 어렵지 않다. 이 점이 바로 젊은 이란의 미래가 기대되는 이유이다.

나아가 중동과 이슬람 사회의 젊은 세대에 대한 연구는 아랍의 봄, 중동 민주화 시위와 같은 일련의 거대한 전 지구적인 흐름과도 맞닿아 있다. 2009년 이란의 엥겔럽(혁명) 광장에서 2011년 이집트 혁명의 꽃을 피운 타흐리르(Tahrir) 광장에 이르기까지, 그 광장을 가득 메웠던 이들은 다름 아닌 무슬림 젊은이들임을 기억해야 한다. 무슬림 젊은이들은 정체된 문화와 지역의 미로에 갇힌 독특한 집단이 아니라 후기 신자유주의의 전 지구화 선상에 같이 서 있는 동반자이다. 또한 그들은 여느 같은 세대처럼 정치 참여나 세대 갈등, 인권 문제에 대한 전 지구적인 담론들 그리고 급속히 변화하는 뉴미디어와 기술 환경 등의 사안에 대해 높은 관심을 보이고 있다(Herrera and Bayat 2010: 362).

하지만 안타깝게도 중동 젊은이들의 이미지는 2014년부터 부상하고 있는 수니파 무장단체 IS(Islamic State)와 유럽의 난민문제와 테러사건 등으로 인해 부정적인 의미를 더해 가고 있다. 사실상 IS는 수니 이슬람 세계에서도 그들의 잔혹성과 폭력성에 대한 비판의 목소리가 높음에도, 수니 무슬림 나아가 시아 무슬림인 이란 젊은이들의 이미지에도 큰 타격을 입힌다는 점에서 좀 더 신중하고, 개별적으로 IS라는 조직을 살펴볼 필요가 있다. 무슬림 젊은이들은 자신들의 목소리를 드높임으로써 그들이 중요한 주체가 될 수 있음을 인식해 나가고 있는 동시에 그들이 속한 거대한 사회, 종교 질서와 협상하거나 그 패러다임의 변화를 위해 노력하고 있다. 이 새로운 세대의 인식은 이제 만들어져 가고 있는 단계이며, 그들은 다른 어떤 지역의 젊은 세대보다 사회의 변화를 꿈꾸고 있다. 그러므로 이들에 대한 보다 다양한 각도와 결의 이해와 연구는 이란 나아가 중동, 이슬람권의 미래를 가늠해 볼 수 있는 가장 효과적인 통로가 될 것이다.

참고문헌

논문과 단행본

구기연. 2002. 「이란의 헤잡(hejab) 관행과 "행위자(agent)"로서의 이란 여성」. 『중동연구』 21.

구기연. 2003. 「이란의 히잡(Hejāb) 관행과 여성의 사회적 위치」. 서울대학교 인류학과 석사학위논문.

구기연. 2008. 「초국가 시대의 미디어의 정치 이데올로기화와 문화적 의미: 이란(Iran) 사회를 중심으로」. 『한국중동학회논총』 28(2).

구기연. 2013. 「이란의 뉴미디어 수용 양상에 대한 질적 연구: 아흐마디네자드 정권 시기를 중심으로」. 『전략지역 심층연구 논문집 4: 중남미·중동·아프리카 터키』. 대외경제정책연구원.

기든스, 앤소니 지음. 권기돈 옮김. 2001(1991). 『현대성과 자아정체성: 후기 현대의 자아와 사회』. 새물결.

김정위. 2001. 『이란사』. 한국외국어대학교출판부.

김희정. 2008. 「한나 아렌트의 공적 영역과 페미니즘」. 『사회과학논집』 39(1).

니피시, 이지르 지음. 이소영·정정호 옮김. 2003. 『테헤란에서 롤리타를 읽다: 금지된 소설들에 대한 회고』. 한숲.

노이바우어, 한스 J. 지음. 박동자·황승환 옮김. 1992. 『소문의 역사: 역사를 움직인 신과 악마의 속삭임』. 세종서적.

더글라스, 메리 지음. 유제분·이훈상 옮김. 1997. 『순수와 위험: 오염과 금기 개념의 분석』. 현대 미학사.

데네, 하랄트. 2007. 「소비하거나 몰락하거나」. 임지현·김용우 엮음. 『대중독재 3: 일상의 욕망과 미망』. 책세상.

뤼트케, 알프. 2007. 「꾸불꾸불가기: 개념의 과잉을 넘어 연구의 방향을 틀자」. 임지현·김용우 엮음. 『대중독재 3: 일상의 욕망과 미망』. 책세상.

마커스, 조지·마이클, 피셔 지음. 유철인 옮김. 2005. 『인류학과 문화 비평』. 아카넷.

모기시, 하이다 지음. 문은영 옮김. 2010. 『이슬람과 페미니즘: 무슬림 여성학자가 밝히는 포스트모던 분석의 한계』. 프로네시스.

문은영. 2001. 「이슬람 문화와 여성의 정치참여: 이란 사례를 중심으로」. 숙명여자대학교 박사학위논문.

밀로, 다니엘. 2010. 「거리 이름」. 피에르 노라 외 지음. 김인중·유희수·강일휴·문지영·박용진·양희영·이영림 옮김. 『기억의 장소 2』. 나남.

박상미. 2003.「맛과 취향의 정체성과 경계 넘기: 전 지구화 과정 속의 음식문화」.『현상과 인식』27(3), 통권 90호.
배선애. 2007.「TV드라마〈주몽〉에 나타난 영웅 신화의 형상화 방법」.『한국극예술연구』25.
사트라피, 마르잔 지음. 김대중·최주현 옮김. 2005.『페르세폴리스 1』. 새만화책.
서재진. 1995.『또 하나의 북한사회: 사회구조와 사회의식의 이중성 연구』. 나남.
아감벤, 조르조 지음. 김항 옮김. 2009.『예외상태』. 새물결.
아렌트, 한나 지음. 이진우·태정호 옮김. 2002.『인간의 조건』. 한길사.
오명석. 2010.「선물의 혼과 신화적 상상력: 모스『증여론』의 재해석」.『한국문화인류학』43(1).
오쇼네시, 니콜라스 잭슨 지음. 박순석 옮김. 2004.『대중을 유혹하는 무기: 정치와 프로파간다』. 한울 아카데미.
오웰, 조지 지음. 도정일 옮김. 1998.『동물농장』. 민음사.
이완종. 2010.「스탈린 체제와 상징: 선전-선동의 아이콘」.『아시아 문화연구』19.
이현정. 2010.「한국 자살현상의 특징과 인류학적 연구의 가능성」.『한국문화인류학』43(1).
임지현. 2007.「일상의 미로에 갇힌 권력의 꿈」. 임지현·김용우 엮음.『대중독재 3: 일상의 욕망과 미망』. 책세상.
전성원. 2009.「모리타 아키오(盛田昭夫): 소니 워크맨(WALKMAN)이 만든 개인주의 혁명」.『인물과 사상』통권 138호.
전진성. 2005.『역사가 기억을 말하다』. 휴머니스트.
정향진. 2005.「탈북 청소년들의 감정성과 남북한의 문화심리적 차이」.『비교문화연구』11(1).
젠틸레, 에밀리오. 2005.「정치의 신성화」. 임지현 엮음.『대중독재 2: 정치종교와 헤게모니』. 책세상.
조일동. 2009.「사회극으로서의 촛불: 경계의 역동성」.『한국문화인류학』42(1).
지젝, 슬라보예 지음. 이수련 옮김. 2002.『이데올로기라는 숭고한 대상』. 인간 사랑.
지젝, 슬라보예 지음. 이현우·김희진·정일권 옮김. 2011.『폭력이란 무엇인가: 폭력에 대한 6가지 삐딱한 성찰』. 난장이.
커런, 제임스 지음. 김예란·정준희 옮김. 2005.『미디어 파워』. 커뮤니케이션북스.
터너, 빅터 지음. 이기우·김익두 옮김. 1996.『제의에서 연극으로: 인간이 지니는 놀이의 진지성』. 현대미학사.
테일러, 찰스 지음. 송영배 옮김. 2001.『불안한 현대사회: 자기 중심적인 현대 문화의 곤경과 이상』. 이학사.
포야, 마르얌 지음. 정종수·차승일 옮김. 2009.『이란의 여성, 노동자, 이슬람주의: 이데올로기와 저항』. 책갈피.
하버마스, 위르겐 지음. 한승완 옮김. 2004.『공론장의 구조 변동: 부르주아 사회의 한 범주에 관한 연구』. 나남.
한국콘텐츠진흥원. 2011.「한국 콘텐츠의 해외시장 진출 확대를 위한 중동·아랍 문화코드 연구: 영화방송을 중심으로」.『KOCCA 연구보고서』11-47.
허인·한바란·윤서영. 2012.「국제사회의 이란 경제제재 의미와 영향」.『오늘의 세계경제』12(22).

Abdo, Geneive. 2001. "Iran's Generation of Outsiders." *The Washington Quarterly* 24(4).
Abdo, Geneive. 2003. "Media and Information: The Case of Iran." *Social Research* 70(3).
Abdo, Geneive and Jonathan Lyons. 2003. *Answering Only to God: Faith and Freedom in Twenty-First-Century Iran*. New York: Owl Books.
Abrahamian, Ervand. 2010. "I Am Not a Speck of Dirt, I Am a Retired Teacher." Hashemi, Nader and Danny Postel eds. *The People Reloaded: The Green Movement and the Struggle for Iran's Future*. New York: Melvillehouse.
Azandehi, Badiei. 2009. "The Discourse of Streets' Naming in Teharan after Islamic Revolution." *Geopolitics Quarterly* 5(1).
Afshari, Ali and Graham J. C. Underwood. 2007. "Iran's Resilient Civil Society: The Student Movement's Struggle." *Journal of Democracy* 18(4).
Afshari, Ali and Graham J. C. Underwood. 2009. "The Green Wave." *Journal of Democracy* 20(4).
Aghajanian, Akbar. 1995. "A New Direction in Population Policy and Family Planning in the Islamic Republic of Iran." *Asia-Pacific Population Journal* 10(1).
Aghajanian, Akbar. 1999. "Fertility Transition in the Islamic Republic of Iran: 1976-1996." *Asia-Pacific Population Journal* 14(1).
Aghajanian, Akbar and Amir H. Merhyar. 1999. "Fertility, Contraceptive Use and Family Planning Program Activity in the Islamic Republic of Iran." *International Family Planning Perspectives* 25(2).
Alavi, Nasrin. 2005. *We are Iran: The Persian Blogs*. Vancouver: Raincoast Books.
Alavi, Nasrin. 2010. "The Magic Green Bracelet." Hashemi, Nader and Danny Postel eds. *The People Reloaded: The Green Movement and The Struggle for Iran's Future*. New York: Melvillehouse.
Āle-Ahmad, Jalāl. 1982(1962). *Plagued by the West(Gharbzadegi)*, translated by Paul Sprachman. Delmor, New York: Center for Iranian Studies, Columbia University.
Alexanian, Janet A. 2006. "Publicly Intimate Online: Iranian Web Logs in Southern

California." *Comparative Studies of South Asia, Africa and the Middle East* 26(1).

Alikhah, Fardin. 2008. "The Politics of Satellite Television in Iran." Semati, Mehdi ed. *Media, Culture and Society in Iran*. London: Routledge.

Amir-Ebrahimi, Masserat. 2009. "Weblogistan: The Emergence of a New Public Sphere in Iran." Shami, S. ed. *Publics, Politics and Participation: Locating the Public Sphere in the Middle Eeast and North Africa*. New York: Social Science Research Council.

Ansari, Ali M. 2010. *Crisis of Authority: Iran's 2009 Presidential Election*. London: Chatham House.

Bahrampour, A. 2002. "A Comparative Review on Publication of the Press after the Islamic Revolution." *Rasaneh* 12(4).

Balaghi, Shiva. 2002. "Iranian Visual Arts in 'The Century of Machinery, Speed, and the Atom': Rethinking Modernity." *Picturing Iran: Art, Society and Revolution*. New York: Palgrave Macmillan.

Barraclough, Steven. 2001. "Satellite Television in Iran: Prohibition, Imitation and Reform." *Middle Eastern Studies* 37(3).

Basmenji, Kaveh. 2005. *Tehran Blues: How Iranian Youth Rebelled Against Iran's Founding Fathers*. London: SAQI.

Basmenji, Kaveh. 2013. *Tehran Blues: Youth Culture in Iran*. Saqi.

Bayat, Asef. 2010. "Tehran: Paradox City." *New Left Review* 66(November-December).

Beck, Lois and Julia Huang. 2006. "Manipulating Private Lives and Public Spaces in Qashqa'i Society in Iran." *Comparative Studies of South Asia, Africa and the Middle East* 26(2).

Beeman, William O. 1986. *Language, Status, and Power in Iran*. Bloomington: Indiana University Press.

Beeman, William O. 2005. *The "Great Satan" vs. the "Mad Mullahs": How the United States and Iran Demonize Each Other*. Chicago: University of Chicago Press.

Benhabib, Seyla. 1992. "Models of Public Space: Hannah Arendt, the Liberal Tradition and Jürgen Habermas." *Situating the Self*. New York: Routledge.

Benhabib, Seyla. 2003. *The Reluctant Modernism of Hannah Arendt*. Lanham, Maryland: Rowman & Littlefield.

Bertaud, Alain. 2003. "Tehran Spatial Structure: Constraints and Opportunities for Future Development." National Land and Housing Organization, National Housing Committee, Ministry of Housing and Urban Development, Islamic Republic of Iran.

Betteridge, Anne H. 1985. "Gift Exchange in Iran: The Locus of Self-Identity in Social Interaction." *Anthropological Quarterly* 58(4).

Boissevain, Jeremy. 1974. *Friends of Friends: Network, Manipulators and Coalitions*. Oxford: Blackwell.

Boroumand, Laden. 2007. "The Untold Story of The Fight for Human Rights: Iran's Resilient Civil Society." *Journal of Democracy* 18(4).

Chelkowski, Peter. 1989. "In Ritual and Revolution: The Image in Transformation of Iranian Culture." *Views: The Journal of Photography of New England* 11(10).

Chelkowski, Peter and Hamid Dabashi. 1999. *Staging a Revolution: The Art of Persuasion in the Islamic Republic of Iran*. London: Booth-Clibborn.

Chen, Hui and Maihemuti Sali. 2010. "A Qualitative Study of Iranian Facebook Users' Perceptions of Using Facebook in Iran's Participation Activities." E-Government Master Program - HT09, Swedish Business School, Örebro University, Sweden.

Chowdhury, Sadia. 2010. "Fertility Decline in the Islamic Republic of Iran 1980~2006: A Case Study." The Report of Human Development Network, Health, Nutrition and Population, World Bank(http://siteresources.worldbank.org/INTPRH/Resources/376374-1278599377733/Iran62910PRINT.pdf).

Cohen, Jared. 2006. "Iran's Young Opposition: Youth in post-Revolutionary Iran." *SAIS Review* XXVI(Summer/Fall).

Cull, Nicholas John, David Holbrook Culbert and David Welch. 2003. *Propaganda and Mass Persuasion: A Historical Encyclopedia, 1500 to the Present*. Santa Barbara: ABC-CLIO.

Dabashi, Hamid. 1993 "Theology of discontent." *The Ideological Foundations of the Islamic Revolution in Iran*. New York University Press.

Dabashi, Hamid. 2000. "The End of Islamic Ideology." *Social Research* 67(2).

Dabashi, Hamid. 2005. "Ta'ziyeh: Theatre of Protest." *The Drama Review* 49(4).

Dabashi, Hamid. 2010. "A Movement Centuries in the Making." Hashemi, Nader and Danny Postel eds. *The People Reloaded: The Green Movement and the Struggle of Iran's Future*. New York: Melvillehouse.

Dabashi, Hamid. 2011. *SHI'ISM: A Religion of Protest*. Cambridge, Mass: The Belknap Press of Harvard University Press.

Ehsani, Kaveh, Arang Keshavarzian, and Norma Claire Moruzzi. 2010. "Slaps in the Face of Reason: Tehran, June 2009." Hashemi, Nader and Danny Postel eds. *The People Reloaded: The Green Movement and the Struggle for Iran's Future*. New York: Melvillehouse.

Fischer, Michael. 2003. *Iran: From Religious Dispute to Revolution*. Madison: University of Wisconsin Press.

Fischer, Michael. 2010. "Rhythmic Beat of the Revolution in Iran." *Cultural Anthropology* 25(3).

Fischer, Michael and Mehdi Abedi. 1989. "Revolutionary Posters and Cultural Signs." *Middle East Report* 159.

Gershowitz, Suzanne. 2005. "Dissident Watch: Ahmad Batebi." *Middle East Quartely* 12(1).

Ghamari-Tabrizi, Behrooz. 2000. "Globalization, Islam and Human Rights: The Case of Iran." *PoLAR* 23(1).

Goffman, Erving. 1959. *Presentation of Self in Everyday Life*. Garden City: Doubleday.

Haeri, Shahla. 1989. *Law of Desire: Temporary Marriage In Iran*. Syracuse: Syracuse University Press.

Hashemi, Nader and Danny Postle eds. 2010. *The People Reloaded: The Green Movement and the Struggle for Iran's Future*. New York: Melvillehouse.

Havel, Vaclav. 1985. "The Power of the Powerless." Havel, Vaclav et al. *The Power of the Powerless: Citizens against the State in Central Europe*. New York: Routledge.

Herrera, Linda and Asef Bayat. 2010. "Conclusion: Knowing Muslim Youth." Herrera, Linda and Asef Bayat eds. *Being Young Muslim: New Cultural Politics in the Global South and North*. New York: Oxford University Press.

Hoodfar, Homa. 2008. "Family Law and Family Planning Policy in Pre-and Post-Revolutionary Iran." Yount, Kathryn and Hoda Rashad eds. *Family in the Middle East: Ideational Change in Egypt, Iran, and Tunisia*. London: Routledge.

Islami, Sayyid Hassan. 2008. *Ethics and Politics*, translated by Mansoor L. Limba. Tehran: International Affairs Department, The Compilation and Publication of Imam Khomeini's Works.

Jafari, Aliakbar. 2007. "Two Tales of a City: An Exploratory Study of Cultural Consumption among Iranian Youth." *Iranian Studies* 40(3).

Jahanbegloo, Ramin. 2004. *Iran: Between Tradition and Modernity*. Lanham: Lexington Books. School. New York: Peter Lang.

Jung, Hyang Jin. 2007. *Learning to Be an Individual: Emotion and Person in an American Junior High School*. New York: Peter Lang.

Keshavarzian, Arang. 2007. *Bazaar and State in Iran: The Politics of the Tehran Marketplace*. Cambridge: Cambridge University Press.

Keshavarzian, Arang. 2009. "Places in Shadows, Networkd in Tansformation: An Analysis of the Tehran Bazzar's Publicness." Shami, S. ed. *Publics, Politics and Participation: Locating the Public Sphere in the Middle East and North Africa*. New York: Social

Science Research Council.

Khiabany, Gholam. 2008. "The Iranian Press, State and Civil Society." Semati, Mehdi ed. *Media, Culture and Society in Iran*. London: Routledge.

Khiabany, Gholam. 2010. *Iranian Media: The Paradox Modernity*. New York: Routledge.

Khiabany, Gholam and Annabelle Sreberny. 2001. "The Iranian Press and The Continuing Struggle over Civil Society, 1998~2000." *Gazette* 633.

Khiabany, Gholam, and Annabelle Sreberny. 2007. "The politics of/in blogging in Iran." *Comparative Studies of South Asia, Africa and the Middle East* 27(3).

Khosravi, Shahram. 2008. *Young and Defiant in Tehran*. Philadelphia: University of Pennsylvania Press.

Kim, Suk-Young. 2010. *Illusive Utopia: Theater, Film, and Everyday Performance in North Korea*. Ann Arbor: The University of Michigan Press.

Koo, Gi Yeon. 2011. "Is the Korean Wave Really Korean?: Korean Dramas Selling Heroism amd Love in Iran." Unpublished Paper. Podium Presented at the SEAA(South East Anthropology Association).

Limba, Mansoor ed. 2006. *Pithy Aphorisms: Wise Saying and Counsels*. Teheran: The Institute for Compilation and Publication of Imam Khomeini's Work, International Affairs Department.

Mahdavi, Pardis. 2007. "Passionate Uprisings: Young People, Sexuality and Politics in Post Revolutionary Iran." *Culture, Health & Sexuality* 9(5).

Matthee, Rudi. 1996. "From Coffee To Tea: Shifting Patterns of Consumption in Qajar Iran." *Journal of World History* 7(2).

Matza, Tomas. 2009. "Moscow's Echo: Technologies of The Self, Publics, and Politics on The Russian Talk Show." *Cultural Anthropology* 24(3).

Mauss, Marcel. 1985(1938). "A Category of the Human Mind: The Notion of Person; The Notion of Self." Carrithers, Michael, Steven Collins, and Steven Lukes eds. *The Category of the Person: Anthropology, Philosophy, History*. Cambridge: Cambridge University Press.

Mehran, Golnar. 2002. "The Presentation of The "Self" And The "Other" In Nikkie Keddi and Postrevolutionary Iranian School Textbooks." *Iran and the Surrounding World: Interactions in Culture and Cultural Politics*. Seattle: University of Washington Press.

Melman, Yossi and Meir Javedanfar. 2007. *The Muclear Sphinx of Tehran*. Carroll & Graf Publishers.

Milani, Abbas. 2008. *Eminent Persians* Vol. 1. Syracuse University Press.

Miller, William Green. 1969. "Political Organization in Iran: From Dowreh to Political

Party." *The Middle East Journal* 23(2).

Mirfakhraie, Amir Hossein. 2008. "Curriculum Reform and Identity Politics in Iranian School Textbooks: National and Global Representations of "Race," Ethnicity, Social Class and Gender." A Doctor Thesis of in The Faculty of Graduate(Educational Studies). Vancouver: University of British Columbia.

Mir-Hosseini, Ziba. 1999. *Islam and Gender: The Religious Debate in Contemporary Iran*. Princeton: Princeton University Press.

Paivandi, Saeed. 2008. *Discrimination and Intolerance in Iran's Textbooks*. Washington, DC: Freedom House.

Ram, Hag. 1994. *Myth and Mobilization in Revolutionary Iran: The Use of the Friday Congregational Sermon*. Washington, DC: The American University Press.

Ram, Hag. 1996. "Mythology of Rage: Representations of the the "Self" and "Other" in Revolutionary Iran." *History and Memory* 8.

Ram, Hag. 2000. "The Immemorial Iranian Nation? School Textbooks and Historical Memory in Post-Revolutionary Iran." *Nations and Nationalism* 6(1).

Ram, Hag. 2002. "Multiple Iconographies: Political Posters in the Iranian Revolution." Gumpert, Lynn and Shiva Balaghi eds. *Picturing Iran: Art, Society and Revolution*. New York: Palgrave Macmillan.

Salehi-Isfahani, Djavad, Insan Tunali, and Ragui Assaad. 2009. "A Comparative Study of Returns to Education of Urban Men in Egypt, Iran and Turkey." *Middle East Development Journal* 1(2).

Salehi-Isfahani, Djavad. 2009. "Poverty, Inequality, and Populist Politics in Iran." *The Journal of Economic Inequality* 7(1).

Salehi-Isfahani, Djavad. 2011. "Iranian Youth in Times of Economic Crisis." *Iranian Studies* 44(6).

Scott, James. 2008. "Everyday Forms of Resistance." *The Copenhagen Journal of Asian Studies* 4(1).

Semati, Mehdi. 2008. *Media, Culture and Society in Iran: Living with Globalization and the Islamic State*. London: Routledge.

Siavoshi, Sussan. 1995. "Regime, Legitimacy and High-school Textbooks." Rahnema, S. and S. Behdad eds. *Iran after the Revolution: Crisis of an Islamic State*. London: I.B. Tauris & Co. Ltd.

Simbar, M. 2012. "Achievements of the Iranian Family Planning Programs 1956~2006." *Eastern Mediterranean Health Journal* 18(3).

Sreberny-Mohammadi, Annabelle and Ali Mohammadi. 1994. *Small Media, Big*

Revolution: Communication, Culture, and the Iranian Revolution. Minneapolis: University of Minnesota Press.

The Institute for the Compilation and Publication of the Works of Imam Khomeini. 2002. *KAUTHAR-3: An Anthology of The Speeches of Imam Khomeini(s.a.) Including An Account of The Events of The Islamic Revolution From 1962~1978*. Tehran: International Affairs Department.

Tober, Diane M., Mohammad-Hossein Taghdisi, and Mohammad Jalali. 2006. ""Fewer Children, Better Life" or "As Many as God Wants"?" *Medical Anthropology Quarterly* 20(1).

Torab, Azam. 2006. *Warring Souls: Youth, Media and Martyrdom in Post-Revolution Iran*. Durham: Duke University Press.

Torab, Azam. 2007. *Performing Islam: Gender and Ritual in Iran*. Leiden: Brill. Varzi, Roxanne.

Varzi, Roxanne. 2006. *Warring Souls: Youth, Media, and Martyrdom in Post-Revolution Iran*. Duke University Press.

Wilice, James M. 1998. "Communicating Multiple Identities in Muslim Communities: An Introduction." *Ethos* 26.

Wojcieszak, Magdalena, Briar Smith, and Mahmood Enayat. 2012. "How Iranians Reach for News and Information?" *The Iran Media Program's 2011–2012 Report on Media Consumption in Iran*. Center for Global Communication Studies, Annenberg School for Communication, University of Pennsylvania.

Yaghmaian, Behzad. 2002. *Social Change in Iran: An Eyewitness Account of Dissent, Defiance, and New Movements for Rights*. Albani: State University of New York Press.

Yurchak, Alexei. 2006. *Everything Was Forever, Until It Was No More: The Last Soviet Generation*. Princeton: Princeton University Press.

이란어 논문과 단행본

Azandehi, Bandiei. 1388(2009). "Goftmane Namgojariye Khiyabahaye Tehran pas az Engelabe Islami," Fasaname Geopolitics, 1388 Bahar va Tabestan("The Discourse of Streets' Naming in Tehran After Islamic Revolution." *GEOPOLITICS QUARTERLY* 72-101).

교과서

이란 이슬람 공화국 초등학교 2학년 이슬람학

이란 이슬람 공화국 초등학교 3학년 이슬람학

이란 이슬람 공화국 초등학교 3학년 국어책(Farsi)

영화

오프사이드(Offside)
청년들은 군인으로 태어나지 않았다(Pesar Sarbaz be Donya Nemiayand)
아무도 페르시아 고양이를 모른다(Hichi Kyasi darbare-e Gorbe-farsi Nemidunand)

신문 기사 및 인터넷 자료

연합뉴스
BBC
CNN
Gurdian
Keyhan
Iran Daily
Iran Times
New York Times
Payvand
Press TV(이란 국영국제뉴스네트워크)
Reuters
Tehran Times
YTN
http://amar.sci.org.ir/index_e.aspx
http://country.eiu.com/Iran
http://databank.worldbank.org/ddp/home.do?Step=3&id=4
http://twitter.com/#!/mousavi1388
http://weekspopulation.blogspot.com
http://www.facebook.com/parazitparazit
https://www.facebook.com/waterwarteh?sk=wall
http://www.fecebook.com/#!/mousavi
http://www.internetworldstats.com/me/ir.htm
http://www.irna.ir
http://www.youtube.com/watch?feature=player_embedded&v= UVrGH2H9nys#!
http://www.economist.com/node/21536660/print, Have the VOA Persian News Network "Parazit" partners gone the way of Jerry Lewis and Dean Martin?Posted: 25 Dec 2011
https://www.cia.gov/library/publications/the-world-factbook/geos/ir.html

찾아보기

발간사

다가오는 미래가 아시아의 시대가 될 것이라는 인식은 이제 우리에게 그리 새롭지는 않습니다. 그렇다면 우리에게 주어진 과제는 한국인과 한국사회는 어떤 존재로서 아시아의 시대를 살아가고자 하는가 하는 질문을 통해 우리와 남의 모습을 상상하고, 우리와 남의 관계에 대한 그림을 그리고, 그것들을 실천하는 일일 것입니다.

그러나 아시아의 시대가 온다고 해서 아시아 사람들이 저절로 잘 살게 되는 것도, 아시아가 저절로 평화롭고 정이 넘치는 공동체가 되는 것도 아닐 것입니다. 그러므로 우리는 아시아 지역을 살아가는 사람들이 어떤 공동체를 만들어 가고 싶은가, 아시아 공동체가 잘 되면 인류에게 무슨 도움이 되는 것인가 하는 질문을 해야 하지 않을까 싶습니다. 오히려 아시아의 시대가 왔다고 생각하기 시작한 지난 20여 년 간 아시아 내부의 갈등과 적대, 민족주의와 인종차별 등은 더 심해지고 있다는 착각이 듭니다. 그것을 착각이라고 생각하는 까닭은 외양으로 보면 그렇게 보이지만, 실제 내부에서 일어나는 현상을 찬찬히 살펴보면, 아시아 내부의 상호이해와 교류가 느리지만 거대한 규모로 일어나고 있다고 믿기 때문입니다. 지표면에서 보면 날씨 변화도 심하고 지진도 자주 일어나지만, 땅속 깊은 곳에서 아시아의 시대를 만들어 가는 지하수의 물줄기가 형성되고 있는 것 아닌가 싶습니다.

20세기 유럽과 미국이 축적한 자연과학과 인문·사회과학 등 근대의 학문적 지식은 인류 문명의 새로운 길을 열었고, 인류의 행복과 안정에 커다란 기여를 했습니다. 물론 제국주의 지배와 전쟁, 차별과 빈곤을 동시에 가져다주기도 했습니다. 아시아의 세기는 서양의 근대를 넘어서서 새로운 '근대 이후'를 만들어나가는 일이어야 합니다.

지식의 생산과 공유, 인재 양성을 책임지고 있는 대학이라는 공간에서 아시아에 대한 어떤 지식을 생산하고, 아시아에 대해 무엇을 어떻게 가르칠 것인가 하는 문제의식이야말로 서울대학교 아시아연구소에 주어진 책무일 것입니다. 서울대학교 아시아연구소는 2009년 9월 출범한 이래 지역과 주제의 결합에 기초한 아시아 연구의 세계적 허브 구축을 목표로 아시아 연구 기반 구축과 우수 연구활동 지원 등의 다양한 학술 활동을 진행해 왔습니다. 특별히 아시아에 대한 지식 생산의 기반을 다지는 작업으로서, 우수한 기초 연구 활성화를 위해 노력해 왔습니다.

서울대학교 아시아연구소총서는 바로 이러한 학문적 노력의 결실입니다. 앞으로도 서울대학교 아시아연구소는 국내외 연구자들의 우수한 연구를 지원하여 그 결과물을 지속적으로 발간해 나갈 것입니다. 이러한 아시아연구소총서가 아시아의 시대를 열어 가는 데 필요한 기반을 만드는 중요한 지적 자산이 되기를 기대합니다. 이를 바탕으로 아시아 시대를 만들어 가는 지하수를 실증적으로 드러내고, 아시아 내부의 상호 이해와 교류를 넓혀갈 수 있길 바랍니다.

서울대학교 아시아연구소